KB152752

박정희와
기시 노부스케

머 리 말

박정희의 아킬레스건은 10월 유신이다. 그것만 없었더라면 민족의 위대한 지도자였을 것이다. 많은 국민들이 아쉬워하고, 원망하고, 저항하고, 감옥에 갔다. 올해가 10월 유신 대통령 특별선언을 발표한 지 50년이 되는 해이다.

10월 유신은 1972년 10월 17일에 대통령 박정희가 위헌적 계엄과 국회해산 및 헌법정지 등을 골자로 하는 대통령 특별선언을 발표한 것을 말한다. 박정희 대통령은 이 선언에서 네 가지 비상조치를 발표하고 이러한 비상조치 국민투표로 1972년 12월 27일에 제3공화국 헌법을 개정했는데, 이때의 헌법을 유신 헌법이라 하며, 유신 헌법이 발효된 기간을 유신체제라고 부른다.

이 체제하에서 대통령은 국회의원의 3분의 1과 모든 법관을 임명하고, 긴급조치권 및 국회해산권을 가지며, 임기 6년에 횟수의 제한 없이 연임할 수 있었다. 또한, 대통령 선출 방식이 국민의 직접 선거에서 관제기구나 다름없는 통일주체국민회의의 간선제로 바뀌었다. 유신체제는 행정·입법·사법의 3권을 모두 쥔 대통령이 종신 집권할 수 있도록 설계된 1인 대통령제였다.

박정희 정권은 유신체제를 소위 '한국적 민주주의'라고 선전하였으나, 찬성하는 국민들조차 이를 민주정치로 받아들이지 않았다. 그에 따라 유신체제에 반대하는 국민의 반발과 저항이 거세어지고, 일부 학생들은 전국민주청년학생연합 약칭 '민청학련'을 조직하여 전국적인 연대투쟁을 벌였으며, 언론인들도 자유언론수

호투위를 결성하는 등 저항의 강도를 높여갔다. 1974년 11월에는 야당 정치인과 종교인 등이 중심이 되어 '민주회복국민회의'를 결성하였다.

박정희 정권은 1971년 대통령선거의 경쟁자였던 김대중을 제거하기 위해 일본에 체류 중이던 그를 1973년 8월 납치한 뒤 자택에 연금시켜 국내외에 큰 충격과 파문을 일으켰으며, 1975년 8월에는 개헌청원운동을 벌이던 장준하가 등산 중 의문의 죽음을 당하였다. 박정희는 1974년 1월부터 이른바 '긴급조치'를 잇따라 발동하여 교수, 학생, 언론인, 종교인, 문인 등 민주인사들을 투옥하거나 해직시켰다. 유신체제가 출범하자 평양정권은 1973년 8월 남북대화의 중단을 선언하여 남북 관계도 경색되었다.

유신반대운동이 고조되던 1974년 8월 15일 국립극장에서 열린 광복절 행사에서 문세광이 박정희를 저격하였고, 그 유탄에 박정희 아내인 육영수가 절명하는 사건이 발생했다. 이어 1975년 4월에 베트남이 공산화되자, 박정희는 이를 빌미로 각 대학에 '학도 호국단'을 조직하고 '민방위대'를 창설하는 등 군사통치를 한층 강화하였다.

1978년 12월 박정희는 관제기구나 다름없는 통일주체국민회의를 통해 연임에 성공하였으나, 이에 앞서 실시된 제10대 총선에서 야당인 신민당이 여당인 민주공화당을 득표율에서 앞서는 정치적 위기에 직면했다. 또한 공화당 내에서

도 장기독재에 대한 부담과 염증으로 이탈하는 인사들이 속출하였고, 미국에서도 '인권'과 '민주주의'를 강조하는 카터의 민주당 정권이 들어서면서 박정희 정권의 인권탄압을 강도 높게 비판하는 등 국제 정세 역시 박정희 정권에 불리하게 돌아갔다. 게다가, 이 무렵에 불어닥친 제2차 오일쇼크로 인해 중공업 중심의 국내 경제가 극심한 타격을 입으면서 박정희의 정권 유지 가능성에 적신호가 켜지기 시작하였다.

박정희 정권의 몰락을 가속화한 것은 부마항쟁이었다. 1979년 5월 말, 야당인 신민당 당수로 선출된 김영삼이 YH 사건에 개입하는 등 적극적인 민주화 투쟁을 전개하자, 박정희 정권은 공화당과 유정회 의원을 동원하여 그해 10월에 국회에서 김영삼을 제명하였다. 이 사건으로 국내외 여론의 지탄이 더욱 높아지고, 마침내 부마항쟁으로 불리는 대규모 저항운동이 부산·마산을 중심으로 전국적으로 확산되었다. 이에 대한 처리를 두고 박정희의 최측근이던 중앙정보부부장 김재규와 대통령 경호실장 차지철이 각각 온건과 강경으로 맞선 가운데 10월 26일, 청와대 부근의 궁정동 안가에서 중앙정보부장 김재규가 박정희와 차지철을 총격 살해하였다. 이로써 유신체제는 끝나고, 이 사건의 합동수사본부장이었던 보안사령관 전두환이 12·12 군사반란을 일으켜 집권하게 된다.

1979년 10월 박정희 대통령이 서거한 지도 43년이 흘렀다. 그동안 우리는 어떻게 살았는가. 함부로 입에도 올리지 못 하게 하는 광주사태가 터지고, 월드컵과 올림픽이 열리는 동안 목이 터져라 응원을 했고, 광우병 시위로 광화문이 들썩거리기도 했고, 세월호가 뒤집어져서 끝내 죄 없는 대통령을 탄핵시켜 감옥에 보냈고, 그리고 나서는 평화가 찾아왔던가. 나라가 갑자기 사회주의화·좌경화하여 망하는 줄 알고 아수라장이 되지 않았는가. 경제는 폭망하고 안보·국방·외교도 무너지고 인심은 흉흉해져 근심이 끊이질 않고 있다.

하늘이 무너져도 솟아날 구멍이 있다고 했던가. 올해 대선에서 보수우파 대통령 후보가 당선되어 기사회생하게 되었다. 이민 가려던 짐보따리를 도로 풀어도 되게 되었다. 이제 다시 희망을 노래할 수 있게 되었다.

그래서 생각나는 이가 바로 박정희 대통령이다. 그가 다시 살아 돌아온다면 얼마나 좋을까. 그의 멋쩍은 웃음이 그립고, 그의 카랑카랑한 목소리가 그립다. 그가 하라는 대로 하니까 정말 잘살게 되지 않았던가. 5·16 군사혁명이 일어나던 해에 저자는 초등학교에 입학하여, 10월 유신이 공포되던 해에 대학에 입학했다. 1976년 대학을 졸업하니 빈농의 자식으로 고학을 하면서 고생하다가, 하루아침에 중산층 수준의 월급을 받은 그 순간을 지금도 잊지 못한다.

음수사원飮水思源이라 했던가. 넉넉해진 생활 형편에 감사하면서 항상 머릿속에 떠오르는 이가 바로 박정희 대통령이다.

이 책은 박정희 대통령의 조국 근대화·산업화 과정을 정리하면서 그 뿌리는 무엇이며 원천적 동기가 어디에 있는지 등을 찾아보기 위해서 집필했다. 그러한 과정에서 만주국 부활을 꿈꿨던 박정희와 그의 롤모델 기시 노부스케를 만나게 되었다. 결코 간단한 일이 아니지만 국가건설의 두 주역이라고 할 수 있는 박정희와 기시 노부스케를 비교·연구하면서 새로운 성장 모델을 찾아보고자 한다.

이 책이 나오기까지 주위의 많은 분의 격려와 도움이 있었다. 이 자리를 빌려 감사의 말씀을 드린다. 이 책의 출판에 많은 도움을 주신 한올출판사 임순재 사장님 이하 관계자 여러분의 노고에 깊은 감사의 말씀을 드린다.

2022년 9월
저자 노 형 진

차 례

박정희와
기시 노부스케

Part 01

박정희

Chapter 1

인간 **박정희**

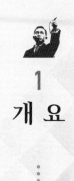

1
개 요

∴

박정희林正熙, 1917.11.14~1979.10.26는 대한민국의 제5·6·7·8·9대 대통령이다. 본관은 고령, 호는 중수中樹이다.

대구사범학교[1]를 졸업하고 3년간 교사로 재직하다 만주국 육군군관학교[2]에

📍1　대구사범학교(大邱師範學校)는 일제강점기에 설립된 교원양성 학교이다. 초등교원 양성을 목적으로 1923년에 경북도립사범학교로 설립되었다. 1929년 4월에 관립 대구사범학교로 이름을 바꾸었다. 본래는 보통학교(초등학교)를 졸업하고 들어가는 중등교육기관이었으나 일제는 1943년 '사범학교 규정'으로 사범학교를 전문학교 정도로 승격하고 황국신민을 육성하는 교사를 양성하는 국가 부담의 학교를 운영할 것을 규정하였다. 해방 후인 1946년 10월 15일에 대구사범학교 본과는 대학기관인 국공립 대구사범대학으로 승격되고 이어 경북대학교로 흡수 통합되어 경북대학교 사범대학의 모태가 되었다. 오늘날 대한민국 대구광역시에 있는 대구교육대학교와는 무관한 학교이다.

📍2　만주국 육군군관학교(滿洲國 陸軍軍官學校)는 만주국 육군이 육군 장교를 양성하기 위해 설치한 교육기관이다. 1939년부터 1945년까지 존속했다. 신징 군관학교는 1939년에 만주국 수도 신징에 설치된 4년제 군관학교로, 정식 명칭은 만주국 육군군관학교이나 흔히 신징 군관학교라고 부른다. 학생은 만주계와 일본계 학생이 있었다. 일본계에는 일본열도인 외에 점령지역이던 한반도와 타이완 출신도 포함된다. 제1기 입학생 가운데 일본계는 172명이었다. 7기생을 끝으로 만주국이 멸망하면서 해체되었다. 신징 군관학교 시설은 중국인민해방군 장갑병기술학교로 사용된다. 신징 군관학교는 지리적으로 조선과 가까웠기 때문에 조선인 학생이 많았다. 이 가운데 대한민국 국군에 입대한 뒤 5·16 군사정변 후 대한민국에서 요직을 거친 경우도 적지 않다. 그리고 펑톈 군관학교는 펑톈에 세워진 2년제 군관학교다. 정식 명칭은 만주국 중앙육군훈련처이나 흔히 봉천군관학교라고 부른다. 신징 군관학교의 전신 격으로, 1932년에 설립되어 9기를 끝으로 해체하였다. 조선인은 4기생부터 입학할 수 있었다. 졸업생 중 대한민국 국군에서 높은 지위에 오른 인물도 있다.

입학하였다. 졸업 성적 석차 1등으로 만주국 군관학교를 졸업한 후, 성적우수자 추천을 받아, 1942년 일본 육군사관학교에 57기로 편입학한 후 1944년 3등으로 졸업했다. 일본이 제2차 세계대전에서 패망할 때까지 일본 제국이 수립한 만주국의 일제관동군장교로 근무하였다. 병과兵科는 포병砲兵이다.

1945년 9월 21일 북경에서 활동하던 한국광복군에 편입되어 광복군 장교로 활동하다 1946년 5월 10일에 미 해군 수송선을 타고 부산항을 통해 한반도로 귀국했다. 이후 대한민국 국군 장교로 복무하던 중 셋째 형 독립운동가 박상희[3]가 대구 10·1사건에 연루되어 일제 순사 출신 구미 경찰관들과 대립하다 사살되었다는 소식을 듣게 된다. 사건 직후 형의 친구이자 사회주의자이던 이재복의 권유로 반이승만파이던 남조선로동당에 입당하여 활동하다 김창룡이 주도한 숙군에서 여수·순천 사건 연루 혐의로 체포되어 사형을 선고받았다. 정보국에 남조선로동당[4] 조직과 동료들을 증언한 후, 육군본부 정보국장이었던 백선엽의 최종 면담에서 사형을 면하였다.

반공을 국시로 하는 국가변란 성격의 5·16 군사정변을 주도하여 국가재건최고회의 의장이 되어 "군으로 돌아가겠다"는 약속을 깨면서 군복을 벗고 직선제로 치러진 제5대 대통령 선거에서 민주당 윤보선 후보를 누르고 당선되는 등 1963년 12월부터 1979년 10월 26일까지 치러진 선거에서 당선되어 제5·6·7·8·9대 대통령으로 재직하였다. 국가재건사업을 추진하여 1968년부터 경부고속도로 기공 및 개통, 서울 지하철 기공 및 개통, 농촌의 현대화 운동이었

---

3 박상희(朴相熙, 1905.09.10~1946.10.06)는 한국의 독립운동가이자 언론인이다. 일제강점기에 신간회, 1934년 조선중앙일보의 지국장, 1935년 동아일보 기자 등 언론인으로 활동하였다. 일제강점기 1940년대 여운형이 결성한 건국동맹에서 활동하기도 하였다. 해방 후에는 건국준비위원회 구미지부를 창설하였고, 1946년에는 민주주의민족전선 선산군지부 사무국장을 맡아 활동하였다. 대구 10·1사건 중 경찰의 총격을 받고 사망했다. 경상북도 칠곡군 약목면 출신이며, 본관은 고령(高靈)이다. 대한민국 대통령을 역임했던 박정희는 그의 동생이고 정치인 김종필은 그의 맏사위이다.

4 남조선로동당(南朝鮮勞動黨, Workers' Party of South Korea), 줄여서 남로당은 1946년 11월 23일 서울에서 조선공산당, 남조선신민당, 조선인민당의 합당으로 결성된 대한민국의 공산주의 정당이다. 당수는 초대 여운형, 2대 허헌, 3대 박헌영이 맡았다. 기관지로 노력인민이 있었다.

던 새마을운동, 대규모 중화학 공업 건설 및 육성, 민둥산의 기적인 산림녹화 사업, 식량 자급자족 실현, 자주국방 및 군대 현대화 사업 등 국가 근대화 정책을 추진하여 국가 발전의 기반을 마련하였다. 그러나 3선 개헌 및 유신헌법 등의 장기 집권을 반대하던 여야 및 학생운동이 일어났다. 1979년 10월 김영삼 의원 제명 파동으로 부마항쟁이 일어났다. 1979년 10월 26일 궁정동에서 중정부장 김재규에 의해 암살당하였다.

2
대통령이 되기 이전

생애 초반

1917년 동학농민운동가 아버지 박성빈과 어머니 백남의 사이에서 태어났다. 어린 시절 마루에서 굴렀다가 마루 밑에 놓인 화로에 떨어져 머리카락과 눈썹 부분에 화상을 입기도 하였다. 아버지 박성빈은 황토를 짓이겨서 박정희에게 발라주었고 이때 화상을 입어 피부가 검게 그을린 것이라 한다. 이 일 이후로 박정희는 짧은 옷을 입지 않는 버릇이 생겼다고 전해진다. 유년기에는 서당에 다니며 한학을 수학하였으며, 훗날 입학하는 구미공립보통학교의 입학 전 경력에도 한학 수학이라 기재되어 있으며 학교에 다니면서도 일요일에는 서당에 가서 한문을 배웠다고 한다. 일요일에는 교회에도 다녔고, 나머지 시간을 이용해서 서당에 다닌 것이다.

아버지는 조선 후기에 무관직 정9품 효력부위를 지냈으나 동학 접주 출신으로 연좌되어 가장으로서 경제생활을 할 수 없었고, 맏형 박동희는 독립하였으며 둘째 형 박무희와 셋째 형 박상희가 실질적인 가장으로 생계를 꾸려나갔다. 아버지와 둘째 형은 인근 경기도 관찰사를 지낸 칠곡군의 갑부 장

학창 시절 박정희

자료 : m.blog.naver.com

승원을 찾아가 그의 집안 토지의 소작농으로 생계를 유지했는데, 후일 장승원의 아들 장택상은 이를 구실로 삼아 박정희를 공격했고 박정희는 이로 인해 장택상과 아주 껄끄러운 관계를 유지하게 되었다.

1926년 4월 1일에 구미공립보통학교에 입학하였다. 보통학교 시절, 2학년 때까지는 급장을 담임선생이 지명했으나 3학년 때부터 교칙이 바뀌어 1등을 하면 급장을 시켜주는 새로운 제도 덕분에 공부를 잘하던 박정희는 3학년 때부터 내내 급장을 맡았다. 이때 박정희의 급우 가운데 그에게 맞아보지 않은 아이가 드물었다고 같은 반 동기생이었던 박승룡이 회고한 바 있다. 한편 그의 담임은 박정희에 대해 평가하기를 성적은 전 과목이 고루 우수하며 암기력이 좋아 산수, 역사, 지리 등은 언제나 만점을 받았다고 기록하였으며, 조리 있는 발표력과 예민한 사고력을 특기사항으로 기록하였다. 반 학생 중 나이가 어렸으나 급장으로서 통솔력이 탁월하고 자습 시간 등에는 학우들을 지도하였으며 체육 시간에 선생이 나오기 전에 준비를 하여 기다리도록 지도를 잘한다고 평하였다.

당시 박정희는 학교 수업 외에 독서를 즐겼는데, 군인을 동경하였으며 그중 나폴레옹과 이순신의 위인전을 탐독해 읽었다고 한다. 1970년 4월 26일 박 대통령 자신이 김종신 공보비서관에게 직접 써준 '나의 소년 시절' 회고에 의하면 어린 시절부터 군인을 무척 동경했으며, 대구에 있던 일본군 보병 제80연대가 가끔 구미 지방에 와서 야외 훈련하는 것을 구경하고는 군인이 되었으면 하는

생각을 했다고 기록한다. 보통학교 시절에는 일본인 교육으로 일본 역사에 나오는 위인들을 좋아하다가 5학년 때 춘원 이광수가 쓴 《이순신》을 읽고 이순신 장군을 존경하게 됐고, 6학년 때 《나폴레옹 전기》를 읽고 나폴레옹을 숭배하였다고 회상하였다.

소년 시절에 박정희는 친구를 따라 개신교 교회에 다녔다. 그의 동창인 한성도는 조갑제와의 인터뷰에서 이때 그가 주일학교에 다녔다고 증언하였다. 그러나 뒤에 박정희는 종교를 바꾸게 되었다.

형편상 도시락을 싸올 수 없을 때도 종종 있었다. 끼니를 거를 때도 있었지만, 한약방을 하던 집 아들인 급우 이준상과 친해지면서 도시락을 싸올 수 없는 날에는 학교에서 5분 거리인 그 친구의 집에 가서 점심을 먹기도 하였다. 이준상의 집안은 그의 아버지가 작고한 이후 가세가 급속히 기울어진 데다가 병이 있어 어렵게 살고 있었다. 박정희는 1963년 10월 15일 선거에서 제5대 대통령으로 당선되었을 때 경주에 있다가 생가를 찾아 구미역에 도착했다. 환영 인파를 대하자 박정희는 제일 먼저 이준상을 찾아 허름한 차림의 그를 자신의 지프에 태운 뒤 생가로 이동했다. 이후 구미에서는 가난한 장애인 이준상을 아무도 업신여기지 못했다고 한다. 1972년 이준상이 어릴 때 다친 다리를 또다시 다쳐서 입원했을 때 대통령 박정희는 그의 병원치료비를 지원하기도 했다.

1932년 3월 1일에 보통학교를 제11회로 졸업한 박정희는 그해 대구사범학교에 응시했다. 총 응시자는 조선인과 일본인을 합하여 모두 1,070명이었다. 당시 박정희의 집은 가난하여 학비를 댈 엄두도 못 냈고, 그의 가족들은 내심 그가 사범학교 진학을 포기했으면 하였다고 한다. 그러나 구미공립보통학교의 담임과 교장이 방문하여 박정희의 부모를 설득하여 대구사범학교에 응시하게 하였다. 누나 박재희의 증언에 의하면 어머니 백남의는 박정희가 시험에서 떨어지기를 빌었다고 한다. 합격하고 진학을 못 하면 한이 생긴다고 하여 불합격을 빌었다는 것이다. 그러나 박정희는 51등으로 합격하였다.

1930년대 엽서의
대구사범학교 모습

자료 : ko.wikipedia.org

1932년 4월 1일 박정희는 대구사범학교에 제4기생으로 진학하였다. 이때 입학 정원은 100명이었는데 이 중 조선인이 90명, 일본인이 10명이었다. 대구사범학교 진학 후 박정희는 집을 떠나 대구 시내 기숙사에서 등하교하였다. 대구사범학교 5년 중 3년간 그의 성적은 하위권이었다. 품행평가에서 '양'이 네 번, '가'가 한 번이었으나, 군사 및 체육 관련 교과목의 성적은 뛰어났다. 이 성적표는 그의 집권 기간에 공개 금지가 되기도 하였다.

청년기

결혼에서 재혼까지

1936년 4월 1일 3살 연하 김호남과 21살에 결혼했다. 병을 앓고 있던 아버지가 죽기 전에 막내가 결혼하는 걸 보고 싶다고 간청하여 이루어진 결혼이었으나, 신혼 이후 성격 차이로 거의 얼굴을 보지 않는 사이로 지내다 결국 1950년에 이혼을 한다.

1947년 이효 대위의 소개로 이북 출신이자 이화여대 학생이던 24세 이현란을 처음 만나 1948년 약혼식을 갖고 결혼을 전제로 동거를 시작한다. 당시 학비금도 내어주고 무척 잘해줬다고 한다. 그러나 정작 이현란은 학교에서 어떤 소령과 약혼했다는 소문이 부끄러웠고, 박정희가 지프차를 타고 자주 보러 올 때도 숨었다고 한다. 1948년 박정희가 여수·순천 사건에 연루되어 숙군肅軍 대상자가 되었다는 사실을 알게 된 직후 이현란은 '이북서 공산당이 싫어서 내려왔는데 빨갱이 마누라라니'라고 푸념했다고 한다. 이때 박정희에게 이혼 수속을 해주지 않는 부인이 있다는 사실을 처음 알게 되었고, 괘씸하다는 생각이 들어 여러 번 가출하다 1950년 2월 6일 결별했다고 조갑제가 기재한 자유기고가 강인옥의 녹취록 인터뷰에서 밝힌다. 인터넷 일간지 오마이뉴스 정운현 기자의 2011년 기사에서는 이현란이 박정희와의 동거 때 아이가 태어났다고 주장한다. 반면 1997년 강인옥의 녹취록에서 이현란은 둘 사이 소생은 없었다고 밝힌다.

1950년 6·25전쟁이 터지기 직전 김호남과 이혼 후 곧바로 육영수와 재혼을 한다. 박정희에게 김호남과의 첫 결혼에서 생긴 딸이 있다는 것을 알게 된 육영수는 박재옥을 집으로 데려와 함께 살았다. 첫 부인 김호남은 훗날 두 번째 남편 사이에 태어난 아들과 함께 절로 들어가 비구니로 살았다고 한다.

故박정희 전 대통령 결혼 사진

자료 : globalnewsagency.kr

교사 생활 1937~1939

1937년 3월 25일 박정희는 대구사범학교를 졸업하고 1937년 4월 1일 문경 공립보통학교 교사로 부임하여 4학년을 맡았다. 그해 장녀 박재옥이 태어났고 1938년 9월 4일에 아버지 박성빈이 67세의 일기로 사망하였다. 문경공립보통학교 교사 시절 때 박정희의 모습은 대체적으로 긍정적이다.

제자였던 전경준은 "선생님은 열등아나 사고아 등의 가정을 자주 방문했다" 고 기억했다. 월사금을 내지 못하는 어린이들에게 자신의 월급을 떼내어 도와 주었다고도 한다. 농번기인 봄가을에는 학생들에게 4~5일씩의 휴가를 주어 농사와 가사를 돕도록 했다. 이 기간에 박정희는 학급원들의 가정을 찾아가서 농업과 가사 실태를 조사하였다. 제자 김경운은 자기 집을 찾아온 박 선생이 보리밥과 살구를 맛있게 먹고 간 기억을 오래 간직했다고 한다.

제자 이영태는 박정희 선생이 조선어 시간에 태극기에 대해서 가르쳐주었다고 증언했다. 박정희는 복도에 보초를 배치한 뒤 우리나라의 역사를 가르쳐주 었다고 한다 대구사범 때 김영기 선생이 쓰던 방법이었다. 또 음악 시간에는 황성옛터와 심청이의 노래를 가르쳤다고 전한다. 박 선생을 통해서 임시정부가 상해에 있다

문경공립보통학교 단체 사진

자료 : ko.wikipedia.org

는 것도 알게 되었다고 한다.

이영태는 박정희가 경찰지서의 사찰주임인 오가와 순사부장과 자주 논쟁하는 것을 보았다고 증언한다. 제자 박준복의 증언에서 박 선생은 일본인 교사들과도 사이가 좋았는데 아리마 교장과 야나자와 교사와는 말다툼을 하는 것을 본 적이 있다고 한다. 야나자와가 "조선인 주제에…"라고 말하자 박정희가 의자를 집어던졌다는 이야기도 있다.

박정희가 담임했던 5학년의 급장이었던 신현균 또한 박 선생이 특히 우리말의 지도에 열성을 보였다고 기억했다. 이어 박 선생은 운동회 때 100미터 달리기에서 일본인 교사 쓰루다에게 졌는데 연습을 많이 하여 다음 시합에서는 그를 물리쳐 문경에서 이름을 날리게 되었다고 한다. 박정희는 누구한테도 지기 싫어하는 성격이었는데 특히 일본인한테 더욱 그러했다고 전해진다. 제자들을 모아서 나팔조를 만들고 지도했다고 한다.[5]

박정희가 만주군관학교에 입학하기 1년 전 1939년 행적에 대해서는 여러 견해가 존재한다. 박정희의 대구사범 동기였던 권상하 씨의 증언에 따르면 중일전쟁이 한창이던 1939년 10월 아니면 11월 즈음 박정희가 보따리를 싸들고 찾아와, 스스로 밝히길 가을에 연구수업 시찰을 나온 일본인 시학視學, 장학사이 박정희의 긴 머리를 보고 강하게 비판했고, 이튿날 교장이 그를 불러 질책하자 울컥한 끝에 교장을 두들겨 패고는 그 길로 짐을 챙겨 문경을 떴다고 증언한다. 그러나 박정희는 10월 입학시험을 치르고 나서 다시 문경학교로 돌아와 근무했다. 권상하의 주장대로 일본인 교장을 때렸다면 다시 근무하기 힘들었을 것이다.

교사 부임 당시 2학년이었던 이순희 씨의 증언에 따르면 머리가 긴 것은 박 선생님이 아니라 학생들이었으며, 동네에 바리캉이 한두 개뿐인 데다 빌리기도

📍5　조선일보, 박정희의 생애 "내 무덤에 침을 뱉어라!"(99)

힘들어 제때 머리를 깎지 못해 머리가 긴 학생들이 있었고, 일본인 교사들이 이런 사정은 제쳐놓고 머리가 긴 학생들을 무조건 벌 세우자 박 선생님과 일본인 교사 사이에 자주 언쟁이 발생하곤 하였다고 한다. 이어서 이순희는 박정희가 학교에서 평소 좋아하던 나팔을 불고 있었는데 급사가 가서 내려오라고 해도 듣지 않자 일본인 교사들이 박정희를 집단 구타하였다 전한다. 그 일이 있은 지 얼마 후 박정희는 "내가 꼭 복수해주겠다. 조선에는 사관학교가 없다. 호랑이를 잡으러 호랑이 굴로 들어간다"고 얘기한 적이 있다고 전한다.

박정희의 제자 황실광의 증언에 의하면 졸업 뒤에도 박 선생한테 자주 놀러 갔었는데, 1939년 10월 박정희가 머물고 있던 하숙집에 갔더니 머리카락 길이에 관한 내용은 없고 아리마 교장이 시학을 접대하는 술자리에서 조선인을 모욕하는 발언을 했고 자신이 크게 반발했다는 다른 이야기가 나온다.

현재 알려진 바로는 박정희의 행적은 1939년 10월 만주 목단강성에 있는 만군 관구사령부 내 장교구락부에서 만주국 육군군관학교 제2기 시험을 치르고 시험과목은 수학, 일본어, 작문, 신체검사 등이었다, 문경학교로 돌아와서 계속해서 근무하다가 다음 해 1월 4일자 만주국 공보에 실린 '육군군관학교 제2기 예과생도 채용고시합격자공보'를 확인한 뒤 1940년 3월에 만주로 떠난 것으로 확인되고

머리가 짧은 박정희

자료: ko.wikipedia.org

있다. 박 대통령에 대한 소년용 전기를 준비하고 있던 김종신 공보비서관이 "각하는 왜 만주에 가셨습니까"라고 묻자 박정희는 "긴 칼 차고 싶어서 갔지"라며 단순명쾌하게 대답했다 한다.[6]

중화인민공화국 조선족 작가 류연산에 따르면《일송정 푸른 솔에 선구자는 없었다》에서 박정희가 신징 육군군관학교 제2기생으로 입학하기 전인 1939년 8월, 대사하 전투에 참여했고 이후 간도 조선인특설부대에 자원입대해 동북항일연군 토벌에 나섰고, 교직은 1940년 2월까지 재직하였다고 한다.

박정희의 셋째 딸 박근령은 2005년 2월, 이러한 주장을 담고 있는 서적이 부친의 명예를 훼손했다며 국내 출판사 대표인 아이필드 출판사 대표 유연식을 검찰에 고소했고 대법원 3부주심 안대희 대법관까지 올라갔으며 1939년, 박정희가 서명한 문경공립보통소학교 '성적통지표'와 1940년, 박정희가 교직을 의원면직했음을 보여주는 교육 당국의 서류를 제출하였는데 이와 관련된 재판에서 안대희 재판관 등 재판부는 "그의 친일 행적 여부에 대해 논란이 있고 특설부대에 근무했는지도 한국 현대사의 쟁점으로 계속 연구돼야 한다. 책에 적시된 내용이 일반적으로 알려진 사실에 반한다고 하더라도 피고인이 '허위'임을 인식했다고 단정할 수 없어 무죄를 선고한 원심은 정당하다"는 이유를 들어 무죄를 판결했다.

이와 관련하여 데일리안은 다른 언론들이 무죄판결을 가지고 류연산의 주장을 정당화해서는 안 되며, 이 판결은 무죄가 죄가 없음을 의미하는 것이 아니라 유죄임을 확증할 근거가 없다는 뜻이라고 주장했다. 대법원 3부에서는 "역사적·공적 인물의 경우 시간이 경과하면 망인과 유족의 명예보다 역사적 사실에 대한 표현의 자유가 보호돼야 하므로 사자 명예훼손죄가 성립하려면 허위 사실에 대한 고의성을 엄격히 따져야 한다"며 "박 전 대통령의 특설부대 근무설은 여러 책에 언급됐고 저자 류 씨는 역사학계에서도 인지도가 있어, 검사가 제출한 증거만으로는 유죄가 인정되지 않는다"며 무죄를 선고했다.

⑨6 　조선일보, 박정희의 생애 "내 무덤에 침을 뱉어라!"(104)

만주국 육군군관학교 재학 시절1940~1942

1940년 4월 1일 박정희는 만주국 육군 군관학교滿洲國 陸軍軍官學校, 또는 신징 군관학교에 제2기생으로 입교하였다. 원래 1기 지원을 했었지만 나이 초과로 탈락하여 재지원을 한 것이다. 군관학교 동기생들 가운데 5·16에 가담한 사람은 없었으나, 간도·용정의 광명중학 출신이자 군관학교 제1기생인 선배 기수 대다수가 훗날 박정희의 5·16을 지지한 핵심인물이 되었다. 이주일, 김동하, 윤태일, 박임항, 방원철이 그들이다.

만주국 육군군관학교

자료 : blog.daum.net

혈서 지원

만 23세에 만주국군 1차 지원을 했을 때 나이 초과로 서류전형 탈락이 된 박정희는 재지원 서류에 혈서血書와 채용을 호소하는 편지를 첨부해 제출하며 반드시 군인이 되려는 강한 의지를 보였다. 1938년 5월경 당시 박정희와 같이 문경공립보통학교에서 교사 생활을 했던 유증선 씨는 조갑제와의 인터뷰에서 자신이 박정희에게 혈서를 쓰도록 권유했으며, 그 말을 들은 박정희가 즉시 시험지에다가 핏방울로 혈서를 썼다고 증언한 바 있다.

한편 민족문제연구소는 인터넷 일간지 오마이뉴스를 통해 교사 시절 박정희가 만주군에 지원할 때 쓴 혈서가 그가 일본 제국에 충성을 맹세한 친일파임을 뒷받침하는 자료 근거라고 주장한다. 본 기사 내용에서 민족문제연구소는 〈만주신문〉 1939년 3월 31일자 마이크로필름에서 박정희의 편지 내용과 혈서 문구가 기록된 기사가 발견되었고, "'친일인명사전' 발간의 본질이 흐려지고 정치 쟁점화하고 있다는 판단 아래 이날 자료를 공개한다"고 밝혔다.

민족문제연구소에서 밝힌 〈만주신문〉 마이크로필름 자료에는 다음과 같은 편지 내용과 혈서 글귀가 적혀 있다.

"一死以テ御奉公 朴正熙"
혈서 - 한 번 죽음으로써 충성함 박정희[7]

"(중략)일본인으로서 수치스럽지 않을 만큼의 정신과 기백으로 일사봉공一死奉公의 굳건한 결심입니다. 확실히 하겠습니다. 목숨을 다해 충성을 다할 각오입니다. 한 사람의 만주국 군인으로서 만주국을 위해, 나아가 조국을 위해 어떠한 일신의 영달을 바라지 않고, 멸사봉공滅私奉公, 견마犬馬의 충성을 다할 결심입니다."

《박정희 평전: 가난에서 권력까지》를 쓴 이정식 경희대 석좌교수는 중앙일보와의 인터뷰에서 박정희 혈서에 관해 "1939년과 1940년 당시 일본군에 입대하기 위한 혈서 제출은 일종의 유행이었다"고 한다. 그 근거로 당시 혈서를 쓴 한국 청년이 39년 첫해에는 45명, 다음 해 박정희가 입교했던 40년에는 168명씩이나 되었다고 주장한다.[9]

📍7   국민일보(2009.11.06), 이경원, "만주국 위해 犬馬의 충성" 박정희 혈서 신문 공개(주의: 진위 논란),2009.11.06 확인

📍8   ハンギョレ(2009.11.05), "일 육사 졸업 뒤 항일연합군 공격 '임정 입장서 박정희는 적군 장교' 민족문제연구소 '박정희 친일 행적' 신문 공개", 2010.12.17 확인

📍9   중앙일보(2012.04.03), 이정식, "박정희, 日 학교 입학하며 혈서까지 쓴 건 일종의…", 2021.12.08 확인

만주신문 1939년 3월 31일자
기사의 박정희의 혈서 부분
(주의: 진위 논란)[8]

자료 : ko.wikipedia.org

　실제로 광복 이후 한국군 사이에서는 군대 지원서에 혈서를 포함시키는 문화가 존재했던 것으로 확인된다. 1951년 7월에 게재된 부산일보에는 "해병대원 모집에 수많은 애국 청년이 앞을 다투어 지원하고 있거니와 그중에는 혈서로써 滅共戰線멸공전선에 참가하겠다고 하여와 관계관의 감격을 자아내고 있다"고 기록한다.[10]

　혈서를 쓰는 문화가 무조건 일본식이라고만 단정 지을 수는 없다. 1909년 2월 독립운동가 안중근 의사義士는 항일의병들과 함께 러시아 연해주에서 동의단지회同義斷指會를 결성하던 순간 왼쪽 손의 넷째 손가락 한 마디를 끊어 태극기에 혈서로 '大韓獨立대한독립'이라 쓰며 항일결의를 다졌다. 독립운동가 남자현 지사志士 또한 1932년 손가락을 잘라 '조선의 독립을 원한다'는 혈서를 쓴 것으로 알려져 있다.[11]

📍10　부산일보(1951.07.28), "海兵隊員(해병대원)을 血書(혈서)로 志願(지원)", 2021.12.08 확인

📍11　중앙일보, "손가락 잘라 혈서 쓴 '여자 안중근' 남자현의 유언"

안중근 의사의 태극기 혈서

자료 : ko.wikipedia.org

만주신문 진위 논란

민족문제연구소가 주장하는 박정희의 혈서 내용은 박정희의 만주군 서류지원 당시 함께 교사 생활을 했던 유증선의 증언과 상당히 엇갈린다. 1998년 2월 12일 처음 게재된 조갑제의 조선일보 인터뷰 기사에 의하면 유증선은 1938년 5월쯤에 박정희가 핏방울로 시험지에다 '盡忠報國 滅私奉公진충보국 멸사봉공'이라고 써서 만주로 보냈다고 한다. 그는 당시 편지가 만주까지 도착하는 데는 일주일쯤 걸릴 때였고, 편지를 보낸 지 보름 정도가 지나 만주에서 발행되는 신문에 박 선생 이야기가 실렸다고 증언하였다.

반면 민족문제연구소에서 근거로 제공한 〈만주신문〉 자료는 1939년 3월 31일자 기사 전문에서 박정희의 편지가 29일에 군관학교로 도착했다고 밝히고 있다. 박정희가 1938년 5월 중순에 편지를 보냈고, 보름 정도의 운송 기간 뒤 만주지역의 신문에 박정희 이야기가 실렸다면, 같은 해 5월 또는 6월, 길게 잡아도 7월 초에는 도착했을 시간이다. 그런데 민족문제연구소가 제시한 자료 근거에 의하면 일주일 또는 보름 정도면 만주에 도착했을 박정희의 편지가 10개월 뒤인 1939년 3월 말에 도착했다는 소리가 된다.

또한 만주신문 자료에는 박정희의 군관지원 편지와 함께 '一死以テ御奉公 朴 正熙'라고 쓰여 있는 혈서 내용이 함께 동봉되어 있었다고 기록한다. 그러나 유 증선의 증언에서는 박정희가 혈서에 '盡忠報國 滅私奉公진충보국 멸사봉공'이라는 문구를 썼다고 주장한다. 조갑제가 인터뷰한 유증선의 증언과, 2009년 11월 5 일 인터넷 일간지 오마이뉴스의 기사에서 인용된 민족문제연구소의 근거자료 가 정면으로 충돌하는 상황이다.

"盡忠報國 滅私奉公"
혈서 – 충성을 다해 나라에 보답하고 사욕을 버리고 공익에 진력한다.[12]

박정희가 만주군 서류지원에 편지와 혈서를 동봉했던 것은 여러 자료에서 공통적으로 일치되는 사실이다. 그러나 혈서의 내용과 기사 날짜는 근거 자료 가 서로 일치하지 않는 상황이다. 설령 유증선이 연도를 잘못 기억하고 있었 다 하더라도 그의 증언 내용이 당시 민간인 신분으로는 입수할 방법이 없었던 1962년 최고회의 의장비서 이낙선 중령의 비망록에도 같은 대목이 발견되고 있고, 유증선의 증언이 여러 공식 자료와 과거 박정희 제자들의 증언과 일치하 는 부분이 상당히 많아서 섣불리 틀린 근거라고 치부할 수가 없다.

결국 박정희 전 대통령이 만주군에 서류지원을 했던 시기에 동명이인이 존재 했거나, 유증선의 기억이 틀리거나, 신문에 오타가 있었거나 하는 여러 가지 가 능성을 열어놓고 더 많은 자료를 검토해봐야 하는 상황이다.

박정희 전 대통령을 비롯한 역사의 정치적 거물들의 생애를 논할 때는 항상 여러 가지 상반된 평가와 논란이 생기며 정치적으로 민감한 이슈가 되어버리곤 한다. 반면 이와 같은 무분별한 루머나 정치적인 진위 논란이 팽배하는 상황이

12　정경조선, "'멸사봉공(滅私奉公)'이란 용어에는 과연 식민지 잔재가 담겼을까?"

있을 때마다 스스로를 논란의 중심으로 적극적으로 개입시켜 새로운 이슈를 만들려는 특정 사회 인물들의 독특한 정치생태계가 파생되기도 한다.

다채로운 논란에 끊임없이 연관되어온 가로세로연구소 소장 강용석 변호사, '일간베스트' 회원 강 씨, 그리고 정미홍 전 KBS 아나운서는 각자 박정희의 혈서가 날조라는 주장을 하며 민족문제연구소가 박 대통령 혈서 관련 기사를 조작했다는 취지의 주장을 펼쳐왔다. 결론적으로 2017년 기준으로 민족문제연구소가 이들을 상대로 낸 손해배상 청구소송에서 강 변호사는 500만 원, 정 씨와 강 씨는 300만 원을 배상하라는 대법원의 판결을 받았다.

박정희가 쓴 혈서가 보도됐다고 알려진 1939년 3월 31일자 만주신문은 현재 일본 국회도서관이 소장하고 있다. 박정희를 친일파로 분류하지 않은 친일 반민족행위진상규명위원회는 혈서에 관해 "민족문제연구소가 공개한 박정희 전 대통령이 친일 혈서를 작성했다는 만주신문 기사도 사전 발간 직전에 알게 돼 다시 거론할 수 없었다"고 밝혔다.[13]

일본 육군사관학교 편입학 시절 1942~1944

1942년 3월 박정희는 만주국 신징 군관학교 2기 예과 졸업생 240명 가운데 수석으로 졸업하였다. 이때 박정희는 수석 졸업 기념으로 만주국 황제 푸이에게서 은사품으로 금시계를 하사받았다.

졸업 후 5개월 정도 현장 실습을 마친 박정희는 1942년 10월 1일 일본 육군사관학교 제57기로 편입했다. 1944년 4월 박정희는 300명 가운데 3등 성적으로 일본 육군사관학교 57기를 졸업했다. 그리고 수습사관 과정을 거쳐 1944년 7월 열하성熱河省 주둔 만주국군 보병 제8단에 배속되었다. 12월 23일 정식

📍13   보관된 사본(2010.01.02), 원본 문서에서 보존된 문서, 2013.03.19 확인

만주국 육군군관학교와 일본 육군사관학교를 졸업한 직후, 헌병 조장(曹長, 원사에 해당) 시절의 박정희. 이때의 계급은 일본 헌병 조장, 보직은 수습사관이었다. 그해 8월에 만주국 육군 소위로 임관되었다.

자료 : ko.wikipedia.org

만주국 육군 소위로 임관하였다. 이때 함께 근무했던 신현준, 이주일, 방원철은 훗날 5·16 군사정변의 동지가 되었다.

박정희는 문경으로 돌아와 교사 시절 자신을 핍박하였던 일본인 군수, 서장, 교장을 불러 사과를 요구했다고 전해지는데 아래는 제자인 이순희의 증언이다.

> "박 선생님이 만주로 떠난 지 3~4년이 지난 어느 여름방학 때 긴 칼 차고 문경에 오셔서 십자거리문경보통학교 아래에 있는 네거리에 계신다는 얘기를 듣고 달려갔지요. 중략 하숙집으로 자리를 옮긴 뒤 박 선생님은 방에 들어가자마자 문턱에 그 긴 칼을 꽂고는 무릎을 꿇고 앉아 '군수, 서장, 교장을 불러오라'고 하시더군요. 그때 세 사람 모두 박 선생님 앞에 와서 '용서해달라'고 했습니다. 아마 교사 시절 박 선생님을 괴롭혔던 걸 사과하는 것 같았습니다."[14]

📍14 여제자 이순희 씨 증언, 정운현의 '실록 군인 박정희', 78쪽

만주국군[15] 복무 1944~1945

박정희가 배속되었던 부대는 보병 제8사단으로 동만주 지역 열하성이었다. 주 토벌 부대는 중국 공산당의 팔로군이었다. 이와 관련하여 좌파계열 독립군들이 팔로군에 가담하였고 박정희가 팔로군 토벌에 참여하였으므로, 독립군 토벌에도 참여한 셈이라고 주장한다. 언론인 겸 작가 문명자는 1972년 일본 도쿄에서 박정희의 만주국 육군군관학교 동창생 두 명으로부터 만주국 육군군관학교 동창생들이 박정희에 관해 "박정희는 온종일 같이 있어도 말 한마디 없는 과묵한 성격이었다. 그런데 내일 조센징 토벌에 나간다 하는 명령만 떨어지면 그렇게 말이 없던 자가 갑자기 요오시좋다! 토벌이다! 하고 벽력같이 고함을 치곤 했다. 그래서 우리 일본 생도들은 '저거 돈 놈 아닌가' 하고 쑥덕거렸던 기억이 난다"라고 증언했다.[16]

그러나 이것은 당시 나라를 잃은 조선인 독립운동가들이 사상적으로 갈라져 중국 국민혁명군, 중국 홍군, 중국 팔로군, 한국독립당, 조선민족혁명당 등등 여러 단체로 흡수되어 각기 다른 방식으로 독립활동을 추진하던 시대적 배경을 배제하는 편무적片務的 해석이다. 일단 국민공통 교육과정 국사 교과서에는 1940년 이후 한국의 독립군 대부분이 광복군을 중심으로 결집하여 근거지를 중국 대륙에 있는 충칭重慶으로 옮겼다고 서술하고 있다. 또한 1930년대 이후 만주지역 조선인 사회주의 독립운동가들은 일제의 공작인 '민생단 사건'으로 말미암아 최소 500여 명 조선인 독립운동가들이 중국 공산당에 숙청당하거나 학살당하였고 만주 지역 내에서 조선인 영향력 확대를 우려한 중국 공산당이 이를 방관함으로써 민생단 사건 이후 만주 지역에서 조선인의 영향력은 위축되

♀15 만주국군(滿洲國軍)은 일본 제국의 괴뢰국인 만주국의 육군이다. 1932년부터 1945년까지 존속했다.

♀16 강준만(2006), 《한국현대사 산책: 1960년대 편 1》, 인물과사상사, 125쪽; 문명자(1999), 《내가 본 박정희와 김대중》, 월간 말, 66~67쪽

었고 조선인과 중국 공산당 사이 연대도 약화하였다. 이진영 경희대학교 교수는 2000년, 자신의 논문인 《중국 공산당의 조선족 정책의 기원에 대하여》에서 민생단 사건으로 인해 1940년대에 들어서는 사실상 만주에서 공산

보병 제8사단 만주국 육군 소위 박정희

자료 : m.inven.co.kr

주의 운동은 종언을 고하였다고 주장하였다. 하지만 좌익 계열 독립군 단체들은 이런 공산군의 만행에도 불구하고 사상적으로 달랐던 대한민국을 거부하고 계속해서 중국 공산당과 팔로군에 협력하였다. 김무정 같은 조선인 독립운동가 출신이자 중공 팔로군 포병장교가 대한민국 임시정부를 버리고 북한 조선인민군 수립에 동참했던 것과 같은 맥락이다.

조선인민군의 전신인 조선의용군[17]은 박정희가 갓 복무한 1944년대에 화베이 지역의 도시와 농촌, 그리고 만주 일대의 일본군 점령 지역에서 조직 결성 활동을 활발히 전개하였고, 그 결과 여러 도시에 독립 동맹의 거점이 마련되었다. 이리하여 의용군과 독립 동맹의 존재가 널리 알려졌으며, 많은 조선인 청년이 의용군에 입대했다. 이에 대해 2004년 동아일보가 제안한 가상토론에서 언론인 조갑제는 박정희가 팔로군을 토벌하였으나 이는 중국 공산당의 군대이므로 독립군과는 상관이 없다고 주장하였다. 조갑제가 팔로군과 독립군이 무관하다고 주장했지만, 진중권은 팔로군에 독립운동 세력이 참여하고 있었다고

📍17   조선의용군(朝鮮義勇軍)은 1942년 조선의용대의 화북지대를 개편하여 결성한 조선독립동맹의 당군(黨軍)이다. 타이항산을 근거지로 일본 제국주의가 패망할 때까지 무장 투쟁을 하였고 제2차 세계대전이 종결된 후 해산하여 상당수가 조선인민군에 편입되었다. 조선민주주의인민공화국의 수립 당시 연안파로 불리며 정치 세력을 형성하였지만 한국전쟁 이후 1958년까지 숙청되었다.

주장하였다.[18] 성신여대 김명호 교수 또한 독립군이 "팔로군과 신사군의 지도 아래 항일무장투쟁을 전개했다", "조선의용군은 팔로군, 신사군과 긴밀한 관계를 수립했다"고 주장하였다.[19]

인터넷 일간지 오마이뉴스의 취재에서 박정희와 같이 만주국군 제8단에서 복무한 중국인 동기생 고경인에 따르면 당시 제8단 지역은 중국 인민해방군의 전신인 팔로군 토벌을 위해 주둔하고 있었으며, 초임 소위 시절 팔로군 토벌 작전에 참가한 건 사실이라고 증언한다. 하지만 2~3개월 후 단장 부관으로 승진했기 때문에 일선부대에서 빠지게 된다. 부관이 된 이후 박정희와 같이 복무하게 된 신현준, 방원철 등은 "박정희는 단장 부관으로 직접 전투보다는 놀고 술 먹을 기회가 많았다"고 증언하였다.

창씨개명 논란

군관학교 시절 박정희는 '다카기 마사오高木正雄, たかぎ まさお'로 창씨개명을 하였고, 만주국 육군군관학교 2기생 졸업앨범과 일본 육사 졸업앨범에서도 같은 이름을 사용하였음이 확인되었다.

1940년 여름 조선일보와 동아일보를 폐간시킨 일제는 창씨개명을 강요하기 시작했고, 만주군관학교에서도 같은 해 가을에 조선인 학생들 24명1기생 13명, 2기생 11명을 호출, 일주일간의 휴가를 주며 고향에 가서 창씨개명을 해오라 하였다. 박정희는 고향 구미에 내려와 항일활동가이던 형 박상희와 함께 의논하여 고령 박씨에서 '고목'이란 성을 작명하였다. 박상희는 '다카키 소기高木相熙', 박정희는 '다카키 마사오', 박정희의 조카 박재석은 '다카키 이사무高木勇'가 되었다.[20]

📍18 동아일보(2006.12.06), "가상토론, 박정희 조갑제 진중권 만나다"

📍19 한겨레(2014.09.01), 김명호, "'중공 승리해야 조선 해방' 조선인에 투항이란 없었다", 2015.03.30 확인

📍20 조선일보, 박정희의 생애 "내 무덤에 침을 뱉어라"(108)

1945년 3월 병적사항을 알리기 위해 일제 치하의 경상북도 선산군 구미면 면사무소에 제출한 병적기록부를 바탕으로 작성된 《임시육군군인군속계》에서도 박정희의 일본식 이름이 다카키 마사오로 사용되었음

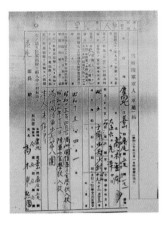

박정희 임시 육군 군인(군속)계

자료 : ko.wikipedia.org

을 확인할 수 있다. 병적기록부의 제출자인 박정희의 첫째 형 박동희朴東熙 또한 다카키 도히로高木東熙로 표기되어 있다.

정치계에서는 창씨개명 존재를 두고 특정 인물들의 '친일성'의 근거라고 주장하지만, 창씨개명은 진보, 보수 출신 정치인들의 친일 성향과는 상관없이 일제강점기 시대를 살아왔던 조선인들 전체가 강제로 겪은 일이다. 창씨 여부를 갖고 조상을 친일파로 낙인찍는 것은 악의적인 정치 이분법에 지나지 않는다.

의병 출신 설진영薛鎭永은 창씨에 불응하면 자녀를 퇴학시키겠다는 학교 측의 통보를 받고 결국 자녀를 창씨시킨 다음 자신은 조상 볼 낯이 없다며 돌을 안고 우물로 뛰어들었다. 독립운동가이자 시인이었던 윤동주에게는 히라누마 도오주平沼東柱, 대한민국 10대 대통령 최규하에게는 우메하라 게이이치梅原圭一, 심지어 박정희의 정치적 라이벌이었던 김대중에게도 도요타 다이쥬豊田大中라는 창씨개명된 이름이 있었다.

오히려 세간에 알려진 극렬 친일파 가운데는 창씨개명을 하지 않은 사람도 더러 있었다. 해방 후 반민특위에 '검거 제1호'로 붙잡혀온 화신백화점 사장 박흥식朴興植을 비롯해 중추원고문 한상룡韓相龍, 일본 대의사代議士, 국회의원를 지낸 재일친일파의 거두 박춘금朴春琴, 경북도지사를 지낸 김대우金大羽, 귀족원 의원을 지낸 윤덕영尹德榮 등이 이에 속한다. 일제는 창씨개명을 강제하지 않았다는

변명거리로 삼기 위해 소위 내로라는 친일파들에게 일부러 창씨개명을 시키지 않는 잔꾀를 부렸다.

한때 박정희가 자신의 친일 충성심을 증명하려고 '오카모토 미노루岡本 實'라는 이름으로 다시 한번 개명을 했다는 주장도 있었으나 북한에서 시작된 가짜 정보인 것으로 밝혀졌다. 박정희에 대해 상당히 비판적인 입장을 유지하는 두 언론매체 〈오마이뉴스〉와 〈한겨레〉에서조차 박정희가 창씨개명을 두 번 했다는 소문에 대해서는 "자료로 입증된 사실이 없거나 공식 기록으로 확인된 바 없으며 다카키 마사오로 한 차례 개명한 사실만 확인되었으며 자료로 입증된 사실은 아니다"라고 밝힌다.

이 논란은 1973년 8월 11일자 북한 〈로동신문〉이 '김대중 납치 사건' 직후부터 박정희 비판글을 쏟아내면서부터 시작되었다. 1973년 이전에 박정희를 '오카모토 미노루'라고 주장한 자료는 아직 발견되지 않고 있다.

재미 언론가 문명자의 1999년 저서 《내가 본 박정희와 김대중》에서는 "만주국 육군군관학교 시절 박정희의 창씨명은 다카키 마사오. 그곳을 졸업하고 일본 육군사관학교에 편입했을 때 박정희는 창씨명을 완전히 일본사람 이름처럼 보이는 오카모토 미노루로 바꾼다"라고 서술하며 2005년 도쿄대학에서 출판한 《일본 육해군 종합사전》 2판에서 박정희가 '오카모토 미노루'로 소개되는 것을 근거로 제시한다.[21] 조희연 교수도 자신의 저서에서 이러한 내용을 주장하였다.[22] 이에 대해 김병태 건국대학교 명예교수는 "박정희가 일본 육사를 졸업하고 관동군 23사단 72연대에 배속됐는데 거기 연대장의 이름이 오카모토였다"고 설명하였다.[23]

📍21 세계일보(2006.08.09), "박정희의 일본식 이름은 왜 두 개였나"

📍22 조희연(2007), 《박정희와 개발독재시대》, 역사비평사

📍23 조선총독부 및 소속관서 직원록

인터넷 일간지 오마이뉴스의 정운현 기자는 "박정희가 배속된 23사단 72연대 연대장 이름이 오카모토였다는 김병태 교수의 주장은 허구성이 있다. 박정희가 일본 육사를 졸업하고 견

日本陸海軍
總合事典
[第2版]
秦 郁彦[編]

자료 : ohmynews.com

2005년에 출간된《일본육해군 종합사전》(2판)에는 박정희의 일본명이 '오카모토 미노루'로 나와 있다.

습사관을 거쳐 배속된 곳은 열하성 흥륭현 소재 만주국군 보병 8단이었다. 단장은 중국인 당제영이었으며, 그의 계급은 상교, 우리로 치면 대령이었다. 당시 보병 8단에는 박정희를 포함해 이주일, 방원철, 신현준 등 한국인 장교가 4명 있었다"고 반박한다. 또한 "군관학교 예과를 수석으로 졸업해 일본 육사 유학 특전까지 얻은 박정희가 다시 창씨개명을 해야 할 필요성을 찾기가 쉽지 않다"고 주장한다.

2012년 12월 5일 인터넷 매체 '빅뉴스'의 기사에서 미디어워치로 옮겨졌다 이시완 자유기고가는 "한국 사회에 퍼진 '박정희=오카모토 미노루'라는 설은" '안티 박정희' 진영이 "북한의 주장을 확인도 없이 그대로 받아들여 정적 비판을 위해 퍼뜨렸다"고 주장한다. 문명자가 증거로 제시했던 "사전은 일본 정부의 공식적인 기록이 아니라, 도쿄대학 출판부에서 출판한 개인출판물"이며 "이 사전 초판1991에는 오카모토 미노루라는 이름이 없었는데, 2005년 발간된 2판에 갑자기 이 이름이 추가되었다"고 지적했다. 또 "도쿄대학 출판부를 통해 이 사전의 저자에게 '오카모토 미노루'라는 이름의 근거를 확인해본 결과, '근거 확인이 안 되니 3판을 출판할 때는 오카모토 미노루라는 이름을 삭제하겠다'는 답변을 받았다"고 했다. 그는 "한국의 '안티 박정희' 세력이 금과옥조처럼 받들어오던 '일본 측 자료'의 설득력도 이것으로 없어진 셈"이라고 주장했다.

박정희 형 박상희

신간회 항일운동을 하던 형
박상희와 큰딸 김종필 부인
박영옥

박상희 큰딸 박상희

자료 : blog.daum.net

광복 직후

광복과 귀국 1945~1946

박정희는 만주 보병 제8단에서 일본이 제2차 세계대전에서 패망할 때까지 근무하였다. 1945년 8월 15일 광복이 되자 소속 부대가 없어진 박정희는 9월 21일 동료들과 함께 베이징 쪽으로 건너가, 장교 경험자를 찾고 있던 한국광복군에 편입되어, 북경의 김학규가 지휘하는 한국광복군 제3지대 제1대대 제2중대장에 임명되어 광복군 장교로 활동하다가 1946년 5월 8일 미군 수송선을 타고 부산항으로 귀국하였다. 빈털터리 상태로 돌아온 그를 고향의 가족도 반기는 눈치가 아니었다고 한다. 셋째 형 박상희朴相熙는 "그냥 선생질이나 하면 좋았을걸 괜히 고집대로 했다가 거지가 되어 돌아오지 않았느냐"고 면박을 주었다고 한다.

만주국군 출신이었던 박정희가 한국광복군 광복군에 바로 입대할 수 있었던 이유에 대해서는 당시 광복군이 만주에 있던 조선인들에게 선전했던 투쟁지침과 관련짓는 주장도 있다. 비밀리에 일본군 내 조선인 장교들에게 살포된 이 선전문을 보면 일본군에 위장 침투한 한국인에게 고하는 것으로서 본문에는 "아직 전민족적으로 총궐기할 때는 아니다. 때를 기다려라. 제군들은 일군 내에서 작전을 방해하고 손상하는 게 임무다. 자신이나 동포에게 위험이 없는 범위에서 활동하라. 겉으로는 친일활동을 하라"는 등의 내용이 실려 있다.

1945년 8월 이전에 박정희가 독립군에 참여했다는 증거는 없다. 비밀 선전문은 전 광복회장 김우전으로 확인되고 있으나, 박정희가 비밀광복군에 연관된 듯 알려진 '원전原典'은 1967년 박영만이 쓴 소설 《광복군》이었다. 정운현의 《실록 군인 박정희》에 따르면 1967년 박영만은 자신의 책을 박정희에게 전달했으나 환대는커녕 호통을 들었다는 설도 있다. 당시 정황을 비교적 잘 아는 김승곤 전 광복회장은 "박영만은 청와대에서 돈을 받을 줄 알고 《광복군》을 썼는데, 내용을 훑어본 박 대통령은 '내가 어디 광복군이냐. 누가 이따위 책을 쓰라고 했냐'라며 화를 냈고, 결국 박영만은 돈 한 푼 못 받고 거창하게 준비한 출판기념회도 치르지 못했다"고 증언했다. 5·16 이후 반혁명 옥살이를 마치고 나온 박창암 전 혁명검찰부장 앞에 박정희를 지하독립운동 리더로 묘사한 책을 쓰자고 제안하였으나, 거절당했다.

광복 직후 1946~1950

1946년 5월 8일 귀국한 그는 고향에서 넉 달간 휴식을 취하다가 그해 9월 조선경비사관학교 2기생으로 입학하여 단기 과정을 마치고 1946년 12월 조선경비사관학교를 졸업, 광복을 맞은 한국의 군대에서 다시 육군 소위로 임관해 군인 생활을 시작한다. 박정희와 2기생도들은 1946년 12월 14일에 졸업하였다. 교육 중 동기 군번 69명이 탈락하고 194명이 졸업하였고, 군번은 성적순으로 받았다.[24] 1등은 신재식 육군소장, 군수기지사령관 역임이었고, 박정희는 3등이었다.

1946년 10월 5일 독립운동가이자 언론가였던 박정희의 친형 박상희가 대구 항쟁 사건 때 구미 경찰서에서 시위대와 진압대 사이를 중재하다 경찰이 발포한 총알에 맞고 사살되었다. 육사에서 훈련 중이던 박정희는 형의 피살 소식을 접했으나 장례식에는 참석하지 못했고, 며칠 뒤 조용히 다녀갔다고 한다. 박정희는 대통령 시절 측근에게 "형이 피살된 사정을 알아보려고 장교 복장으로 고향에 내려간 적이 있었는데, 숙군 때 김창룡으로부터 그 점을 추궁당했다"고 말했다고 한다. 평소 가장 따르고 존경했던 형 박상희의 죽음은 박정희에게 적잖은 충격을 주었다. 박상희의 친구이자 당시 남로당 군사부 총책이었던 이재복이 박정희에게 접근해 남로당 가입을 권유한 것도 바로 그 무렵이었다.

> ⚲24 장교의 군번은 성적순으로 결정되는데 이는 대한민국 국군 역사상 시종일관 동일하며 외국의 군대 역시 장교는 성적순으로 군번이 결정된다.

1944년 1월 박정희는 일본
군사학교에서 임관했다.
그리고 만주의 일본 군대에서
복무했다. 1949년 박정희는
체포되어 공산주의자로 판결을
받았다.

자료 : ccmessage.kr

박정희의 삶을 다방면으로 취재했던 조갑제는 박정희의 전반부를 다룬《박정희-불만과 불운의 세월》에서 "박정희가 남로당에 들어가게 된 데는 그의 성격에서도 찾을 수 있다"며 그 배경을 다음과 같이 설명했다.

가난했던 어린 시절, 대구사범 재학 시절, 문경보통학교 교사 시절, 만군 장교 시절, 그리고 해방 뒤인 청년장교 시절에 걸쳐 일관되게 발견되는 박정희의 성격은 현실에의 불만, 기성질서에의 반항, 외세에 대한 거부감 그리고 사회에 대한 개혁의지 등으로 요약할 수 있다. 그러한 박정희에게 남로당은 하나의 유혹이었다. 진보적 성향, 독립운동의 전통, 그리고 반외세를 상징하고 있던 남로당에 들어간 것은 박정희의 사상적 표현이라기보다는 그의 기질에 맞는 선택이었던 것 같다.[25]

소위로 임관한 박정희는 본부가 춘천에 있던 8연대로 발령받았다. 8연대는 1947년 2월, 미군이 38선 경비업무를 일부 이관하면서 다섯 곳에 경비초소를 설치하게 되었다. 당시 경비중대장은 경비사관학교 1기인 김점곤 중위가 중대장으로 있었다. 원용덕 연대장이 장교들을 소집하고 경비초소CP의 위치와 소대장의 배치장소를 의논하였는데 미군 고문관 브라운이 소대장의 서열에 따

25 조갑제닷컴, 남로당과 박정희 소령 연구(1)

라 배치하면 되겠다고 말했다. 그런데 박정희는 보는 앞에서 미국놈이 왜 간섭을 하느냐며 불만을 터뜨렸다. '미국놈'이란 표현을 알아들은 브라운은 고소하였고 원용덕 연대장이 미국놈은 애칭이며 욕이 아니

백선엽. 여순사건 재판 당시 남조선로동당을 배신한 그를 살려주었다.

자료 : ko.wikipedia.org

라고 변명해도 주장을 굽히지 않았다. 브라운은 타자원한테 들어서 안다며 미국놈은 욕이라 하며 박정희의 징계를 요구하였으나 원만한 원용덕이 적당히 달랬다. 이 시절 국군 초의 연대 단위 기동훈련을 기안한 공로로 중위를 거치지 않고 바로 대위로 진급한다.

1947년 12월 경리장교였던 박경원의 결혼식에 참석하다 만난 이화여대 1학년 이현란당시 24세과 1948년부터 1950년 초까지 약 3년가량 사실혼 관계에 있었다. 이현란과 약혼한 후 곧 용산 관사로 데리고 와서 동거를 시작했고, 그 뒤 육군 소령으로 진급, 1948년 육군본부 작전정보국에 근무하던 중 여수·순천 사건 연루 혐의를 받고 감옥생활을 하면서 두 사람 사이에 금이 갔다. 여수·순천 사건 후에 시작된 대한민국 정부의 군대 내 공산주의자를 색출하는 숙군작업에서 박정희는 남조선로동당남로당 군부 하부조직책으로 그해 11월 11일 체포되었다. 1심에서 "파면, 급료몰수, 무기징역"을 선고받았으나 2심에서 "징역 10년으로 감형하며, 감형한 징역을 집행정지함" 조치를 받았다. 다음 해 1월 강제 예편되었으며 정보국 문관으로 근무하게 되었다.

박정희가 좌익전력으로 구속되기 서너 달 전에 이현란이 사생아 아들을 출산했고 태어나자마자 사망했다는 설이 존재하나 거짓으로 밝혀졌다. 박정희가 군내의 남로당 수사에 걸려 구속된 것이 1948년 11월, 이때 박정희의 용산 관사와 가까운 집에 살던 이효 대위가 구속된 박정희를 대신해 이현란을 방문해 자금을 챙겨주었으나 임신에 대한 증언은 존재하지 않는다. 며칠 뒤 숙군수

사 실무장교로 박정희의 조사를 맡은 김창룡 또한 이현란을 직접 찾아가 경위를 설명해주며 박정희의 메모를 건네 약혼녀 이현란의 임신에 대한 조사 기록은 남기지 않았다. 결정적으로 이현란 스스로가 박정희와의 사이에서는 소생이 없었다고 밝힌다.

1950년 6월 한국전쟁 중 소령으로 현역에 복귀하였고 이후 육군본부 작전정보국 제1과장을 거쳐 1950년 9월 15일 인천상륙작전이 감행될 때 중령으로 진급하고 대구로 올라가는 육군본부의 수송지휘관을 맡았다. 10월 육영수를 소개받았고 육군본부의 전방지휘소가 서울특별시로 이동하게 되자, 그는 서둘러 약혼식을 올렸다. 10월 25일 장도영의 추천으로 제9사단 참모장으로 임명되었다.

한국전쟁 이후 1950~1959

1950년 11월에 김호남과 이혼하였다. 육종관[26]은 딸 육영수가 박정희와 결혼하는 것을 반대하였으나 육영수와 그의 모친 이경령은 집을 나와 대구 시내에 있는 박정희의 거처 주변에 머물러 있게 되었다. 1950년 12월 12일 박정희는 대구시의 한 성당에서 육영수와 결혼식을 올렸다. 주례는 대구시장 허억許億이 보았고 신부의 손을 잡은 이는 육종관 대신 박정희의 대구사범 스승 김영기였다. 이때 주례를 맡은 허억은 박정희와 육영수의 이름을 바꿔 부르는 실수를 하였다.

1950년 육군 정보국 제1과장이 됐다. 1952년 피난처인 부산에서 이용문 준

---

26 육종관(陸鍾寬, 1894.06.13~1965.12.26)은 육영수의 아버지이며 본관은 옥천이다. 민주공화당 국회의원을 지낸 육인수는 그의 장남(적장자)이며 1885년생으로 8년 연상인 그의 조카 육정수는 형 육종윤의 아들이었다.

박정희의 신당동 사가(私家).
5·16쿠데타 당시 여기에서
거주하였다.

자료 : ko.wikipedia.org

장의 사무실에 찾아갔다가 그로부터 시인 구상을 소개받게 된다. 그는 이후 이
용문과 이승만 대통령이 계엄령을 선포하고 헌병들을 동원하여 공포 분위기를
조성한 뒤에, 국회에서 개헌을 통과시키고 직선제 대통령으로 출마하려는 데
반발하여 정변을 계획하였다. 1952년 5월 군부 내에서는 이승만 축출 시도가
있었다. 이용문 등 군부의 일부는 이승만을 축출하고 장면을 추대하려는 시도
를 계획하였다. 이용문은 장면의 비서로 있다가 1952년 4월 사퇴한 선우종원
[27]을 포섭하려 하였으나 선우종원이 협조를 거부하여 무산되었다. 박정희는 이
때 주동적 역할은 아니었지만, 이용문을 보좌하는 위치에 있었다. 정변 계획은
미수로 끝났고 이용문은 1년 뒤 의문의 비행기 추락사고로 사망했다. 1953년
11월 25일 육군 준장으로 승진하여 장군이 되었으며 1955년 7월 14일 제5사

27 선우종원(鮮于宗源, 1918.02.17~2014.03.08)은 사상검사로 활약한 법조인이다. 아호는 주암(周巖)
이며 1918년 2월 17일 평안남도 대동에서 태어난 그는 광복 전에 평양고보와 경성제대 법문학부 법학과를 마
치고 고등문관 사법과 시험에 합격했다. 광복 후 서울지방검찰청 검사로 검사국 초대 검찰과장으로 활약하고
6·25 전란 중 치안국 정보수사과장으로 기여한 뒤 1951년 장면(張勉) 국무총리 비서실장, 1960년 한국조폐공
사 사장, 1966년 중앙선거관리위원회 위원, 1971년 국회 사무총장, 1981년부터 1997년 7월까지 평화통일자문
회의 부의장을 지낸 원로 변호사다.

6군단 부군단장 시절

자료 : ko.wikipedia.org

단 사단장이 되었다. 1955년 겨울 예기치 않은 폭설이 발생, 작업 중이던 여러 사단 소속 장병들이 사고를 당한 사건이 발생한 후 박정희는 문책성 인사 조처로 대기 발령되었다가 1956년 육군대학에 입교하였다.

> 자유당 시절 말기 군내 부패가 극에 달했다. 미제 군용트럭으로 동해에서 명태를 실어다 팔거나, 산의 나무를 베어다 팔아먹던 시절이다. 부식비나 유류비 등을 횡령하는 장성도 비일비재했다. (사령관이) 전출할 때 보면 보통 트럭 2대에 군용물품을 잔뜩 실어서 떠난다. 그런데 박 대통령은 사령관 시절 '제닉스 라디오'로 음악을 즐겨 들었는데, 군수기지사령부를 떠날 때 라디오를 놓고 가더라. 그래서 내가 '왜 안 가져가냐'라고 했더니 '그게 내 건가. 부대 것이지' 하고는 안 갖고 가더라. 박 사령관이 취임하고 나선 군수 비리가 없었다. 당시 박 사령관 주변 사람들도 쟁쟁했다. 이후 수도경비사령관이 된 윤필용이 비서실장, 포철 회장과 국무총리를 한 박태준이 인사참모, 상공부 장관을 한 이낙선이 공보참모를 했다.
>
> 김종신 전 청와대 비서관, 주간동아 인터뷰(2017.11.21)

1957년 3월 20일 육군대학을 졸업한 뒤 육군 소장 진급심의대상이 되었다. 이때 박정희의 육군 소장 진급심사위원회가 열려 22명의 심사위원이 참가하여 찬성 18표, 기권 2표, 반대 2표로 박정희의 소장 진급은 무난히 통과되는 듯하였다. 이때 경무대 행정관 곽영주郭永周가 나타나 박정희의 사상 문제, 결혼 문제 등을 이유로 그의 진급을 반대하고 나섰다. 당시 무소불위의 힘을 휘두르고 있던 곽영주의 반대에 부딪혀 박정희의 소장 진급 문제가 계류 중에 있을 때 김정렬이 나타나 심사위원들을 설득함으로써 박정희의 소장 진급은 무난히 통과하게 되었다. 곽영주는 5·16 군사정변 후 혁명재판에서 경무대로 몰려온 데모대를 살상한 죄로 사형되었다. 이어 박정희는 제6군단 부군단장으로 부임하였다. 1957년 제7사단 사단장으로 부임하였다. 1959년 7월 1일 육군 제6관구사령관이 되었다. 1960년 1월 21일 부산군수기지사령부 사령관으로 발령받았다.

1960년 4월 26일 이승만이 하야하였다. 그 뒤 허정 대통령 권한대행 겸 내각 수반의 과도내각을 거쳐 1960년 7월 민주당 정권이 집권하게 되었다. 이때 박정희는 육군본부 작전참모부 부장으로 부임하였다. 민주당 정권이 집권하자 이종찬 장군은 국무총리 장면을 찾아 박정희의 중용을 건의하였다. 그러나 장면 총리는 이 문제를 바로 답변하지 않고 주한미군 사령관 카터 매그루더 사령관을 찾아 논의하였다. 며칠 뒤 매그루더는 한국 육군본부로 박정희의 신원조회를 요청하였고 김형일 육군본부 참모차장은 "박정희는 좌익이다"라고 답변하였다. 매그루더는 다시 장면을 찾아 "그런 사람을 어떻게 그런 요직에 앉혀뒀냐"라며 항의하였다. 육군본부 작전참모부 부장이었다가 이 일이 있은 후 12월 15일 제2군사령부 부사령관으로 전보되었다.

미국의 감시도 감시였지만 당시 박정희에 대한 사상 문제는 한국군 내부에서도 완전히 정리되지는 않았던 모양이었다. 매그루더에게 박정희를 좌익으로 지목하였던 김형일은 이 일로 박정희와 등을 지게 되었는데, 김형일은 5·16 군사쿠데타 이후 군정에 반대하다가 참모차장에서 예편하였다.

박정희는 1961년 4월 19일 4·19혁명 1주년 기념식을 거사일로 잡았다. 그러나 그날 아무런 시위도 집회도 없어 박정희는 당황하였다. 이때 장면 정부의 정보기관인 시국정화단에서 미리 첩보를 입수하고 1961년 4월 19일로 계획된 학생들의 데모를 매수했다는 의혹이 있다. 박정희 등을 비롯한 군인들은 4·19혁명 1주년 기념식 때 일부 학생들이 정부에 대한 데모를 준비할 때, 이를 진압한다는 명분으로 정변을 준비하였다.

당일 학생들이 데모하지 않고 조용히 넘어가자 박정희 등은 당황하였다. 군부 쿠데타 모임인 혁명 요원들은 4·19 1주년 되는 날로 거사일을 정했지만, 소문에 의하면 시국 정화운동본부에서 학생들을 돈으로 매수하여 데모를 못 하도록 막았다는 이야기가 들렸다. 박정희의 계획대로라면 그날 학생들의 대대적인 시위가 발생해야 했고, 군중 폭동에 자연스럽게 군부가 침투해야 거사에 성공할 수 있었다. 4·19 1주년은 아무 일이 없었고, 쿠데타를 기도하려던 군부는 일시적인 공황 상태에 빠졌다. 한편 당시 시국정화단에서 학생운동권들을 돈으로 매수했다는 의혹, 금액과 내용 등은 공개되지 않았다.

Chapter 2

대통령 박정희

1
5·16 군사정변

:

내가 살아있는 이 한 세대는 순간이다.
그러나, **민족과 국가는 영원**하다.
오늘 내가 **밤 세워 조국 근대화를 위해 일하는 것은**
오늘을 잘 살고자 함이 아니다.

대한민국의 영원한 대통령
박정희 대통령
1917.11.14~1979.10.26

5·16 혁명공약

1. 반공反共을 국시의 제일의第一義로 삼고 지금까지 형식적이고 구호에만 그친 반공태세를 재정비 강화한다.

2. 유엔헌장을 준수하고 국제협력을 충실히 이행할 것이며 미국을 위시한 자유 우방과의 유대를 더욱 공고히 한다.

3. 이 나라 사회의 모든 부패와 구악을 일소하고 퇴폐한 국민도의와 민족정기를 바로잡기 위해 청신한 기풍을 진작시킨다.

4. 절망과 기아선상에서 허덕이는 민생고를 시급히 해결하고 국가 자주경제재건에 총력을 경주한다.

5. 민족의 숙원인 국토통일을 위해 공산주의와 대결할 수 있는 실력배양에 전력을 집중한다.

6. 이와 같은 우리의 과업이 성취되면 참신하고도 양심적인 정치인들에게 언제든지 정권을 이양하고 우리는 본연의 임무에 복귀할 준비를 갖춘다.

국가재건최고회의

5월 20일 장도영과 함께
중앙청 광장에서

자료 : ko.wikipedia.org

5·16 군사정변은 1961년 5월 16일 새벽, 당시 제2군 사령부사령관 최경록 중장 부사령관이었던 박정희 등의 주도하에 육군사관학교 5기생과 8기생 출신의 전투보병사단 중령급 대대장오학진 등 그리고 6군단 포병단단장 5기생 문재준 대령과 예하 8기생 중령급 대대장 신윤창, 구자춘 등 제1공수특전단단장 5기생 박치옥 대령 등 예하 장교 등 기타 박정희의 만군 인맥인 해병대 사령부사령관 김성은 중장 예하 여단여단장 김윤근 준 장과 예하 대대장 오정근 중령 등이 일으킨 군사정변으로 뒤에는 참모총장으로 있던 장도영을 끌어들였다. 정변의 주도 세력은 5월 18일에 군사혁명위원회를 설치하고 초대 위원장에 장도영, 부위원장에 박정희가 취임하였으며 5월 20일 국가재건최고회의로 이름을 바꾸면서 의장에 장도영, 부의장에 박정희가 취임, 입법·사법·행정의 3권을 행사하게 하였다. 정변이 발생하자 장면 총리는 카르멜 수도원에 피신하여 숨어 있다가 5월 18일 나와 하야를 선언하였다. 5월 16일 군사혁명위원회가 설치되면서 장도영이 의장에 선임되고 박정희는 부의장에 취임하였다. 5월 20일 장도영이 내각 수반이 되면서 박정희는 군사혁명위원회 의장에 취임하여 혁명위원회를 국가 재건 최고 회의로 개편한다.

첫 번째 군사내각은 5월 20일에 발표되었으며, 7월 3일 장도영이 퇴진하고 박정희가 국가재건최고회의 의장에 취임하였다. 1962년 3월 22일 대통령 윤보

1961년 8월 21일 주한 미군 총사령부를 방문, 멜로이 사령관과 악수하고 있다.

자료 : ko.wikipedia.org

선의 사퇴로 박정희가 대통령 권한대행을 맡기도 하였다. 제5대 대통령 선거에서 민주공화당 박정희 후보가 민주당 윤보선 후보를 물리치고 당선되어 1963년 12월 17일, 제3공화국이 수립되면서 해체되었다.

대통령 윤보선. 민주당 신파에 대한 적개심을 드러냈던 그는 군사정변을 지지하지는 않았으나 묵인했다.

자료 : namu.wiki

5·16 군사정변 초기

박정희가 군사정변을 결심했던 데에는 그가 부산 군수기지 사령관을 역임하던 시절 4·19혁명이 계기가 되었다고 알려졌다. 박정희는 부산 군수기지 사령관을 역임하면서 정변을 염두에 두고 있었던 듯하다. 그리하여 그는 1960년 5월 8일을 거사일로 정했지만, 4·19혁명으로 실행에 옮기지 못했다. 1960년 부산 군수기지 사령관 역임 후 제2군사령부 부사령관을 역임하면서 김종필 중령을 비롯한 지지 세력을 규합하였고, 이듬해인 1961년 5월 16일 새벽, 반공·친미·구악 일소·경제 재건 등을 명분으로 5·16 군사정변에 참여하여 제2공화국 장면 내각을 붕괴시켰다.

정변이 발생하자 장면 총리는 카르멜 수도원에 피신하여 숨어 있다가 5월 18일에 나오며 하야를 선언하였다. 대통령인 윤보선은 군사정변을 추인하였고 5월 16일 군사혁명위원회가 설치되면서 장도영이 의장에 선임되고 박정희는 부의장에 취임하였다. 5월 20일 장도영이 내각 수반이 되면서 박정희는 군사혁명위원회 의장에 취임하여 혁명위원회를 국가재건최고회의로 개편한다.

정변 당시 박정희는 유원식을 데리고 청와대로 찾아갔다. 그러나 윤보선은 혁명군을 진압하지 않고 올 것이 왔다고 하여 정변을 방관하는 태도를 보였다. 매그루더 유엔군 사령관은 정변을 주도한 군부를 인정하지 않았고 윤보선 대

5·16 군사정변 이후
구악 일소라는 명분으로
조리돌림되는 이정재 외
폭력배들

자료 : ko.wikipedia.org

통령을 찾아가 진압 명령서를 들고 "사인만 하시면 쿠데타군을 진압하겠다"고
하였으나 윤보선은 "우리 한국에선 며느리가 물에 빠져도 시아버지가 들어가
서 안고 나오지 못한다"며 사실상 정변을 방관하였다. 그러나 매그루더 사령관
은 미 합참의장에게 보내는 5월 17일자 전문에서 "미군 방첩대CIC가 거리의 행
인들을 상대로 여론조사를 해본 결과 10명 중 4명은 혁명을 지지했고, 2명은
지지는 하지만 시기가 빨랐다고 했으며, 나머지는 반대했다"고 보고했다.

또한, 정변이 발생하자마자 박정희는 이승만 정권의 비호를 받은 범죄자들을
색출해서 전원 군사재판에 회부하였다. 이 과정에서 정치깡패로 유명한 이정
재, 영화와 관련된 일에 종사하면서 최무룡, 김지미 등 연예인들에게 갖은 행패
를 부려왔던 폭력배 임화수, 꿀돼지라는 이름으로 폭력배들의 세계에서 유명한
신정식, 이승만 정권 당시 내무부장관임에도 불구하고 정치깡패들을 두둔한
책임을 지게 된 최인규, 그리고 경찰관임에도 불구하고 이들 중 가장 죄질이 무
거운 데다가 이승만의 비호를 받으며 못된 짓을 저지르고 특히 4·19혁명 때 민
간인에게 발포 명령을 해서 무고한 사람들을 사살한 곽영주 등을 사형에 처했
다. 그런데 박정희는 이들을 사형에 처하기에 앞서 구악 일소, 즉 과거의 잘못된
점을 모두 없앤다는 명분으로 조리돌림을 실시한 후 이들의 사형을 집행했다.

정변 초기에는 일부 인사들의 지지 성명이 있었는데 장준하는 사상계 6월호에서 "과거의 방종, 무질서, 타성, 편의주의의 낡은 껍질에서 탈피하여, 일체의 구악을 뿌리 뽑고 새로운 민족적 활로를 개척할

계엄사령관이자 초대 최고회의 의장 장도영

자료 : ko.wikipedia.org

계기를 마련한 것이다"라며 정변을 지지하였고 언론인 송건호도 제3공화국 초기까지 민족적이라고 평가하여 박정희에 대한 지지를 표명하기도 하였다. 또한 정변 한 달 뒤, 일제강점기 당시 제암리 학살사건을 폭로한 프랭크 스코필드 박사는 1961년 6월 14일 〈코리언 리퍼블릭〉에 '5·16쿠데타에 대한 나의 견해'라는 글을 발표하였는데 그는 투고의 첫머리에서 '5·16쿠데타는 필요하고도 불가피한 것'을 알게 될 것이라고 지적하면서 민주당 정권의 부정과 무능을 폭로하며 '한국에는 아직 진정한 민주주의가 시험된 적이 없다'고 주장하였다.

박정희는 군사정변 직후 이승만 정권에 항거하다 투옥된 독립운동가 김학규를 사면, 복권했다. 김학규가 중풍으로 쓰러져 운신을 못 할 때, 박정희는 한학자인 최서면崔書勉에게 김학규를 입원시키고 돌봐주도록 부탁하여 국군 병원에 입원할 수 있도록 하였다. 그는 병석에서 입버릇처럼 항상 박정희는 '내 생명의 은인'이라고 하였다. 이후 박정희는 1962년, 김학규 장군에게 '건국훈장 독립장'을 수여하였다. 5월 23일 외신기자들과 회견을 하였다. 6월 3일 오후 4시 대구매일신문 기자와 단독 회견을 가졌다. 정변 초기 기자들 사이에서 박곰보, 박코프라는 별명이 돌기도 했다.[1]

📍1   김종신(1996), 《영시의 햇불-박정희 대통령 따라 7년》, 한림출판사, 145쪽

국가재건최고회의 의장 시절1961~1962

박정희가 초창기부터 군사정변의 최고 지도자는 아니었다. 당일로 '군사혁명위원회'를 설치하고, 장도영을 의장으로 자신은 부의장으로 취임하였다. 거사 3일째인 5월 18일 군사혁명위원회를 '국가재건최고회의'로 개칭하고 부의장에 취임하였다. 6월 10일에는 비밀 첩보 기관이자 동시에 국민 감시 기관이었던 중앙정보부를 발족시켰다. 이후 '군 일부 반혁명사건알래스카 토벌작전'을 일으켜 군부 내의 반대 세력을 숙청하였고 7월 3일에는 장도영마저 이에 관련지어 의장직에서 추방하고 다시 국가재건최고회의 의장에 추대되었다. 9월 9일 수출조합법을 공포하였고 9월 30일 공업표준화법을 제정하여 수출과 공업화에 대해 준비했다. 보리와 밀 품종개발을 시도하여 1963년 1월에 성공을 거두었다.

1961년 10월 17일에는 장면 정권 때 날림으로 만들어진 '구황실재산법 제 4조 시행에 관한 건'의 대상을 개정·확대하여 대한제국 황족의 범위를 축소하였고 일본 마쓰사와 정신병원에 갇혀 있던 덕혜옹주를 귀국시킨 뒤 1962년 4월 10일 재개정을 통해 그 범위에 덕혜옹주를 포함시켰다. 대한제국 황실에 동정심을 품었던 박정희는 옛 황족들에게 꾸준히 생활비와 치료비를 지급하였으며 매달 순종의 계후인 순정효황후 윤 씨에게는 50만 환, 의친왕비妃 김 씨에게는 30만 환, 고종의 후비인 광화당 귀인 이 씨와 삼축당 귀인 김 씨에게는 각각 10만 환 등 모두 100만 환을 지급하였다. 1962년 9월 26일에는 이승만 정권의 방해로 해방 이후 귀국하지 못하다가 뇌출혈로 쓰러져 식물인간이 된 의민태자영친왕와 비 이방자에게 1,945달러의 치료비를 지원하였고 1963년에는 의민태자의 환국을 추진하여 그해 11월, 의민태자는 56년 만에 고국으로 돌아왔다.

미국은 군사정부가 들어선 뒤에도 박정희를 승인하지 않고 정권교체 의지를 분명히 표현하였으나 박정희가 제5대 대통령 선거에서 윤보선을 누르고 대통령에 당선된 뒤, 1964년 베트남 전쟁의 지원을 약속하자 미국은 일단 박정권을

1961년 박정희 의장과 케네디
대통령

자료 : ko.wikipedia.org

향후 10년 이상 지지하겠다고 하여 정권교체 의사를 보류하기도 하였다. 한편
미국 문서에는 워싱턴의 인사들이 박정희를 파악하기 위해 정일권을 미국으로
불러들여 하버드대학교에서 만난 내용이 수록되어 있다.

1961년 미국 존 F. 케네디 대통령은 박정희를 만나주는 조건으로 일본 이케
다 총리와 만나라는 지령을 내렸다. 10월 10일 당시 일본 도쿄에서 6차 한일회
담을 준비하고 있던 배의환 회담 수석대표와 정일영 당시 서울대 교수에게는
'급거 귀국'하라는 명령이 내려졌고, 곧바로 서울에서 박 의장을 만나게 된다.
거기서 박정희 의장과 김종필 정보부장과 만나 예상 회담의제와 일본의 반응
에 대해 준비했다. 정 교수는 박 의장에게 일본이 현찰로 달러를 주지는 않으
려고 할 것이며 대신 물자나 산업 노하우를 가져올 것이며, "그 경우 우리 산업
및 경제가 일본화될 우려가 있다"는 점을 미리 설명해줬다.

1961년 11월 12일 회담에서 이케다 총리는 예상대로 현금이 아닌 산업 건설
을 해주겠다는 이야기를 꺼냈고 그 명목도 배상이 아닌 경제협력이라는 점을
강조했다. 이에 대해 박 의장은 "우리는 구걸하려는 것이 아니라 받을 것을 받

는 것"이라고 반박했다. 박 의장은 청구권 문제에 대해 "충분한 법적 근거가 있는 청구권"이라면서 "상당한 액수의 청구권을 한국이 갖고 있는데 일본이 5천만 달러를 운운하는 것은 부당하다"고 지적했다.

1961년 11월 박정희 의장은 독도 영유권과 국토 관리를 확고히 하기 위하여 "독도를 정확히 측량하여 토지대장에 등록하고 그 결과를 보고하라"고 특별 지시하였으며 그에 따라 국토건설청 측량팀이 약 2개월에 걸쳐 독도의 지형을 측량하고 지형도를 작성하였다.

한편 12월 학사 고시 제도를 도입하여 12월 22일 학사 자격 국가고시를 실시하였고, 1961년 12월부터 이듬해 4월까지 문맹퇴치운동을 전개하기도 하였다.

대통령 권한대행 시절 1962~1963

1962년 3월 17일 수출진흥법 등 16개 법령을 공포하여 수출진흥정책을 수립하였고, 제2공화국 정부가 기획 중이었던 제1차 경제개발 5개년 계획을 시행하고 울산 공업 단지를 건설하기 시작하며 경제 발전을 모색했다. 그해 3월에는 국가재건최고회의에서 구舊정치인을 정죄하는 '구 정치인 정화법'을 발표하기도 했는데, 이에 대해 대통령 윤보선이 반발하면서 대통령직에서 물러났다. 이후 박정희는 대통령 권한대행으로 활동하였고, 같은 해 7월부터 8월 김현철을 후임으로 임명하기 전까지는 공석인 국무총리급의 지위인 내각 수반으로도 활동했다.

그해 3월에는 이승만 정권에 의해 훈장 추서가 미뤄진 김구, 안중근, 이승훈, 안창호, 김좌진, 한용운, 최익현, 조만식, 윤봉길, 신익희, 이시영, 강우규, 민영환 등 독립운동가 285명에게 건국훈장을 비롯한 독립공로훈장을 추서하였다.

1962년 7월 14일 개인재산을 기부하여 장학재단인 5·16 장학회를 설립하였다고 '박정희 기념사업회'는 밝히고 있으나 '국가정보원 과거사건 진실규명을 통한 발전위원회'가 밝힌 바에 의하면, 당시 국가재건최고회의 의장이었던 박정희가 중앙정보부에 지시하여 '부정축재처리요강'에 의해 이병철 등 기업

1963년 대장 예편한 박정희

자료 : news.nate.com

인 15명과 함께 구속된 부산 지역의 재력가 김지태金智泰를 석방하는 조건으로 부산일보, 한국문화방송, 부산문화방송의 주식과 부일장학회 기본재산 명목의 토지 10만 147평을 헌납토록 하였고, 이 재산 중 토지는 국방부에 무상으로 양도하였으며 이후 "기부받은 재산이 자꾸 유실된다"는 보고를 받고 법무부 장관 고원증에게 장학회의 설립을 지시하여 5·16 장학회를 설립했다. 이 사건은 당시 최고권력자였던 박정희 의장의 언론장악 의도에 의해 발생한 것으로 언론 자유와 사유 재산권이 최고 권력자의 자의와 중앙정보부에 의해 중대하게 침해당한 사건이라는 주장이 있다.

이에 대해 김지태의 차남인 김영우는 "박정희 전 대통령이 아버지의 재산 등을 빼앗았지만, 개인적으로 착복하지 않고 장학회를 45년 동안 관리한 점은 높이 평가한다"며 "박근혜 전 대표만 (정수장학회 반환과 관련한) 결단을 내린다면 '자명김지태의 호·정수장학회'로 이름을 바꿔 함께 운영하고 싶다"고 발언하기도 하였다.

1962년 10월에는 동해안 화진포에서 해병대 상륙작전 훈련을 참관한 후 주

박정희는 1962년 3월 23일
대통령 권한대행으로 취임을
했다.

자료 : outofgreed.tistory.com

문진으로 이동하여 역대 지도자 중 유일하게 울릉도를 방문하였고 이후 독도
의용수비대 출신 용사들에게 훈장을 수여하기도 하였다.

　1962년 12월 말에 박정희는 대통령 권한대행이 된 이후 인재등용의 하나로
전두환과 차지철 등의 부하 장교들을 정치권에 끌어들이려 시도했다. 차지철
대위는 이에 응해 국회의원이 되었지만, 전두환 대위는 군대에 남겠다며 거부
했다. 이에 박정희는 몇 번이고 계속 권유했으나 전두환은 "각하, 군대에도 충
성스러운 부하가 남아 있어야 하지 않겠습니까?"라며 일축했다. 이에 박정희는
전두환의 용도가 이미 정해져 있음을 깨닫고 국회의원으로 출마하라는 권유
를 중단하는 대신 전두환을 군 내부에서 특별히 총애하게 되었다.

통화개혁

　1962년 6월 10일 통화개혁[2]을 단행하여 구 환율을 10대 1로 축소시켰다. 통

　　📍2　　화폐개혁(currency reform, monetary reform) 또는 통화개혁은 어떤 목적을 달성하기 위해 인위적으
로 화폐의 가치를 조절하는 일을 총칭하는 용어이다.

한국은행 총재도 모른 1962년
6월 10일 화폐개혁

자료 : muchkorea.tistory.com

1962년 당시 발행된 1원, 10
원, 100원(출처: 한국은행)

자료 : muchkorea.tistory.com

화개혁 단행의 이유로는 거액의 자금을 숨겨둔 부정 축재자들의 자금 세탁 방지와 당시 아시아 경제를 장악하고 있던 화교 세력의 영향력을 한국 내에서 약화시키고 연이은 연계 조치를 통해 국민들의 돈을 일정 비율에 따라 증권으로 강제 전환함에 따라 중공업 육성에 사용하기 위함이었다.

실제로 화폐개혁 이후 화교들의 자본력은 상당한 타격을 입었으며 상당수의 화교가 한국을 떠났고 자연히 외식업에 진출하는 화교가 늘어났으나 대통령 취임 뒤인 1976년에는 화교에 대한 교육권과 재산권을 박탈하여 한국 내에서의 외국인과 외국 자본의 경제 장악력을 억제하기도 하였다. 인천광역시 중구에 위치한 1만 8천 평의 차이나타운에는 한때 화교 5천여 명이 거주했으나 박정희 정권 이후 화교의 재산권 행사를 제한하는 정책에 불만을 품고 미국, 동남아 등으로 떠나 현재는 500여 명만이 남아 있다. 그러나, 당시 한국의 금융 상업적 경제 구조를 미처 파악하지 못한, 통화 개혁 정책은 예금 동결 조치를 불러왔고, 전체 공장의 45%는 가동을 중지하는 등 사태가 악화되었다.

그러나 예상보다 검은돈의 규모는 크지 않았고, 궁극적인 목적은 미국에 알리지 않고 은밀히 준비해왔기 때문에 미국으로부터 철회를 강요받았으며, 자금 융통이 제약을 받아 중소기업 가동률이 50%로 떨어지는 등 경제난까지 야기하여 거두어들이고 실패하게 된다.[3]

⊙3   기미야 다다시(2009), 《박정희 정부의 선택》, 후마니타스

2
제3공화국

5대 대통령 후보자

1963년 3월 16일 군정연장과 함께 구정치인들의 정치활동 금지를 해제하는 3·16성명을 발표했다.

1963년 3월 16일 오후 2시 55분, 전 대통령 윤보선, 전 국무총리 장택상, 신민당 위원장 김도연, 초대 국무총리 이범석 등과 면담하였다. 김희덕金熙德 최고재건회의 외무 겸 국방위원장, 유양수柳陽洙 재경위원장, 홍종철洪鍾哲 문사위원장 등이 3·16성명을 발표하게 된 동기를 번갈아가며 설명하였다. 같은 해 4월 8일에는 국민투표를 보류한다는 4·8선언을 했다.

4월 17일, 근로자의 날 제정에 관한 법률 공표를 지시했다. 1963년 중반, 군에 복귀한다는 이른바 혁명 공약과는 달리 강원도 철원 군탄리에 위치한 비행장에서 전역식을 갖고 예비역 육군 대장으로 예편하였다. 예편 후, 정계에 참여하였고 1963년 민주공화당에 입당하여 제5대 대통령 선거에 출마하였다.

구 정치인 정치정화법이 일부 해제되면서 정치활동을 재개한 구 정치인들은 군정연장이라며 박정희를 비판하였다. 이후 박정희의 정치참여를 비롯한 군정 연장과 군정반대를 놓고 야당들과 갈등하게 되었다. 이 무렵 야당통합의 명분을 걸고 국민의당이 창당되었으나 윤보선과 허정, 이범석 등의 갈등으로 야당 내 대립이 격화되었다.

사상 검증 의혹

이후 박정희는 여순사건과 관련해 공산주의자라는 의혹과 함께 일본 여자와 동거한다는 소문이 있었고, 민주당의 윤보선으로부터 좌익 활동한 과거 전력에 대한 사상 공세를 당하였고, 이후 6대 대선에서도 사상 공세를 당한 바 있다.

1963년 10월 13일 윤보선이 박정희가 과거에 남로당에 가입해 무기징역을 받았다고 폭로한 것이 호외에 실렸다.

자료 : ko.wikipedia.org

선거 유세 당시 전 동아일보 기자 이만섭李萬燮을 비롯하여 민관식閔寬植, 백남억 등이 참여하였다. 대구 지역 유세에서 박정희는 "모 씨가 나를 빨갱이라고 모는가 하면, 일본 여자를 데리고 산다는 허무맹랑한 모략을 퍼뜨리고 있으나 저는 여러분들이 저만큼은 알고 있으리라 믿고 구태여 해명을 않겠다"고 하였다.

1963년 여름 김준연은 박정희가 공산주의자가 아니냐며 공개적으로 의혹을 제기하여 파문을 던졌다. 윤치영 등이 박정희의 전향은 확실하며 내가 내무장관 때 사상을 보증했다고 했지만 그가 다시 박정희의 사상 의혹을 제기하면서 논란은 확산되었다. 그는 박정희에게 사상 검증을 한 바 있었다.

1963년 9월 윤보선은 공화당과 박정희 후보 측으로부터 피소당하였다. 공화당 측으로부터 고발당하자 윤보선 후보는 "그렇다고 해서 박 의장이 공산주의자라고 말한 것은 아니다"라고 해명하곤 "하지만 그의 민주주의 신봉 여부가 의심스럽다"고 덧붙이기도 했다. 이어 윤보선은 박정희의 민주주의관을 의심했다. 그는 "박 의장의 저서 《국가와 혁명과 나》라는 것을 보면 '구 민주주의는 대한민국에 맞지 않는다'라는 말이 있는데 이것은 무엇을 말하는가. 또 러셀을 찬양하고 히틀러도 쓸 만한 사람이라고 했는데 이 사람이 과연 민주주의를 신봉하는 사람인가 의심하지 않을 수 없다"고 했다.

9월 28일 윤보선의 지지 유세를 하던 김사만金思萬은 "박정희는 여순반란사건에 관련되어 사형 선고까지 받았던 공산주의자였다"는 발언을 인용하면서 "일제에 항거하다가 사형선고를 받았다면 몰라도, 우리의 주적인 공산당 혐의를 받았던 사람에게 어떻게 믿고 투표할 것이냐"라며 박정희를 공격했다. 이에 대하여 박정희는 9월 28일 "구석구석에 박혀 있는 용공주의 세력을 혁명으로 일소하여 대한민국의 공산화를 막은 나를 공산주의자라고 하는 것은 당치도 않은 일"이라고 반박했다.

10월 자유민주당의 김준연은 송요찬의 녹음 연설회를 열기 위해 경남 마산으로 내려갔다. 마산에 온 그는 10월 2일 오전 10시 기자회견을 발표한다. 이 기자회견에서 그는 박정희와 김종필의 사상 의혹을 제기한다.

소장계급이 군생활의 마지막이
될 것을 알았던 박정희는 '
부정부패 일소'를 앞세워 5·16
쿠데타를 일으킨다.

자료 : poweroftruth.net

좌익전력이 있던 박정희는 미군 장성이나 한국군 장군들과 잘 어울리지 못했다.
5.16 군사쿠데타가 아니었으면, 박정희의 계급은 육군 소장이 끝이었다.

간첩 황태성은 박정희 씨의 친형인 박상희 씨와 친면이 있는 사이이고, 고 박상희 씨는 대구폭동 당시 군위 인민보안서장으로 활약했다가 토벌경찰에 의해 사살되었고, 여순 반란 사건 때 박정희 씨가 남로당 책임자였다는 것, 또한 박 씨의 조카사위인 김종필 씨는 서구식 민주주의를 부인하고 공산세계와 일맥이 통하는 소위 교도민주주의를 제창하였다는 것 등으로 미루어 그의 사상이 의심되지 않을 수 없고, 국민들은 그러한 사실들을 알아야 할 것이다.[4]

윤보선, 김준연 등의 사상 공세에 수세로 밀린 그는 한민당은 부패한 부자들과 변화를 거부하는 구태의연한 집단이라며 맹비난을 가한다. 그는 두 사람이 한민당 출신임을 강조하고 한민당의 후신인 민주당 장면 정권의 부패와 무능론으로 대응했다.

강원용[5]은 박정희의 군사혁명을 이데올로기로서 좌익이라고 본 사람은 거의

○4   동아일보(1963.10.02), 정치 1면

○5   강원용(姜元龍, 1917.07.03~2006.08.17)은 일제강점기와 대한민국의 한국기독교장로회 소속 기독교 신학자이자 정치가·철학자·통일운동가·교육자·반일반공운동가·시민사회운동가이다. 그는 함경남도 출신이며, 아호는 여해(如海)이다. 일제강점기 후반 일본에 유학을 다녀왔고 1945년 이후에는 김규식 박사와 여운형이 전개한 좌우합작운동에 투신하였고 한국기독교장로회 소속 경동교회에서 활동하였다. 1953년 미국을 거쳐 캐나다로 유학했다가 1957년에 귀국한 뒤 미국과 관련된 활동을 했다. 이후 기독교 단체 활동과 시민사회단체에서

없었고 군인들이 일으킨 혁명인 데다, 6개 혁명공약의 제1항에 '반공을 국시의 제일로 삼고 반공태세를 재정비 강화할 것'이라고 못 박았으니 아무도 의심하지 않았는데, 차츰 그의 과거가 드러나기 시작하면서 언론에 보도됐고 윤보선이 선거에서 이 점을 본격적으로 부각시킨 것이라고 주장했다. 당시 5·16정변이 일어날 무렵 조선민주주의인민공화국은 군사·경제적으로 상당한 역량을 갖추고 있었다. 소련, 중공과 군사동맹도 맺고 있었고, 4·19혁명 이후 조선민주주의인민공화국에서는 '남조선 인민들이 봉기했으니 우리가 도와야 한다'는 말까지 나왔기에 공산주의라고 하면 다들 무척 예민해질 수밖에 없었던 배경을 들어 박정희의 좌익 전력이 커다란 파문을 일으켰다고 보았다.

광복 후에는 공산주의자로 활동하기도 했다. 그의 형 박상희의 죽음으로 이에 따랐다는 견해와 박상희의 죽음 이전에 자발적으로 공산주의자가 되었다는 견해로 나뉘어 있다. 실제로 박정희는 공산주의자들이 지금까지 남한에서 감행했던 것 중에 가장 큰 규모였으며 가장 성공에 가까웠던 정부전복 기도사건1947~1948, 대한민국 국방경비대 침투사건을 지도했으며, 광복 직후 남조선로동당에서 활동하면서 여수·순천 반란을 꾸미다가 적발되어 일시적으로 직급 박탈을 당하였다가 복귀하기도 하였다. 그 뒤 사상 전향을 하였다고 하나 정부로부터 진실된 전향인지 의심받았다. 1961년 5·16 군사정변 직후 미국은 박정희의 남로당 행적에 관하여 그의 사상을 의심하기도 하였으며 제5대와 제6대 대통령 선거에서는 당시 민주당 대통령 후보였던 윤보선이 박정희에게 사상공세를 하기도 했다.

원용덕의 반론

1963년 대한민국 제5대 대통령 선거 당시 원용덕은 윤보선, 송요찬, 자민당

활동하며 1972년 10월 유신 이후 로마 가톨릭교회의 김수환·추기경·윤보선 前 대통령·월남 퀘이커 교도 함석헌 등과 함께 반유신 운동을 주관하기도 했다. 크리스천 아카데미, 평화포럼 등을 조직했으며 말년에는 참여정부에서 시행한 일부 정책이나 용이치 않은 친일파 청산 작업 등을 비판했다. 또 반미주의와 좌파 운동가들에 대한 반감을 보여 반대쪽에서 비판받기도 하였다.

계의 박정희에 대한 사상공격은 사실무근이라고 말했다. 그는 송요찬의 주장에 대해서는 "송 장군은 제주도 지방공비토벌을 맡고 있을 당시 박정희에 대해서는 나보다 아는 바가 적을 것"이라고 전제하고 "박정희가 여순사건 관련자로 몬 장본인은 김창룡이었으며 그가 자기에게 순복하지 않은 장교들을 용공분자로 몰아 숙청한 사실이 있음"을 상기시켰다. 또 원용덕은 "박정희가 여순사건 당시 지리산 밑 문주리 토벌작전에서 김지회의 반란군을 격멸하는 데 큰 공을 세웠다"고 밝혔다. 이어 "송요찬 씨도 한때 김창룡 일파에 의해 빨갱이로 몰린 사실이 있다"고 말하며 "박정희의 과거 군역은 백선엽 장군이나 김점곤 장군 등이 환하게 알고 있을 것이라고 말했다.

제3공화국 초기ㅣ1963~1964

한편, 1963년 9월 25일 직업훈련기관인 직업재활원을 개원하였고 12월 6일 비행기편으로 서독에 도착하였다. 당시 서독에는 세계 최초의 고속도로인 아우토반이 있었는데 박정희는 이때 아우토반을 보고 한국의 고속도로 건설을 계획하게 된다.

1964년 빌리 브란트 서베를린 시장과 함께한 박정희 대통령 (왼쪽)

자료 : ko.wikipedia.org

1963년 12월 독일로부터 국빈방문 초청을 받게 되었다. 에르하르트 수상을 면담할 때, 그는 박정희의 손을 잡고 한국에 지원을 약속했다. 또한 에르하르트 는 '라인강의 기적'을 예로 들며 고속도로와 제철산업, 자동차산업, 정유산업, 조선산업 등을 할 것과 '한·일 협정'을 맺을 것도 자문하였다.

1963년 10월 15일 제5대 대통령 선거에서 84.99%의 투표율에 470만 2,700여 표유효투표의 약 46.7%를 얻어 윤보선을 15만 표 차로 꺾고 당선되었으며, 12월 제5대 대통령에 취임하였다. 박정희에 대한 지지율은 빈농 이미지로 도시 보다 농촌에서 월등한 것여촌야도으로 드러났다. 이후에는 지역감정으로 인해 호남의 지지율이 떨어졌다.

박정희는 대통령 취임 직후 여운형의 동생인 여운홍을 면담하였는데 5·16 군사정변 직후 맏형 여운형의 묘소 주변 토지가 채윤혁에게 매각되자 여운홍 은 변호사를 찾아 구제의 길을 찾았다. 그러나 법적으로 구제의 길이 없자 박 정희를 찾아와 호소하였다. 여운홍의 참소를 들은 박정희는 여운형 묘소 주변 토지의 불하를 차단해주었다. 1963년 11월 존 F. 케네디 미국 대통령 장례식에 참석하여 조문하였다.

베트남 전쟁 파병

1964년 미국으로부터 베트남 파병 지원 요청이 왔다. 베트남 전쟁 당시 일 부 야당의 반대를 무릅쓰고 한국군의 베트남 파병을 단행하였으며, 1964년 8 월 제1이동외과병원130명과 태권도 교관단10명 파월을 시작으로 주월한국군사 원조단비둘기부대, 방공포병대대호크유도탄부대를 창설하고 맹호부대, 백마부대, 해 병 청룡부대 등 한국군을 파견한다. 그해 8월 식량증산 7개년 계획을 발표하 여 65년부터 시행하였다. 이후 국토종합개발계획 등을 실시하고 식량 증산 계 획과 벼품종 개량 등을 시도하여 경제 부양을 시도한다.

1966년에는 미국이 원조한 1천만 달러로 한국과학기술연구원KIST을 설립하 였고 한 달에 한두 번씩 연구소를 찾아 연구원들과 대화를 나누고 연구동 신

베트남 전쟁 참전 군인

자료 : ko.wikipedia.org

과학대통령 박정희 과학기술기념관
이제야 건립합니다

한국과학기술연구원 동문회인
'연우회' 홈페이지에 게재된
박정희과학기술기념관 건립
취지

▲ 한미양국대통령의 과학기술연구소 설립 공동성명(1965.5.18)

제1차 경제개발 5개년 계획이 시작된 1962년에 한국의 1인당 국민소득은 $67에 불과했습니다. 이를 1980년 $1,645로 경제성장을 이룩시켜 "祖國近代化"의 초석을 놓은 것은 박정희 대통령의 '科學立國 技術自立'의 투철한 정책의지였습니다.

자료 : ohmynews.com

축현장 인부들에게 금일봉을 지급하기도 하였다. 해외에서 뽑아온 박사들에겐 집과 대통령 자신의 몇 배의 봉급을 제공하고 당시 국내에 없던 의료보험을 미국 회사와 계약하여 가입할 수 있도록 하였다.

한일협정 전후 1965~1966

한일협정을 통해 국가 기틀을 다질 자금을 마련하려 했으나 학생과 야당의 반대에 봉착한다. 특히 1964년의 6·3항쟁은 그 정점에 달한다. 6·3항쟁의 학생 시위가 수그러들지 않자 박정희는 8월 25일 저녁 중앙청 제1회의실에서 전국 방송을 통해 특별담화를 발표하였다. 담화에서 그는 학생들이 국회해산과 조약무효를 주장하는 것과 데모 만능 풍조를 비판하였고, 시위를 독려하며 데모 학생을 영웅시하는 교육자 등을 비판하였으며 구 정치인을 학생데모에 의존하여 정부를 전복하려던 반동분자라고 강경한 어조로 비판하였다.

다음 날인 1965년 8월 26일 아침, 이때에도 한일협정 반대 분위기가 심했다. 박정희는 경찰력만으로는 치안유지가 불가능하다는 서울시장 윤치영의 건의를 받아들여 서울시 일원에 위수령을 선포하여 학생시위를 진압하였다. 8월 27일 시위 사태에 대한 문책성 인사로 문교부 장관 윤천주와 서울대학교 총장 신태환을 경질하고 후임에 법무부 차관 권오병과 교수 유기천을 각각 임명했다.

1965년 5월 16일 오후 수행원들을 대동하고 린든 존슨 미국 대통령이 보내준 대통령 전용기를 타고 미국을 방문하였다. 출발 전 김포공항에서의 인사에서 자주, 자립을 강조하였다. 1965년 5월 17일 한미정상회담을 한 뒤 5월 18일 미국 순방을 하였다. 1965년 5월 22일 아침 피츠버그의 존스 앤드 로린 철강회사를 방문하여 군정 시절에 종합제철공장 건설을 시도하다가 좌절한 그는 공장 내부를 돌아보았다. 22일 오전 10시 20분에 피츠버그 공항에서 플로리다주의 우주기지인 케이프 케네디에 도착하여 로켓발사 시험을 참관하고 돌아왔다.

최근 기밀해제된 미국 국무부 문서 《'1964-68 미국의 외교관계 29편' 363

호》에 따르면 박 대통령의 미국 방문 기간 동안 딘 러스크 당시 미국 국무장관은 독도 문제의 해결을 위해 한국과 일본이 독도에 등대를 설치해 공동 소유하는 방안을 제의했으나 박 대통령은 "있을 수 없는 일"이라고 일축했던 것으로 전해졌다. 그러나 미국은 같은 해 6월 15일에도 한국과 일본 간의 외무장관 회담을 열어 독도 문제의 조속한 처리를 요구하였고 박 대통령은 "일본이 우리 입장을 받아들인다면 별도 회담 없이도 문제가 해결될 것이고 받아들이지 않는다면 회담이 무의미하다"며 역시 거절하였다.

2005년 한일협정문서가 공개됐다. 이에 대해 박정희 정권이 대일청구권 포기 말고도, 협상 과정에서 일본 정부는 아예 '독도를 폭파하자'고 협박까지 하며 '독도'를 협상안건으로 넣으려 했다. 또한 한일어업협상을 대선에 활용하고 대일본 배상 관련 개인청구권을 무시한 점도 드러났다. 당시 정부는 기존의 40마일 전관수역 입장에서 후퇴, 일본 정부가 주장한 12마일 전관수역 방안을 서둘러 수용했으나 여론악화를 우려해 공개시기를 늦춘 것으로 나타났다. 임헌영 민족문제연구소 소장은 박 정권이 61년부터 한일협정을 체결한 65년 사이 5년간에 걸쳐 6개의 일본기업들로부터 민주공화당 총예산 3분의 2에 해당하는 6,600만 달러를 제공 받았다고 주장하였다. 일본 측 외교라인은 만주인맥이었다. 한호석 통일학연구소 소장은 "독도 영유권 문제를 불법적으로 처리해버린 자기들의 죄상이 세상에 알려지는 것을 꺼린 한일 양국정부의 고위관리들은 밀약문서를 영원한 비밀로 묻어두기로 약속하였고, 밀약이 있었다는 사실조차 말하지 않았다. '한일협력'을 외쳐온 역대 정권들의 은폐술에 세상이 감쪽같이 속았던 것이다. 이때의 밀약 파기만이 유일한 해결책이다"라고 평했다.

2007년 월간중앙은 "한일협정 체결 5개월 전인 1965년 1월 11일 당시 일본의 건설장관 고노 이치로의 특명을 받아 서울을 방문한 우노 소스케 자민당 의원이 성북동 소재 박건석 범양상선 회장 자택에서 정일권 국무총리를 만나 '미해결의 해결' 대원칙 아래 모두 4개항으로 된 독도 부속조항에 합의했다"고 주장했다. 내용에 의하면 일본이 독도를 자국 영토라고 주장하고 상대에 대한 반론을 제기하고 있는 게 독도밀약 때문이라고 평했다. 독도밀약은 주장만 있을 뿐 증거나 사실이 밝혀진 바는 없다. 이것을 추적 조사한 노대니얼 박사는 이것이 사실이었음을 전제로 "박정희 대통령이 암살된 이후 전두환 씨가 정국을 주도하기 시작하면서 시끄러운 문제가 될 것 같아 사본 하나 없는 독도밀약 문건을 태워버렸다"면서 "거기에는 서울과 도쿄를 오가는 비행기 안에서 쉬지 않고 정서한 기록들도 포함돼 있어 안타깝다"고 말했다. 이 밀약 때문에 이후로 맺어진 한일어업협정에 영향을 끼쳤다는 주장이 있다.

월간중앙이 주장한 독도밀약의 내용은 다음과 같다.
- 독도는 앞으로 대한민국과 일본 모두 자국의 영토라고 주장한다. 이에 반론하는 것에 이의를 제기하지 않는다.
- 장래에 어업구역을 설정할 경우 양국이 독도를 자국 영토로 하는 선을 획정하고, 두 선이 중복되는 부분은 공동 수역으로 한다.
- 현재 대한민국이 '점거'한 현상을 유지한다. 그러나 경비원을 증강하거나 새로운 시설의 건축이나 증축은 하지 않는다.
- 양국은 이 합의를 계속 지켜나간다.

1965년 7월 19일 미국 하와이 호놀룰루에서 이승만이 사망하였다. 7월 23일 오후 3시 미 공군 수송기가 '고향생각'이 연주되는 가운데 이승만의 유해를 운구하여 김포공항에 도착하자 박정희는 국회의장 이효상, 대법원장 조진만, 국무총리 정일권 등 3부 요인들을 대동하고 공항으로 나가 시신을 영접하였다.

1965년 7월 20일 박정희는 이승만의 장례를 국민장으로 결정하였으나 이승만의 문중 사람들과 이승만 측근들은 정부의 국민장 결정은 이승만에 대한 홀대라고 생각했고, 4월 혁명동지회 등은 국민장은 너무 과분한 조치라며 3일간 농성을 하였다. 한편 이승만의 양자 이인수는 국민장을 거부하며 가족장을 하겠다고 응답하였고, 구 자유당 측 인사들은 국민장을 거부하고 국장을 요구하

이승만 전 대통령의 운구
행렬을 보기 위해 모여든
국민들

자료 : joongang.co.kr

였다. 1967년 9월 20일 김학규가 자택에서 별세하자, 박정희와 정부는 사회장
으로 장례를 치르고 그를 국립묘지에 안장하였다.

포항제철 건설

군사정부는 경제개발계획을 시행하기 위해서 막대한 개발자금을 필요로 하
였으나 국내자본 축적이 미흡하고 외자도입도 쉽지 않은 상황에서 일본으로부
터 유무상차관도입을 전제로 하는 대일청구권자금 협상과 연계된 한일국교정상
화 협상을 적극적으로 추진하였다. 장기간 이끌어온 협상을 마무리하고 1964년
12월 18일에 양국 간에 〈대한민국과 일본국 간의 재산 및 청구권에 관한 문제의
해결과 경제협력에 관한 협정〉에 관한 비준서를 교환하고 1965년 6월 22일에 한
일기본조약 등 25개 협정을 정식으로 조인하였다. 일본 측과 협의하여 청구권 사
용방안 중 제1차년도 실시계획을 1966년 4월 20일 결정짓고 그것이 국회의 동의
를 거쳐 4월 27일 공고됨에 따라 5월부터 청구권자금이 사용되기 시작하였다.

1969년 1월 31일, 박태준 포항제철 사장은 통역담당 최주선 부장과 함께 피
츠버그로 건너가 KISA 대표인 포이F. Foy 회장을 만났으며, KISA 회원사들을

지난 1970년 4월 1일
만성적인 빈곤추방과 자립경제
달성이라는 국민적 염원을
안고 치른 포항 1기 설비
종합착공식에 나란히 선 박정희
대통령과 김학렬 부총리,
박태준 사장

자료 : ohmynews.com

따로따로 만나 한국의 경제상황과 제철소의 필요성을 역설했다. 그러나 그들은 IBRD 보고서 내용을 인용하면서 한국의 제철소는 경제적 타당성이 없다고 하였다. KISA와의 기본협정에 따르면 1972년까지는 제철소가 완공돼야 했고, 그러기 위해서는 늦어도 1969년 초부터는 건설공사를 시작해야 했다. 그러나 건설자금의 대부분을 차지하는 국제차관 도입 문제가 해결될 기미가 보이질 않았다.

박태준 사장은 귀국하던 길에 하와이에 잠시 들러 낙담한 채 하와이 해변을 걷다가 '대일청구권자금'을 활용해 제철소를 지어야겠다는 이른바 '하와이 구상'을 했다. 그는 국제전화로 박정희에게 자기 생각을 알리고 곧바로 일본 도쿄로 날아가 일본의 정·재계 인사들을 만나 자금 지원 협상을 벌였다.

> 우리 선조들의 피의 대가인 대일청구권 자금으로 짓는 제철소요. 실패하면 역사와 국민 앞에 씻을 수 없는 죄를 짓는 것입니다. 그때는 우리 모두 저 영일만에 몸을 던져야 할 것이오.
>
> **청암 박태준**

대일청구권자금 3억 달러는 1966년부터 1975년까지 10년 동안 균등분할로 무상지급하게 돼 있었다. 일제 식민통치에 대한 일종의 배상금으로, 선열들의 고귀한 희생의 대가이자 말하자면 '민족의 피맺힌 돈'이었다. 이 돈은 농림수산 부문에 투자하기로 양국 정부 간에 합의가 끝나 이미 국회 비준까지 얻은 상태였다. 그러나 제철소 건설에 전용할 수 있다면 '피맺힌 돈'의 가치를 가장 알차게 쓸 수 있을 것이었다. 그리고 유일한 대안이었다.

1969년 5월 7일, 박충훈 부총리가 '종합제철 프로젝트 재검토' 발언을 했다. 대한국제제철차관단KISA과의 협상을 위해 외국까지 나갔지만 빚도 얻지 못하고 홀대를 당한 데 대한 하소연이나 다름없었다. 이튿날 신문에는 "차라리 제철소를 짓지 말고 철을 수입하라"는 사설이 실리기도 했다. 박 대통령은 진노했고, 결국 6월 2일 박 부총리를 경질했다. 정부는 박충훈 해임 뒤 김학렬 경제수석비서관을 부총리 겸 경제기획원장관으로 임명하는 한편, 경제기획원 내에 '종합제철건설전담반'을 설치했다. 또한 1969년 8월 하순에 열리는 제3차 한일 각료회담에서 청구권 자금 전용 문제를 매듭짓기로 했다.

1969년 여름 박태준 사장은 도쿄에서 많은 정·재계 거물을 만났다. 우선 일본철강연맹의 기술지원 약속, 특히 3대 철강회사야와타제철, 후지제철, 일본강관의 적극적인 참여 의사를 이끌어내기로 했다. 이를 바탕으로 일본 정부의 동의를 얻어낼 생각이었다. 외무상 아이치, 대장상 후쿠다, 통산상 오히라 등도 포함됐다. 야스오카의 적극적인 도움으로 많은 우군을 만들 수 있었다. 결국 1969년 8월 28일 양국 정부는 각서에 서명했다. 그리고 다음 날 일본 정부는 포항제철 프로젝트를 지원할 것이며, 서울에 대표단을 파견해 최종합의서를 마무리 짓기로 했다는 내용의 공동성명서를 발표했다.

3선 개헌과 유신전야 1967~1971

1967년, 다시 대통령 선거에 출마하였다. 5·3 대통령 선거에서 민주공화당의 박정희는 경제개발의 성과와 비전을 내세우면서, 이를 지속하기 위한 정치적 지지를 호소했다. 반면에 신민당의 윤보선은 쿠데타 이후에 추진된 경제개발의 폭력성과 독재성을 규탄했다. 그러나 이때에도 공산주의자 경력과 남로당 경력이 문제시되었다. 6대 대선에서는 신라 천년의 고도에서 신라 왕손을 임금으로 받들어 천년의 영광을 재현하자는 찬조연설이 지역감정으로 문제가 되기도 했다. 5·3 대통령 선거에서 윤보선은 선거 유세 중에 월남전 파병을 미국의 '청부 전쟁'이라고 비판했고, 이어 윤보선을 지지하던 장준하는 "일본 천황에게 충성을 맹세하고 일본군 장교가 되어 우리 광복군에게 총부리를 겨누었다"라면서 박정희의 친일 경력 의혹을 쟁점으로 꺼냈다. 또 장준하는 "우리나라 청년들을 남베트남에 팔아먹고 피를 판 돈으로 정권을 유지하고 있다"라며 베트남 파병을 비판했다.

1966년 필리핀 마닐라에서 열린 동남아시아 조약 기구 회의에 옵서버로 참석한 박정희 대통령(왼쪽에서 3번째)

자료 : ko.wikipedia.org

그러나 박정희는 다시 대선에 출마한 윤보선을 116여 만 표의 근소한 차로 꺾고 재선에 성공하여 12월 제6대 대통령에 취임하였다. 박정희는 농촌지역의 지지를 얻은 한편 윤보선은 도시와 지식인층의 지지를 받았다. 1967년 12월 농어촌개발공사를 창립하였고 1968년 국민교육헌장을 제정한다. 1969년 2월 농업기계화 8개년 계획을 확정하고 그해 11월 1일 농어촌근대화촉진법을 승인한다. 1969년에는 3선 개헌을 골자로 한 개헌안을 국민투표를 통해 통과시켰는데 투표율 77.1%에 찬성률 65.1%로 통과되었다.

같은 해 9월에는 구미에 외국인의 투자 100%를 허용하고 5년 동안 100% 외국인 투자에 대해 법인세, 소득세, 취득세를 면제해 주는 사항을 포함한 전자공업단지 조성 계획을 발표하였는데 구미 전자공업단지는 최종적으로 1973년 10월에 187만 4천 평 규모로 완공되었다.

이후 8월 22일 미국 순방 때는 미국을 방문해 리처드 닉슨 당시 대통령과 만났으나 닉슨 독트린에 의거한 주한 미군 철수 문제로 갈등을 빚었다.

1970년 3월 장기종합교육계획시안을 마련하고 발표하였다. 이 안에 의하면 86년까지 의무교육 확대를 단계적으로 실시하고, 의무교육을 9년으로 연장하는 것과, 교육세를 신설하는 조항이 포함되었다. 1970년 4월에는 새마을운동을 제창, 시작하였으며 그해 수출 10억 달러를 달성하였다. 같은 해 8월 21일 관세청을 개청하였으며 1971년 10월 25일 내수용 생산업체에서도 수출을 의무화할 것을 지시하였다.

1971년 박정희는 대한민국의 농업을 보다 큰 규모로 확대하기 위해 아르헨티나 정부로부터 여의도의 79배나 되는 규모의 땅을 구매하였는데 이 땅에 신원조사 등 갖가지 심사를 거쳐 엄선한 농민들을 파견하였다. 그러나 대한민국이 여름일 때 아르헨티나는 겨울인 것부터 시작해서 대한민국과 아르헨티나의 기후가 전혀 맞지 않는 데다가 박정희가 구매한 땅 중에는 소금기가 많은 땅이 있는가 하면 여러 종류의 황무지가 많았다. 결국 박정희의 이 프로젝트는 사실상 실패로 돌아갔으며 박정희가 구입한 땅은 아직도 대한민국 정부가 소유하지만 해마다 관리비 명목으로 대한민국 정부가 아르헨티나 정부에 2~3만 달러를 지불하고 있다. 1972년 제3차 경제개발 5개년계획을 실시하였고 1월 27일 제3차 인력개발 5개년계획을 확정하였다. 2월 9일에는 녹색혁명을 추진, 통일벼를 개발하였으며 쌀의 한국 자체생산 및 완전 자급자족은 1976년에 달성한다. 1972년 7월 4일 분단 이후 최초로 7·4 남북 공동 성명을 발표하였다. 8월 3일 기업사채 동결 등 긴급 명령을 발표하였다.

1971년 대한민국 제7대 대통령 선거에서는 김대중을 약 95만 표 차로 이

기고 3선에 성공했다. 1971년 대선을 앞두고 김종필은 1971년 선거에서 박정희 당선을 위해 무려 600억 원이나 썼다고 밝혔다. 강창성 당시 보안사령관은 1971년 대선자금이 모두 '700억 원'이었다고 밝혔다. 1971년 국가예산인 5,242억여 원과 비교했을 때, 예산의 1할을 넘는 액수에 해당되는 금액이었다.

김신조 사건 1·21사태 1968

1968년 1월 13일 조선민주주의인민공화국의 특수부대 민족보위성 정찰국 소속인 124부대 소속 31명이 조선인민군 정찰국장 김정태로부터 청와대 습격과 정부요인 암살지령을 받고, 한국군의 복장과 수류탄 및 기관단총으로 무장하고 1월 18일 자정을 기해 휴전선 군사분계선을 넘어 야간을 이용하여 수도권까지 잠입하는 데 성공했다.

그러나 이들은 청운동 세검정고개의 창의문을 통과하려다 비상근무 중이던 경찰의 불심검문으로 정체가 드러나자, 검문경찰들에게 수류탄을 던지고, 기관단총을 무차별 난사하였으며, 그곳을 지나던 시내버스에도 수류탄을 던져 귀가하던 많은 시민이 사상당했다.

군·경은 즉시 비상경계태세를 확립하고 현장으로 출동, 김신조를 발견하여

1968년 1월 북한 정찰국 소속 무장공비 31명은 청와대를 습격하기 위해 비밀리에 침투했다.

자료 : joongang.co.kr

생포하고 이들에 대한 소탕전에서 5명을 사살하고 경기도 일원에 걸쳐 군경합동수색전을 전개해서 1968년 1월 31일까지 28명을 사살하였다. 나머지 2명은 도주한 것으로 간주되어 작전은 종료되었다. 이 김신조 무장공비 사건으로 현장에서 비상근무를 지휘하던 종로경찰서장 최규식 총경이 총탄에 순직하였고 시민들도 상당한 인명피해를 입었음은 물론, 조선민주주의인민공화국에 대한 부정적 여론과 반공의식이 급속하게 높아지는 계기가 되었다.

교육·문화 정책

1963년 8월 8일 국사교육 통일방안을 선포하였다. 1968년 학자들을 초빙하여 국민교육헌장[6]을 제정 반포하게 하여 새로운 시대를 여는 바람직한 한국인상, 국적 있는 교육의 전개를 강조하였고 이는 국민교육화되었으나 전두환 정권 때 폐지되었다. 박정희는 정치의 최우선 과제를 교육에 두었으며, 과학기술교육의 진흥을 목적으로 실업계학교 장려와 1973년부터 대덕연구단지 조성사업을 추진하였다. 1978년에는 한국정신문화연구원을 설립하여 한국학 및 한국문화 연구의 기반을 마련하였다.

국민교육의 양적 향상을 위해 제1차 의무교육시설확충 5개년계획1962~1967, 제2차 의무교육시설확충 5개년계획1967~1971 등을 수립 및 추진하였다. 1963년 6월 26일 사립학교법을 공포하여 사립학교 운영의 기준을 확립하였다.

그런가 하면 1964년 1월 4일 시도 단위 교육자치제를 실시하여 시도 교육청에 교육행정권을 위임하기도 했다. 1968년 7월 15일, 1971년까지 중학입시시험을 폐지하는 등 입시개혁안을 발표한 반면 10월 14일 대학교 입시 예비고사제

♀6 　국민교육헌장(國民教育憲章, National Chart of Education)은 박종홍·안호상·이인기·유형진 등 기초위원 26명과 심사위원 48명이 초안을 작성하고 1968년 11월 26일 국회 만장일치의 동의에 따라 박정희 전 대한민국 대통령이 12월 5일 발표한, 당대 대한민국 교육의 지표를 담은 헌장이다. 이후 각 학교 교과서의 첫머리에 인쇄되는 등 새마을운동과 함께 20여 년간 적극적으로 보급되었으나, 1994년에 사실상 폐기되었다.

를 1969년부터 실시하게 하였다. 또한 국공립중학교증설 7개년 계획과 고등학교기관확충계획을 추진하였고 1969년 11월에는 공장 근로자들을 위한 금성사 등 7개 대기업체 회사 내에 이공계 실업학교 부설을 지시하였다. 1976년 5월 20일에는 국비 장학생을 선발하여 유학 보내는 제도를 신설하였고, 1976년 7월에는 노동자에 대한 교육의 권리를 보장하기 위해 야간중학 개설을 지시하였다.

3
제4공화국

⋮

10월 유신 직후 1972~1973

1972년 박정희 정권은 10월 유신을 단행해 제3공화국 헌법을 폐기하고, 긴급 조치권, 국회의원 정수 3분의 1에 관한 실질적 임명권, 간선제 등 막강한 권한을 대통령에게 부여하는 6년 연임제의 제4공화국[7] 헌법을 제정 통과시킨다. 긴급 조치 1호에서 9호를 발동하여 개헌 논의 일체를 금지하고, 정치 활동, 언론이나 표현의 자유에 제한을 가하였다.

📍7 대한민국 제4공화국(大韓民國第四共和國)은 1972년 10월 유신으로 수립된 대한민국의 네 번째 공화 헌정 체제이다. 유신체제로 불리기도 하는 대통령 1인 독재 체제였다. 1972년 7·4 남북 공동 성명을 이용하여 10월 17일, 당시 헌법을 개정하면서까지 장기 집권을 추구하던 대통령 박정희는 전국에 비상계엄령을 선포하고 국회 해산, 정당 활동 중지, 일부 헌법의 효력 정지 등의 비상조치를 발표하고 통일주체국민회의를 구성했다. 11월 21일 국민투표로 유신 헌법을 확정하였고, 12월 23일 대통령으로 박정희를 선출, 27일 취임했다. 이것이 10월 유신으로 이 시기를 유신시대라 부르기도 한다. 제4공화국 정부는 10·26사건이 일어나 막을 내렸다.

국군의 날 행사 때 박정희
초상을 나타낸 카드섹션

자료 : ko.wikipedia.org

1972년 10월 17일, 박정희는 유신체제를 선포하기 직전에 조선민주주의인민
공화국에 이를 두 차례 예고하고 배경을 설명했다. 당시 남측 대표 이후락 중앙
정보부장이 북측 대표 김일성의 동생인 김영주 남북조절위원회 북측위원장을
만나 메시지를 전달했다. 이후락 부장은 메시지에서 "박정희 대통령과 김일성
내각 수상이 권력을 갖고 있는 동안 어떤 대가를 치르더라도 통일을 이룰 것"
이라며 "하지만 남측 다수가 통일을 반대하고 있다. 따라서 질서가 먼저 구축
돼야 한다. 박 대통령은 17일 조선민주주의인민공화국이 주의해서 들어야 할
중요한 선언을 발표할 것"이라고 전했다.

1973년 1월 중화학공업정책 육성을 선언하였고 공업진흥청을 신설하였으며
3월 중화학공업의 기반을 확충하기 위해 온산, 창원, 여수-광양, 군산-비인, 구
미 등 5개 대단위공업단지 조성 계획을 수립하였다. 1973년 중반 기능공 양성
정책을 수립하고 1973년 10월~1974년 12월에는 이리 수출자유지역을 착공하
였다.

1972년 제3차 경제개발 5개년계획을 실시하였고 1월 27일 제3차 인력개발
5개년계획을 확정하였다. 2월 9일에는 녹색혁명을 추진, 통일벼를 개발하였으

며 쌀의 한국 자체생산 및 완전 자급자족은 1976년에 달성한다. 1972년 7월 4일 분단 이후로 최초로 7·4 남북 공동 성명을 발표하였다. 1972년 8월 3일 기업사채 동결 등 긴급 명령을 발표하였다.

육영수 여사 피격 사건

1974년 8월 15일, 국립중앙극장에서 박정희가 광복절 29주년 기념사를 하던 중에, 청중석에 있던 문세광이 연단을 향해 권총을 발사하기 시작했다. 박정희는 연설대 아래로 피해 무사했으나 귀빈석에 앉아 있던 영부인 육영수가 머리에 총을 맞았다. 육영수는 사건 발생 9분 만에 서울대병원으로 옮겨진 후 뇌수술을 받았다. 하지만 이날 오후 7시경 향년 49세로 사망했다. 범인 재일교포 문세광은 현장에서 체포된 후 중앙정보부로 압송되어 조사를 받았다. 문세광은 일본의 한 파출소에서 탈취한 권총을 사용했고, 위조 여권을 소지하고 밀입국했으며 일본인 공범이 있었다는 것이 밝혀졌다. 한국은 일본 정부에 강력히 항의했으며 양국관계는 냉각되었다. 9월에 집권당인 자유민주당 부총재 시나 에쓰사부로가 수상 나나카의 친서를 휴대하고 사과 방한한 후 양국관계는 정상으로 회복되었다.

새마을운동

1967년 12월 1일에 박정희는 농어촌개발공사를 설치했다. 1973년부터 새마을운동을 전국민적 운동으로 확산시켰다. 유신 선포 후인 1973년 1월 16일 박정희는 대통령령 6458호로 내무부에 새마을 담당관실을 설치하고 그 산하에 4개의 과를 두었으며 3월 7일 대통령 비서실에 새마을 담당관실을 설치했다. 이후 새마을운동과 관련된 교육을 강화했다. 72년 3월에는 서울시와 경기도 일대의 마을을 순방하며 새마을운동을 시찰하였고 이후 현장을 직접 시찰하며 새마을운동을 관리 감독하였다. 1973년 5월 31일 경기도 수원에 새마을지

1970년대 새마을운동으로 주민들이 다리를 만들고 있는 모습. 왼쪽에 새마을운동 로고가 새겨진 깃발이 펄럭이고 있다.

자료 : joongang.co.kr

도자 연수원을 신설 건립하여, 이전까지 농협 대학에서 개설하여 운영하는 독농가연구원에서 실시해 오던 새마을운동을 위한 농촌 지도자 교육과 양성 등을 맡게 하였다. 1972년 1,490명, 1973년 4,354명으로 피교육자 수가 증가하였으며 그 이후로 매년 6천 명 이상이 교육을 받았다고 한다. 1973년부터 지원금을 대폭 늘려 71년 41억 원, 72년 33억 원에서 격증하여 1973년 215억 원, 1974년 308억 원, 1979년에는 4,252억 원까지 정부 예산 지원을 늘렸다. 또한 민간단체의 지원과 성금도 꾸준히 들어와 1972년 17억 원에서 1979년 2,032억 원의 지원금이 들어왔다. 박정희가 만든 '새마을노래'는 방송매체를 통해 아침저녁에 방영되었고 국민운동화된 새마을운동의 성공 사례는 일간신문에 소개되기도 하였다. 비슷한 것으로 '잘 살아보세'라는 노래도 있다. 1973년 9월 21일 경제 4단체는 새마을운동을 생산직 노동자들을 대상으로 공장에 도입하는 방안을 토의하였으며 11월 21일 제1차 새마을 지도자 대회가 열려, 운동을 범국민적으로 확산시킬 것을 결의하는 등의 노력이 지속되었다.

반면 새마을운동에 대한 부정적인 평가도 존재한다. 새마을운동이 일제의 농촌진흥운동을 모방한 것으로 파시즘 체제 유지를 위한 도구였다는 비판이 있다. 또한 새마을운동은 미신 타파를 명분으로 우리 전통문화에 대한 탄압도 자행하였던 것으로 알려져 이에 대한 비판도 존재한다. 1급 발암물질인 석면을 이용해 농촌 가옥을 개량한 것에 대해서도 비판받는다.

긴급조치 시대와 집권 말기 | 1975~1978

만년의 박정희는 탈모현상으로 아침 샤워할 때마다 머리카락이 빠졌고, 좌골신경통을 앓고 있어 통증이 심할 때는 의자에 앉지도 못하고 서서 서류결재하였으며, 또한 9대 대통령 임기를 다 채우지 않고 임기 1년 전에 사퇴할 뜻을 가지고 있었다는 주장이 있다. 이와 관련해 유신헌법 개정안 초안 작업을 전 중앙정보부장 신직수에게 지시했다는 주장도 있다. 남덕우 전 총리에게는 "내가 봐도 유신헌법의 대통령 선출 방법은 엉터리야. 그러고서야 어떻게 국민의 지지를 얻을 수 있어? 헌법을 개정하고 나는 물러날 거야"라는 말을 남기기도 했다. 후계자로서는 김종필을 염두에 두고 있었다.

1974년, 육영수 여사가 문세광에 의해 암살당한 지 1년 뒤인 1975년 8월 6일에는 경상남도 거제시 장목면 저도에 위치한 청해대에서 '일수─首'라는 시詩를 썼는데 아내인 육영수 여사와 함께 거닐던 곳에 혼자 와보니 아내에 대한 그리움이 더욱 간절해진다는 내용을 담고 있다. 그가 쓴 이 시는 2004년, 가수 남상규가 '임과 함께 놀던 곳에'라는 제목의 음반으로 출시하기도 했다.

다음은 박정희가 쓴 시인 일수─首의 전문이다.

> 님과 함께 놀던 곳에 나 홀로 찾아오니
> 우거진 숲속에서 매미만이 반겨하네
> 앉은 자리 밟던 자국 모래마다 밟던 자국
> 저도섬 백사장에 체온마저 따스해라
> 파도 소리 예와 같네 짝을 잃은 저 기러기
> 나와 함께 놀다 가렴

박정희는 이 외에도 '한 송이 흰 목련이 바람에 지듯이'와 '추억의 흰 목련', '제야除夜' 등 많은 시를 지었는데 대부분 육영수 여사에 대한 그리움과 인생의 회한을 나타낸 시들이며 이 외에도 많은 그림과 휘호를 남겼다.

또한 독도와 간도의 영유권 확보에도 관심을 기울였는데, 1975년 9월에는 국회에서 발간한 《간도 영유권 관계 발췌문서》에 특별예산을 지원하였으며 1978년에는 독도를 종합 연구하는 데 거액의 예산을 지원하였다. 이후 10여 명의 학자들이 7년 동안 연구하여 박정희 사후인 1984년, 독도 영유권에 관한 자료들을 수록한 《독도 연구》를 발간하였다.

그러나 1975년 10월 8일 신민당의 김옥선 의원은 국회 대정부 질의장에서 그가 안보 논리로 공안정국을 조성했다고 비난하였고 이는 여야 간의 싸움으로 비화되려다가, 공화당과 유정회에 의해 김옥선이 의원직에서 제명당하는 사태로까지 치닫게 된다.

국방력 증강 정책 추진

박정희는 집권 초기부터 자주국방 정책을 추진하였다. 박정희는 미군이 우리의 국방을 맡아주고 있다는 생각을 국민들이 가지고 있는 한 시위에 따른 안보상의 불안에 대해서는 책임 있게 판단하지 않고 함부로 행동하게 될 것이라고 생각하였다. 그는 "자주국방을 하지 못하면 진정한 독립국가도, 책임 있는 국민도 될 수 없다"고 말하곤 했다. 1962년 5월 5일 해양경찰을 발족하고 1968년 1월에는 기동타격대를 창설했다. 1968년 4월에는 향토 예비군을, 1975년에는 전투상비군부대를 창설하였다. 1965년 4월 3일 초음속 전투기를 도입하였으며, 동해안 등에 기지를 설치하였다. 1969년 1월 7개 시군의 고교생과 대학생을 대상으로 군사훈련 실시를 시범적으로 정하였고, 1971년 12월 전국에서 첫 민방공훈련을 실시하였다. 병기 개발에도 노력을 들였으며 1975년 11월 함대함미사일 시험 발사에 성공하였다. 1977년 1월 핵무기와 전투기를 제외한 모든 무기를 국산화하고 있음을 천명하였고 1978년 9월 26일 세계 7번째로 국산 장거리 유도탄 등과 다연장로켓 시험 발사에 성공하였다. 박정희는 1970년대에 핵개발 추진을 시도하였다. 일부의 의견으로는 박정희 정부가 핵

1973년 제25주년 국군의 날
행사에서 행진에 참가한 박정희

자료 : ko.wikipedia.org

개발을 추진하는 과정에서 이를 반대하던 강대국에 의해 피살되었다는 의견
이 제기되고 있다. 박정희의 핵개발 시도는 내외부적인 상황 때문에 좌절한 것
으로 추정되나 이해당사자들이 생존해 있으므로 현재로서는 파악이 어렵다.

부가가치세제 시행 논란

  박정희 정권은 안정적인 세원 확보와 거래의 투명화를 통한 소비세의 증가
를 위해 부가가치세법을 추진하였는데 이 법은 1971년, 세제 심의회에서 장기
세제 방향으로 종합소득세 도입과 부가가치세 도입을 결정하면서 준비가 진행
되었고 1976년 12월, 국회에서 통과되어 다음 해 7월에 시행되었다. 그러나 부
가가치세법의 시행으로 인해 비자금 마련이 어려워진 대기업들과 박정희 정권
의 지지기반인 서민 자영업자들이 등을 돌리게 되었고 결국 이로 인해 1978년
12월 시행된 제10대 국회의원 선거에서 민주공화당이 신민당과 통일당을 비롯
한 야당에게 참패하면서 박정희 정권의 기반이 흔들리게 되었다. 일각에서는
박정희 정권의 붕괴 원인을 부가가치세에서 찾기도 한다.

  이러한 박정희 정권의 부가가치세 도입에 대해 일부 학자들은 박정희 정부의

결단이 있었기에 한국 정부는 안정적인 세입 확보를 할 수 있어 결국 1997년 외환위기 때도 대응할 수 있는 재정 여력을 확보할 수 있었다고 평가하기도 한다.

코리아 게이트 사건

인권 문제는 박정희 유신정권의 존립을 뒤흔드는 문제였고, 박정희는 권력을 강화하고자 미국에 대한 로비를 진행했다. 박정희는 기업인 박동선을 시켜 미국 상·하원 의원들에게 로비를 했다.

1977년 10월 15일 워싱턴포스트는 한국 정부가 박동선을 내세워 의원들에게 거액의 자금을 제공한 기사를 보도했다. 박동선은 도주했고, 미국 의회와 국무부는 박정희에게 박동선 송환을 요구하였으나 박정희는 1977년 청와대에 도청장치가 발견된 것을 들어, 미국 측이 청와대를 도청한 사실을 문제로 삼아 송환을 거절했다. 그 후 여러 차례의 회담과 조율을 거쳐 12월 31일 한·미 양국은 박동선이 미국 정부로부터 전면사면권을 받는 조건으로 증언에 응할 것이라는 합의를 보고, 공동성명을 냈다.

1978년 2월 23일 박동선은 미국으로 건너가 2월 23일과 4월에 미 국무부와

1978년 4월 3일 최초의 미 하원 윤리위의 공개증언에 앞서 선서하는 박동선씨

자료: sisajournal.com

상하원에서 증언을 하기도 했다. 이후 미국 민주당의원 몇 명만 징계를 받고 사건은 종결되었다.

박정희가 미국 정치인을 상대로 로비를 하게 된 배경은 지미 카터와의 갈등이었다. 박정희의 인권탄압이 카터의 주한미군 철수와 관련된 한미갈등의 원인이었다. 미국 의회와 행정부 사이에서 한국의 인권 문제 때문에 군사원조를 중단해야 하는 사안에 대한 논의가 진행 중일 때도 한국 정부는 인권 문제 때문이라는 단서만 빼준다면 더 많은 군사원조 삭감도 받아들일 수 있다고 제시했다.

YH 사건과 김영삼 제명 파동

육영수를 피격으로 잃은 직후 박정희는 인의 장막을 쳐놓고 소수의 인사들만 접촉하였고, 간혹 유흥을 즐겼다. 한편으로는 관제 반미 시위를 암암리에 조장했다는 시각도 있다.

1978년에는 통일주체국민회의를 통한 간접선거로 제9대 대통령 선거에 당선되어 5선에 성공했다. 취임선서를 한 때는 12월 27일이었다. 박정희는 그날을 임시공휴일로 하고 통행금지를 하루 해제하며 고궁을 무료로 개방함과 아울러 1,302명의 수감자를 가석방하는 등 선심 조치를 취했으며 전임 일본 수상 기시 노부스케가 이끄는 일본인 12인이 방한하였고 글라이스틴 미 대사 등 국내외 3천여 명의 인사가 참석하였다.

1979년 8월 9일 YH 무역회사의 여공들이 신민당사를 점거, 농성하는 사건이 발생하였다. 8월 10일 김재규 중앙정보부장 등이 참석한 대책회의에서 강제진압 결정이 났고 박정희가 이를 재가했다. 8월 11일 경찰은 강제로 신민당사에 들어가 여공들을 진압했고 이 과정에서 노동자 김경숙이 추락해 사망하고, 이에 항의하던 신민당 당수 김영삼은 가택연금, 고은 시인, 인명진 목사 등 7명은 구속되었다. 김영삼은 이 사건과 박정희 정권의 탄압을 강도 높게 비판했고, 박정희는 이를 계기로 김영삼을 제거하기로 하여 김영삼 의원 제명 파동이 발

YH 노동자들의 신민당사
농성투쟁은 노동문제를 정치적
문제로 전환시켜
여론을 형성하려고 하였다.

자료 : ppss.kr

신민당과 총재 김영삼은 당사에
들어간 노동자들을 반기면서
이들의 투쟁을
지지한다고 밝혔다. 1979
년 YH무역사건, 유신독재의
몰락으로 이어지다.

자료 : ppss.kr

생, 이는 부마 항쟁의 원인이 되었다.

한편 박정희는 김영삼을 위선자로 보고 경멸하였고 독재정권을 혼내준다며 미국의 세계전략에도 불리한 주한미군 철수 정책을 들고 나온 미국 대통령 지미 카터와도 갈등을 빚었다. 임기 말에는 핵개발 등의 문제와 인권 문제 등으로 미국과 마찰을 빚었으며 인권 외교를 내세운 미국 카터 행정부와의 갈등 등으로 정권의 기반은 더욱 흔들렸다. 박정희는 1979년에 들어와서는 카터와 김영삼에 대한 이런 경멸감을 정책으로 표현하면서 갈등은 심화되었고, 카터의 방한을 앞두고는 통역을 담당할 의전수석 최광수에게 '인권 좋아하시네'를 영어로 어떻게 통역할지에 대해서 미리 생각을 해두라는 지시를 사전에 내리기도 했다.

미국과의 관계 악화

이러한 두 사람의 관계는 1979년 6월 29일에 성사된 한미 정상회담을 계기로 더욱 악화되었는데, 도쿄에서 선진 7개국 경제정상회담을 마치고 방한한 카터 대통령은 방한 이후 영빈관에 머물러 달라는 박 대통령의 성의를 무시하고 주한 미군 내에 숙소를 정하는 등 노골적으로 박 대통령과 대립각을 세웠다. 이에 박 대통령은 정상회담에서 45분간 주한미군이 한국의 방위뿐 아니라 동아시아와 자유세계의 방어를 위해서 얼마나 중요한 것인가 하는 점을 카터 대통령에게 일방적으로 '강의'했다. 결국 이로 인해 카터 행정부는 주한 미군의 감축 규모를 3천 명가량 감축하는 선에서 마무리 지었다. 박동진 전 외무부 장관은 박 대통령이 카터 대통령의 방한 기간 동안 심한 스트레스를 받았다고 회고했다. 박정희가 김영삼을 국회의원에서 제명하고 의원직을 박탈하자 지미 카터는 한국 내에 있던 CIA 요원과 주한미국 대사관 직원 일부를 소환하였다.

박상범 전 청와대 경호실장의 증언에 의하면 박 대통령은 유신 말기에 이르러 개헌을 통한 하야를 고려했다고 한다. 박 전 실장은 "남덕우 전 국무총리가 회고록에서 1978년 경제특보 재임 당시 '유신 헌법의 대통령 선출방식은 내가 봐도 엉터리야. 그러고서야 어떻게 국민의 지지를 받을 수 있겠어'라며, 개헌 후에 물러나겠다는 박 전 대통령의 육성을 기록한 것을 들어본 적이 있느냐는 질문에 '1~2년 뒤에는 내가 하야를 해야 하지 않겠나' 하는 말을 사석에서 했던 걸로 기억한다"라고 말했다.

또한 "박 전 대통령의 지시로 유신헌법 개정안 초안 작업을 하던 신직수 법률특보가 '10·26' 이후 관련 자료를 폐기했다는 증언에 대해서는 어떻게 생각하느냐"는 질문에는 "박 전 대통령은 1~2년 뒤에 하야하려는 생각을 확실하게 갖고 있었다"라고 주장하였다. 이 시기 박 전 대통령은 활동성 간염 진단을 받아 치료를 시작하였다.

미국 하원 청문회 증인이었던 김형욱 전 안기부장 암살 사건의 실무자였다고 증언하는 비선 공작팀장에게 1979년 초에 술을 직접 따라주었다는 언론 보도도 존재한다. 이 사건 관련 기록도 중앙정보부에는 없으며 이 요원의 상급자도 파리 침투 사실을 몰랐다고 증언한다.

지미 카터 당시 미국 대통령

자료 : ko.wikipedia.org

한편 말년까지도 미국의 의구심은 여전했던 듯하다. 남로당 출신 박갑동의 증언에 의하면 국민에게는 독재자 소리를 듣고, 미국한테는 공산주의자로 의심받고, 북조선에는 친일파로 매도되어 완전히 사면초가에 몰렸다고 하며 조갑제의 주장에 의하면 박정희는 "나라를 위해 심혈을 기울여 일해도 국민이 알아주질 않아 일종의 배신감을 느끼기도 하였다"고 한다.

4

사 망

· · ·

　10월 16일부터 부산에서 시작된 부산·마산 민주항쟁은 마산, 창원 등으로 확산되었다. 10월 16일 오전 한강을 가로지르는 성수대교의 개통식에 참석하였고, 싱가포르의 리콴유 수상이 내한하여 정상회담을 갖기도 하였다. 10월 18일 새벽 0시 박정희는 부산직할시 일원에 계엄령을 선포했다. 사태가 악화되자 1979년 10월 20일, 계엄령을 선포하여 부마 사태를 무력으로 진압하게 하였다.

　1979년 10월 26일 오전에는 충청남도 당진의 삽교천방조제 준공식에 참석한 후 귀경하였다. 10월 26일 오후 7시경 궁정동 안가에서 경호실장 차지철, 비서실장 김계원, 중앙정보부장 김재규와 함께 가수 심수봉, 한양대생 신재순을 불러 연회를 하던 도중 김재규의 총에 저격당하여 김계원 비서실장에 의해 국군서울지구병원으로 후송되었으나 62세로 사망하였다. 일명 10·26사건이다.

　정부의 최초 공식 발표 내용에서는 부상당한 박정희를 국군서울지구병원으로 곧바로 옮겼다고 알려져 있으나, 2016년 재미 언론인 안치용의 기고에서 공

박정희 전 대통령을 살해한
김재규 전 중앙정보부장

자료 : joongang.co.kr

개된 미국무부 해제 비밀문서들에 의하면 처음 김재규가 권총을 발포한 7시 41분 이후 부상당한 박정희는 9분 뒤 7시 50분 미국 의사가 운영하는 병원에 먼저 도착했다고 밝혀졌다. 국군서울지구병원에 근무하던 청와대 의무실장 김병수가 박정희의 총상 입은 사체를 보게 된 것은 사건이 일어나고 2시간이 지나서였다.

사건 이후 미국의 개입 의혹이 꾸준히 제기되었다. 미국이 박정희의 죽음에 개입했다는 주장은 김재규가 10·26사건 며칠 전에 로버트 브루스터 미국 CIA 한국지부장을 만난 것이 확인되면서 제기되기 시작했다. 또한 2016년에 김재규가 사건 당일 글라이스틴 주한미국대사를 오후 2시경에 만났었다는 사실이 발견되며 의혹은 더욱 증폭되었다.

김재규는 재판 과정에서 "유신 개헌으로 민주주의가 무너졌다. 유신체제는 민주주의를 위한 것이 아니라 박정희 개인의 영달을 위한 것이다. 나는 자유민주주의를 회복하고 국민의 희생을 막기 위해 박정희를 저격했다"고 진술하며, 사상 최악에 이른 한미관계의 개선을 자신의 거사의 이유로 들었지만 미국의 개입은 부정했다. 그러나 김재규의 증언을 입수한 글라이스틴 주한미국대사는 '쓰레기 같은 소리'라고 신경질적인 반응을 보였다.

김재규의 진술에도 불구하고 당시에 이 사건을 두고 많은 설이 있었으나, 부마 항쟁을 두고 박 정권의 내부에서 김재규가 강경파 차지철과 정치적 갈등을 빚었다는 설이 유력하다. 그 외에는 박정권의 핵개발과 관련된 것, 그리고 박동선의 코리아게이트 사건 등으로 한미 관계가 악화된 점 때문에 미국 정부가 박정희의 암살을 은밀히 조장했다는 설도 있으나, 근거는 확실하게 밝혀지지 않고 있다. 박정희는 인권 문제로 미국과 갈등했다. 그러나 겉으로 드러난 인권 문제보다 박정희의 핵개발이 미국을 더 자극했다는 주장도 있다. 소설가 김진명은 이 설을 전체 스토리의 뼈대로 잡고 《한반도》라는 장편소설을 쓰기도 했다.

1979년 6월, 지미 카터의 방한 때 같이 왔던 미국 중앙정보국CIA 요원 250명은 박정희가 죽을 때까지 한국에 남아 있었다. 김영삼의 제명에 미국은 주한미대사 글라이스틴을 본국으로 소환하는 강력한 조치를 취했다. 미국은 늦어도 1976년부터 한국 권력층과 사회저명인사들을 대상으로 박정희가 없는 한국에 대한 각계의 의견을 듣는 작업을 시작했다. 이는 질문을 받은 사람들이 '미국은 박정희의 통치를 더 이상 원치 않는다'라고 느끼기에 충분한 것이었다. 박정희가 죽었을 때, 한국에서 근무한 적이 있던 한 일본인 외교관이 자신의 저서에서 대일본 제국 최후의 군인이 죽었다고 평하였다.

암살 배후 의혹

박정희의 암살 배경에 관해서는 미국과 CIA가 사주했다는 의혹이 제기되어 있다. 그러나 지금 현재 미국 등의 개입에 대해 확실하게 입증된 것은 없다.

1979년 10월 10·26사태가 있기 며칠 전 김재규는 로버트 브루스터 미국 CIA 한국지부장을 면담하였다. 이 일로 미국이 박정희의 죽음에 개입했다는 의혹이 제기되었다. 김재규는 군사재판에서 사상 최악에 이른 한미관계를 개선하기 위해서 거사를 저질렀다고 진술했지만 미국의 직접적인 개입은 부정하였다. 당시 주한미국대사 글라이스틴은 김재규의 한미관계 발언을 '쓰레기 같은 소리'라고 하며 화를 냈다. 그러나 의혹이 풀리지는 않고 있다.

10·26사건 12일 뒤인 1979
년 11월 7일 공개된 현장검증.
차지철 경호실장을 향해 권총
한 발을 쏜 김재규가 앞에 앉아
있던 박정희 대통령을 쏘는
모습을 재연하고 있다.

자료 : m.khan.co.kr

　　1979년 10월 26일 사건 당일 오후 2시경 김재규가 대통령을 시해하기 앞서 글라이스틴 주한미국대사를 먼저 만났었다는 사실이 뒤늦게 드러났다. 김재규와의 마지막 대화가 1979년 9월 26일이라고 공식적으로 밝혀왔던 글라이스틴 대사의 주장이 거짓으로 밝혀진 것이다. 글라이스틴 대사가 왜 박 대통령 암살 당일 김재규를 만났던 사실을 평생 비밀로 해왔는지는 알 수 없다. 또한 사건 당시 박정희를 청와대 의무실장이 아닌 미국 의사가 운영하는 병원에서 검진했다는 사실을 정부에서 왜 비밀시했는지도 불확실하다.

　　김재규는 재판 도중 "내 뒤에는 미국이 있다"는 발언을 했었다. 또한 조사 과정에서 "혹시 미국 측에서 무슨 연락이 없느냐"고 수사관에게 거듭 물었다고 한다.[8]

　　핵개발에 참여한 과학자들은 박정희의 죽음이 미국과 어떤 관계가 있다고 믿고 있다. 지금도 그때의 일에 대해 입을 열면 미국으로부터 무슨 일을 당하지 않을까 전전긍긍하고 있다는 견해도 있다. 박정희는 미국의 경고에도 불구하고

8　　김재홍(2012), 《누가 박정희를 용서하였는가》, 책보세; 경향신문, "의혹과 진실-한승헌의 재판으로 본 현대사"(32) 김재규의 10·26사건

1978년 이후로도 계속 핵무기 개발을 시도했고, 미국에 의한 암살 의혹은 계속 증폭되었다. 이는 소설과 희곡 등의 작품 소재가 되기도 했다.

김재규, 대통령을 시해한 반역자? 유신의 심장을 쏜 혁명가?

1980년 5월 24일 아침 7시, '내란목적살인죄' 등으로 사형을 선고받은 김재규가 사형집행실로 향했다. 집행관이 유언이 있느냐고 물었다. 그는 짧게 대답했다. "나는 국민을 위해 할 일을 하고 갑니다. 나의 부하들은 아무런 죄가 없습니다." 집행관이 다시 스님과 목사를 모셨으니 집례를 받겠느냐고 물었다. 김재규가 입을 열었다. "나를 위해 애쓰시는 여러분께 감사드립니다."[9]

앞서 김재규는 변호인과 가족들에게 국군동정복을 입혀 매장하고, 묘비에는 '김재규 장군지묘'라 써달라고 유언을 남겼다. 그러나 신군부는 이를 허락하지 않았다. 김재규는 사형집행 당일 경기도 광주군 보포면 능곡리 삼성공원 묘지에 제한된 유족과 많은 기관원이 지켜보는 가운데 매장됐다.

박정희 정권의 마지막 중앙정보부장인 김재규는 1979년 10월 26일 대통령 박정희와 경호실장 차지철을 사살했다. 이로써 박정희 정권은 18년 만에 막을 내렸다. 박정희를 지지하는 사람들은 김재규를 '대통령 시해범', '반역자'라고 부른다. 차지철과의 충성 경쟁에서 밀린 김재규가 이를 참지 못해 '대역죄'를 저질렀다는 것이다. 반면 김재규를 '독재자를 처단한 의인'이라고 부르는 사람들도 있다. 박정희 독재체제를 끝내기 위한 애국행위였다는 것이다.

김삼웅 전 독립기념관장이 쓴 《김재규 장군 평전》은 '혁명가인가, 반역자인가?'라는 부제와 달리 '혁명가', 그러니까 '의인'이라는 데 훨씬 더 큰 무게를 두고 있다. 책에 따르면 김재규는 박정희 정권에서 많은 영화를 누렸지만 유신에는 동의하지 않았다. 유신을 계기로 박정희의 집권욕이 애국심을 넘어섰다고

⊙9   김삼웅(2020), 《김재규 장군 평전》, 두레

판단해 등을 돌렸다. 그리고 결국 이것이 '10·26거사'로 이어졌다.

　김재규는 10·26에 앞서 두 번이나 박정희를 제거할 계획을 세웠다. 1972년 3군단장 시절 사령부 울타리를, 외부의 침입을 막기보다 내부 사람이 밖으로 나갈 수 없는 형태로 만들라고 지시했다. 박정희가 3군단을 방문했을 때 연금한 뒤 하야시킬 계획이었다고 한다. 그러나 결심을 실행하지는 못했다. 이 내용은 10·26사건 이후 김재규의 변호인단이 고등군법회의에 제출한 '항소이유서'에 나온다.

　1974년 건설부 장관으로 발령받은 뒤에도 발령장을 받는 자리에서 박정희를 저격하려고 마음먹었다. 국민과 어머니, 아내, 딸 및 남동생들에게 전할 유서 다섯 통을 집 서랍에 넣어두고 떠났다. 그러나 이 역시 실행하지 못했고, 유서는 태워버렸다. 김재규가 다시 마음을 먹고, 실행에 이르기까지는 5년이 더 필요했다.

　1989년 2월 전남·광주의 민주인사들이 모인 송죽회 회원들은 김재규를 추모해 '의사 김재규 장군지묘'라는 묘비를 세웠다. 2000년 5월에는 '김재규 장군 20주기 추모식'이 열리고, 함세웅 신부를 대표로 한 '10·26 재평가와 김재규 장군 명예회복 추진위원회'가 꾸려졌다.

　사형 집행 하루 전인 1980년 5월 23일 김재규는 가족에게 이렇게 말했다. "난 또 한 차례의 재판이 있다. 제4심이다. 제4심은 바로 하늘이 심판하는 것이다." 인간의 재판 역시 아직 끝나지 않았다.

김재규 본인의 변론

　재규는 1심 최후변론에서 다음과 같이 말했다.

　저의 10월 26일 혁명의 목적을 말씀드리자면 다섯 가지입니다. 첫 번째가 자유민주주의를 회복하는 것이요, 두 번째는 이 나라 국민들의 보다 많은 희생을 막는 것입니다. 또 세 번째는 우리나라를 적화로부터 방지하는 것입니다. 네 번째는 혈맹의 우방인 미국과의 관계가 건국 이래 가장 나쁜 상태이므로 이 관계를 완전히 회복해서 돈독한 관계를 가지고 국방을 위시해서 외교 경제까지 보다 적극적인 협력을 통해서 국익을 도모하자는 데 있었던 것입니다. 마지막 다섯 번째로 국제적으로 우리가 독재 국가로서 나쁜 이미지를 갖고 있습니다. 이것을 씻고 이 나라 국민과 국가가 국제 사회에서 명예를 회복하는 것입니다. 이 다섯 가지가 저의 혁명의 목적이었습니다.

김재규는 '내가 (거사를) 안 하면 틀림없이 부마항쟁이 5대 도시로 확대돼서 4·19보다 더 큰 사태가 일어날 것이다'라고 판단했다. 이승만은 물러날 줄 알았지만 박정희는 절대 물러날 성격이 아니라는 판단을 했다. 차지철은 "캄보디아에서 300만을 죽였는데 우리가 100~200만 명 못 죽이겠느냐"고 했다. 그런 참모가 옆에 있고 박정희도 "옛날 최인규와 곽영주가 죽은 건 자기들이 발포 명령을 내렸기 때문인데 내가 직접 발포 명령을 내리면 나를 총살시킬 사람이 누가 있느냐"라고 말을 했다. 이에 김재규는 더 큰 희생을 막기 위해서 했다고 한다. 하지만 차지철과 분쟁이 있기 전까지는 박정희의 충신이었다는 점에서 그가 급조한 것이라는 주장이 있다.

김재규 묘

10·26사건이 일어난 지 43년이 흘렀다. 김재규 묘는 경기 광주시 오포읍 엘리시움 공원묘원에 있다. 김재규는 10·26사건 7개월 뒤인 1980년 5월 24일 내란죄 등으로 부하 4명과 함께 사형대에 올랐다.

만약 내가 복권이 되면 '의사 김재규 장군지묘'라고 묘비에 적어다오.

김재규가 가족에게 남긴 유언이다. 그러나 40여 년이 지난 지금도 그에 대한 평가는 엇갈린다. '민주화 투사'라는 평가와 '배신자'라는 비난이 지금도 상존한다. 이를 보여주듯 묘비에 적힌 '의사義士'와 '장군將軍' 글자는 심하게 훼손돼

10·26사건이 일어난 지 40여 년이 지난 현재 김재규 전 중앙정보부장 묘소가 있는 경기 광주시 오포읍 엘리시움 공원 묘원 모습

자료 : sisajournal.com

무덤 바로 옆에 놓인 재단에 새겨진 일부 글자 역시 알아볼 수 없을 정도로 심하게 파손됐다.

자료 : sisajournal.com

있다.

　최근 김재규의 묘를 찾는 사람들이 부쩍 늘었다. 박근혜 전 대통령의 탄핵 때문이다. 김재규에 대한 재평가 목소리도 나오고 있다.

장례식

　10월 27일 새벽 국무총리 최규하는 긴급히 국무회의를 소집하여 대통령 유고 문제를 물었고 27일 아침에야 박정희가 서거하였다는 사실이 공식 보도되었다. 이후 박정희의 장례식은 9일장으로 결정되었고 국장으로 치러졌다.

　국장 장례식은 대통령 권한대행 국무총리 최규하에 의해 진행되었고 11월 3일까지 장례식이 진행되었다. 시신은 석관에 안치되어 운구차로 서울 동작동 국립묘지의 육영수 묘소 옆에 안장되었다.

대한민국 최초 국장의 날

자료 : ppss.kr

박정희의 **재발견**

1
영웅의 탄생

:

105년 전인 1917년 소련에 공산주의 붉은 혁명이 일어나고 불과 일주일 후 한반도에 박정희라는 인물이 태어났다. 그는 이 땅에 반만년 동안 대물림해온 몸서리치는 가난을 끝장내고 마침내는 '한강의 기적'이라는 신화를 창조한 위대한 인물이 되었다. 그는 20년도 안 되는 짧은 기간에 세계가 놀랄 경제도약을 이루어내었으며, 도미노처럼 밀려오는 공산세력들의 도전과 침략을 당당히 막아내고 현재의 위대한 경제대국 대한민국 건설에 성공하였다. 이는 국제사회에서 대한민국의 크나큰 자부심이며, 우리 국민의 가슴속에 영원히 간직될 그리고 아무도 지울 수 없는 우리가 자랑할 위대한 세계사적 유산이다.[1]

그럼에도 불구하고 오늘날 대한민국은 박정희 지우기 및 폄하가 도를 넘고 있다. 박정희 대통령은 "나는 물론 인간인 이상 나라를 다스리는 데 시행착오가 없지 않았다. 그러나 나는 당대의 인기를 얻기 위해서 일하지 않았고, 후세

◎1　펜앤드마이크(2020.02.05), 좌승희, "박정희의 재발견"

사가史家들이 어떻게 기록할 것인가를 항상 염두에 두고 일해왔다. 그리고 '어떻게 하면 우리도 다른 나라 부럽지 않게 떳떳이 잘살 수 있을까?' 하는 생각이 머리에서 떠난 일이 없다"[2]며 정부가 해온 일

내 무덤에 침을 뱉어라!

자료 : m.blog.naver.com

에 대해 진솔하게 소회를 밝힌 바 있다. 인간이 하는 일에 어찌 실수가 없을 것이며, 공만 있고 과가 없는 세상이 어찌 가능하겠는가? 인류 문명사의 위대한 성과는 나름대로 다 과를 안고 있음을 잊지 말아야 한다. 과 없는 위인과 과 없는 공은 그저 환상일 뿐이다.

그러나 아직도 이 땅에 잔존하는 소위 종북 좌익 세력들과 이들의 집요한 선동에 오도된 일부 국민들, 그리고 국가에 대한 정체성을 상실한 일부 공직자들과 정치적 이해타산에만 눈이 먼 정치세력들은 그동안 박정희시대를 폄하하고 매도하고, 역사 왜곡을 통해 그 시대의 흔적 지우기에 혈안이 되어왔다. 그 시대 우리 모두가 함께 일으킨 세계문명사의 기적과도 같았던 국가건설의 값진 교훈들은 아직도 제대로 밝혀내지 못한 채 사장되어왔다.

박정희시대를 극복하여 소위 민주화로 새로운 번영의 시대를 열기 위해 질주해온 지난 30여 년, 오늘날 대한민국은 70년 건국사建國史에 기대하지도, 원치도 않았던 최대의 국가체제 위기에 봉착하고 있다. 무엇이 문제였던가? 답은 간단해 보인다. "번영의 역사를 버린 국민이 어찌 다시 번영할 수 있겠는가?" 이제 기본으로 돌아가 우리가 이룬 기적의 시대를 다시 점검하고 교훈을 새겨야 할 때라고 생각한다. 이에 박정희대통령기념재단에서는 대통령 탄생 100주

📍2   1977년 봄, 기자 간담회

서울 마포구 상암동 소재
박정희대통령기념관

자료 : pennmike.com

년2017을 계기로 지난 3여 년 동안 사계의 권위자들의 뜻을 모아 박정희시대에 대한 다양한 평가 작업과 학문적 연구를 진행해왔다. 대한민국의 번영을 위한 새로운 100년을 준비하기 위해 박정희시대의 국정 전반에 걸친 치적과 정책을 15개 분야로 정리하여 - 아직도 미흡한 면이 적지 않지만 - 국민들과 함께 공유하고자 했다.

기업부국 산업혁명으로 근대 국가건설에 성공

박정희시대는 인류역사상 신생국으로서 가장 빠른 시간에 근대 국가건설에 성공한 사례이다. 박정희시대 산업혁명은 영토침탈이나 식민지배 없이 기업육성을 통해 대외시장을 개척하고 중화학공업을 일으켜 자력으로 성공한 유일한 사례이며, 또한 이를 바탕으로 반공안보체제를 강화하여 전쟁 없이 공산주의의 침공을 막아냄으로써 근대 국가건설에 성공한 사례이다. 박정희 산업혁명은 '기업부국'의 산업혁명 패러다임이다. 이것이 오늘날 소득 3만 불의 선진 한국의 바탕이 되었다.

당대 최고의 동반성장을 이룬 한강의 기적

박정희의 한강의 기적은 세계 최고의 동반성장 경험이며 불평등과 불균형적 성장이라는 통념은 사실에 부합되지 않는다. 기업육성으로 수출을 일으켜 수

한강의 기적

자료 : m.blog.naver.com

출과 내수, 대기업과 중소기업, 제조업과 서비스업 간의 동반성장을 유도하였다. 그리고 새마을운동으로 농촌을 근대화하여 농촌지역 간의 그리고 도시와 농촌 간의 동반성장을 이루었다. 이렇게 하여 박정희시대는 소득분배의 개선 속에 당대 세계 최고의 성장을 실현하였다. 바로 이것이 세계가 경탄하는 한강의 기적의 진실이다.

유신으로 조국근대화 목표 조기달성

정치적으로 장기집권의 독제체제라는 비판을 받는 '유신'은 결과적으로 중화학공업화를 통한 산업혁명의 실현과 방위산업육성으로 공산화의 위험을 막아내어 조국 근대화를 앞당겨 달성함으로써 자임했던 목적을 완수하였다. 유신이 선포되기 직전 3~4년 동안의 국내외 정세는 가히 대한민국호의 존망 위기 그 자체였다. 68년 북한 게릴라의 청와대습격사건1·21사태을 비롯해 북한의 지속적인 대남도발, 69년의 닉슨독트린, 그 이후 미국의 베트남 포기 조짐 가시화, 71년 중국의 UN 가입과 대만의 UN 회원국 지위 박탈 및 미·중 간 데탕트, 71년 주한미군 7사단의 일방적 철수 등 한국 외교·안보의 기존 패러다임 자체를 뒤흔드는 감당하기 어려운 대형 사건들이 연이어 터져나왔다. 국내 경제적으로도 1972년 8월 3일에는 한국경제의 고질적인 병폐였던 기업들의 고리사채 문제를 해결하기 위해 긴급명령으로 사채동결조치까지 해야 하는 어려운 상황이었다. 이런 상황 속에서, 당시 농업경제에 바탕을 둔 반反공업화 대중경제론과 용공민주주의적인 주장을 하는 정치세력이 집권했다면 한국의 산업혁명 실현은 물론이고 반공민주주의체제 보존도 어려웠을 것이다.

중화학공업화 정책의 탁월한 선택

중화학공업화 정책의 실패라는 제5공화국 정부의 속단은 잘못된 예단이었으며 한국의 산업혁명은 중화학공업화 없이는 불가능했다. 더구나 20세기 후반 이후 자력으로 중화학공업화라는 산업고도화혁명에 성공한 사례가 없음에 유념하여야 한다. 이제 자랑스럽게 우리의 성공 경험을 새로운 산업정책이론으로 정립하여 중진국 함정에 빠진 수많은 후진국이 선진국도약의 길잡이로 활용할 수 있도록 하여야 할 것이다.

¡1976년 5월 31일 포항제철 제2고로에 불을 붙이는 박정희 대통령과 박태준 사장

자료 : hani.co.kr

2015 지구촌 새마을지도자
대회 중 〈2015 대구 선언〉 모습

자료 : m.blog.naver.com

세계가 배우는 새마을운동

새마을운동이 장기집권을 위한 정부의 강압에 의한 정치운동이었다는 일부 주장은 역사적 사실과 그 실적에 비추어 검증되지 않은 주장이다. 박정희의 새마을운동 실적에 따른 차별적 지원전략, 즉 열심히 노력하여 성과를 내는 마을을 우선 지원한다는 원칙이 모든 마을과 주민들의 치열한 경쟁의식과 자발적인 참여를 촉발함으로써 근면·자조·협동 정신을 일깨우고 세계경제발전사에 전례가 없는 동반성장의 기적을 가져왔다. 2019년 노벨경제학상은 새마을운동의 차별적 지원정책을 소규모로 실험해온 경제학자들에게 수여되었는데, 50년 전에 국가 차원의 대개혁운동으로 동반성장의 한강의 기적을 이룬 새마을운동의 진가가 늦게나마 인정된 셈이다. 새마을운동이야말로 빈곤퇴치와 경제번영을 위한, 누구도 부정할 수 없는 세계역사상 최고의 개발정책 혁신 사례이다. 박정희 대통령은 생전에 새마을운동과 한강의 기적의 성과로 당당히 노벨경제학상을 받았어야 했다.

용공容共민주주의를 극복한 반공反共민주주의

당시 비판받은 박정희의 한국적 (반공)민주주의 주장은 오늘날 한국을 포함한 전 세계 민주주의의 좌경화 경향에 비추어볼 때 그 의의를 재평가할 필요가 있다. "외국에서 들여오는 주의, 사상, 정치제도를 우리의 체질과 체격에 맞추어서 우리에게 알맞은 사회를 만들자는 것이 내가 주장하는 민주주의다. 우리는 서양 사람들이 입는 양복을 그대로 입을 수는 없다. 저고리 소매도 잘라내고 품도 줄여야 입을 수 있지 않은가? 민주주의도 바로 이와 같이 우리 실정에 맞추어야 한다."1963.09.28, 제5대 대통령선거 유세에서 그동안의 대한민국의 이념적 국가 정체성 혼란과 그에 따른 오늘날의 체제위기도, 주변국 공산당 정권들에 둘러싸여 있는 우리의 지정학적 상황을 무시한 채 민주화란 이름하에 '반공민주주의 정신'을 청산하고 서구식 사회 민주주의적 '용공민주주의'를 무비판적으로 수용한 데 따른 부작용이다.

용공민주주의자들은 박정희시대를 언필칭 소위 '반민주시대'였다고 비판하지만 이는 사실에 부합되지 않는 주장이다. 우선 18년 집권기간 중 간첩 및 공안사건이 무려 1,250건에 달하였다고 하니 반공민주주의 사수가 얼마나 어려웠겠는지 이해할 수 있으리라 생각한다. 그런데 더 놀라운 사실은 박 대통령 사후 용공민주주의자들이 제기한 재심에서 이 중 단지 1.25%에 해당하는 10여 건만이 재심무죄로 판정이 났을 뿐만 아니라 이것도 대부분 용공적 행위라는 사실관계의 잘못이 아니라 일부 절차상의 하자에 의한 번복이었음이 밝혀졌다. 이와 같이 박정희 반공민주주의는 적어도 법치를 존중하고 절차적 민주주의를

지난 2017년 3월 6일 서울 중구 한국프레스센터에서 제5회 '박정희 대통령 탄생 100주년 기념 박정희시민강좌'가 400여 명이 참석한 가운데 열렸다.

자료 : m.monthly.chosun.com

따랐으며 그 어느 때보다도 민생을 안정시켰음에도 불구하고 서구적 기준만으로 이 시대를 비민주적이었다고 폄훼하는 것은 온당치 않다고 하겠다.

박정희의 실체적 민주주의 실천

박정희의 경제발전은 바로 민주주의 발전의 토양이 되었다. 민주주의의 근본은 주인인 백성을 잘살게 하는 데 있음은 불문가지이다. 민주주의 정치와 국민을 배불리 먹고살 수 있게 하는 '경제발전'은 결코 분리해서 볼 수 없는 일이다. 아무리 선거를 잘하고 형식적으로 민주주의 원칙을 잘 따라 한다 해도 주인인 국민의 배고픔 문제를 해결하지 못하면 그건 실제 민주주의를 제대로 한다고 볼 수 없다. 역사를 보면 민주주의가 배고픔 문제를 해결하기도 어렵지만 배고픔 속에서 민주주의가 성공하기는 더 어려웠다. 그래서 배고픔은 민주주의의 무덤인 셈이다. 박정희는 민주주의 정치의 제일의 조건인 경제발전을 이뤄 5천 년 이래의 백성의 가난을 해결함으로써 실체적 민주주의를 실천했다.

시장기능을 강화시킨 박정희 경제정책

박정희의 소위 정부 주도 경제운영이 반시장적이라는 비판은 시장의 본질적 기능에 대한 무지의 소산이며 자유로운 시장의 본질적 기능은 경제적 성과에 따른 차별적 선택과 지원에 있다. 박정희 정부의 수출산업육성, 중화학공업육성, 새마을운동 지원 등 모든 산업지원정책은 철저히 성과에 기반한 차별적 지원이었다. 정부는 시장의 차별화 기능을 강화함으로써 기업들의 성과와 수월성 경쟁을 촉진하여, 자조 정신에 기반한 한강의 기적을 이끌었다. 박정희시대야말로 시장경제의 역동성이 꽃핀 시대이다.

포용적 동반성장을 가져온 '정치의 경제화'

정치가 경제의 성장과 발전을 담보하려면 시장의 성과에 따른 차별적 선택 기능을 보호·장려하는 '정치의 경제화'가 필요하며, 이에 반하는 평등지향의 경

박정희·덩샤오핑, 실용 리더십 판박이

박정희 vs 덩샤오핑 리더십 비교

▶ **박정희(1917~1979)**
- **희망의 리더십** : 부강한 나라
- **실용적 리더십** : 한·일 국교 정상화
 (청구권 문제 일단락 짓고 1965년 국교 수립.
 5억 달러 규모의 협력을 발판으로 경제 재건)
- **정책** : 개발 단계에서 공업화, 외국의 자본과 기술 도입
- **성과** : 민주복지국가 기반 구축

▶ **덩샤오핑(1904~1997)**
- **희망의 리더십** : 강국에의 꿈
- **실용적 리더십** : 흑묘백묘(黑猫白猫)론.
 고양이 색깔이야 어떻든 쥐만 잘 잡으면 되듯,
 자본주의든 공산주의든 인민을 잘 살게 하는 것이
 제일이라는 뜻)
- **정책** : 공업화 추진, 개방으로 외국자본 유치
- **성과** : 사회주의 체제 유지하며 경제 성장 성공

자료 : joongang.co.kr

제정책을 추구하는 '경제의 정치화'는 경제의 몰락을 초래한다는 것이 역사의 교훈이다. 박정희시대의 동반성장기적과 공산·사회주의 체제의 몰락이 바로 이 명제의 산 증거이다. 지금의 한국경제의 저성장과 분배 악화 현상은 바로 성과를 중시하는 박정희식 '정치의 경제화' 전략을 청산하고, 지난 30여 년간 경제 민주화라는 이름하에 경제를 정치화하여 성과와 수월성을 무시하는 경제평등주의 정책을 채택한 결과라 할 수 있다. 하루빨리 박정희 대통령이 일찍이 추진했던 시장과 기업 친화적인 경제정책으로 복귀하는 것만이 근로자 중산층의 복원을 통한 포용적 동반성장을 회복하는 길이다.

기업인과 과학·기술자가 견인한 자본주의 산업혁명

박정희시대는 5천 년 역사에 기업인과 과학·기술자가 가장 대접받은 시대였다. 사농공상士農工商의 농경사회 계급이념 속에 소위 정치인 등 사대부士大夫라는

2016년 3월 11일 서울 성북구
화랑로 한국과학기술연구원
내에서 박정희 동상 제막식이
열렸다. 이 동상은 윤종용
(동상 왼쪽 첫 번째) 전
국가지식재산위원장의
기금으로 만들어졌다.

자료 : hankyung.com

지식인들에 억눌렸던 기업인들과 과학·기술자들이 자신들을 우대하는 박정희의
상공농사商工農土의 실사구시적인 자본주의 계급이념 속에서 그 역량을 마음껏
발휘하여 산업혁명의 견인차 역할을 하였다. 자본주의 경제는 과학·기술의 발전
과 동시에 이를 적극적으로 활용하는 기업의 성장을 통해서만 마차 경제에서 기
차, 자동차, 비행기, 우주선 경제로의 고차원의 창발적 성장을 실현할 수 있다.
이 중 어느 하나라도 결핍되면 경제는 이미 몰락한 과거의 공산주의 국가들이나
지금의 북한처럼 저성장과 양극화된 유사 농경사회 경제로 전락한다. 박정희가
이룩한 한강의 기적은 바로 상공농사의 혁신적 계급이념을 창출하여 농경사회
에서 고도 산업사회로의 동반성장을 실현한 반면, 박정희 이후의 한국경제는 기
업인과 과학·기술자를 홀대함으로써 저성장과 분배악화의 길로 가고 있다.

대한민국은 공간 디자이너 박정희의 기념관

오늘날 대한민국의 국토개발과 도시개발 현장은 박정희의 손길이 닿지 않은
곳이 없다. 제주 5·16도로와 경인·경부고속도로 건설의 교통혁명에서부터 시
작된 치산치수 국토 대개조사업은, 홍수예방과 수력발전을 위해 강을 막아 댐
을 건설하고, 세계가 부러워하는 산림녹화 성공으로 벌거벗은 산을 푸르게 물
들였다. 서울을 비롯한 전국의 주요 도시를 산업단지를 통한 일자리 창출, 아파

1968년 2월 1일
박정희 정부는 '단군 이래
최대 역사(役事)'라고 불린
경부고속도로 건설공사를
시작했다.

자료 : pennmike.com

경부 고속도로 54주년, 도로의
미래를 기술로 제시하다.

자료 : engjournal.co.kr

트 주거단지, 교육 기능을 모두 갖춘 현대식 복합도시로 탈바꿈시켰다. 새마을 운동을 통해 농촌의 보릿고개 경제구조와 삶을 근대화시켜, 문자 그대로 온 국토를 5천 년 이래의 구각을 벗겨내고 천지개벽시켰다. 인류역사상 20년도 안되는 기간에 이런 국토 공간 천지개벽의 역사를 이룬 국가는 눈을 씻고 찾아도 없다. 박정희는 국토 공간 디자인의 세계 최고 명인이었다. 그래서 대한민국 전체를 박정희 역사기념관이나 다름없다고 해도 지나친 말이 아니다.

한반도 공산화를 막은 한·미·일 동맹체제

박정희의 한일국교정상화와 한·미 동맹 강화가 한국의 고도경제성장과 자유민주주의 체제유지의 밑바탕이 되었다. 그런데 최근 사회주의 통일도 감수할 수 있다는 민족지상주의적 이념 세력의 한·미·일 동맹해체 시도는 우리의 국가안보체제에 심각한 위협이 되고 있다. 북한의 적화통일 야욕이 지속되는 한, 한반도의 공산화를 막는 유일한 길은 이미 우리의 성공역사가 입증하듯이 박정희가 구축했던 한·미·일 동맹체제를 지속적으로 강화하는 길밖에 없다.

박정희 모델, 북한경제발전의 유일한 대안

북한의 개혁개방은 자본주의 시장경제체제를 바탕으로 한 박정희식 '기업부국' 산업혁명 패러다임을 실천해야만 성공할 수 있다. 도시와 농촌 간의 불균형이 심화되고 있는 중국도, 중진국 함정으로 빠져드는 베트남도 결코 대안이 될 수 없다. 북한 경제발전의 유일한 대안은 기업육성과 새마을운동을 통해 당대 세계 최고의 동반성장을 일으킨 박정희의 모델뿐이다.

박정희를 버리고 '정부 주도 저성장과 양극화' 함정에 빠진 대한민국

오늘날 전 세계는 물론 한국도 저성장과 분배악화에 시달리고 있다. 그러나 세계는 그 원인은 물론 해법도 못 찾고 있다. 그런데 놀라운 것은 한국의 박정

1975년 5월 박정희 대통령 (왼쪽)이 당시 제1야당인 신민당 총재이자 민주투사로 국민의 절대적 지지를 받고 있던 김영삼 총재를 청와대에서 접견하고 있다.[3]

자료 : dailiang.co.kr

희시대가 이룩한 한강의 기적이 세계 최고의 동반성장의 기적이었다는 사실이다. 그러나 사회주의 혁명을 꿈꾸는 좌파 사회주의자들과 종북 주사파들은, 불평등이 없으면 칼 마르크스이론이나 공산혁명은 설 땅이 없기 때문에, 멀쩡한 나라를 허구한 날 불평등사회라고 왜곡 선전하여 이제 국민 다수가 '나는 못 산다', '한국은 불평등한 사회다', '한국은 불공정한 나라다', 이게 다 '재벌들과 부자들 때문이다'라고 믿는, 그리고 젊은이들은 탈조선을 외치는 우스꽝스러운 나라가 되었다. 무에서 출발하여 일인당 3만 달러 소득의 동반성장의 기적을 일으킨 나라가 양극화된 빈곤 저소득국가 코스프레costume play에 빠져들어 이제 사회주의 혁명만이 살길이라 믿는 세계문명사의 코미디 같은 어처구니없는 일이 벌어지고 있다. 이 모든 일이 지난 30여 년 동안 박정희의 반공민주주의를 독재라 폄하하며 소위 민주화라는 탈을 쓰고 자행됨으로써, 이 길이 용공민주주의, 사회주의의 길임을 모른 채 모든 국민, 심지어 지식인사회, 여야 정치권도 다 동참한 셈이다. 지난 30여 년간 박정희 청산이라는 정책적 노력의 결과가 고

3   외환위기를 초래한 무능한 김영삼이 그토록 증오해왔던 박정희 대통령은 역사의 유물로 남아 국민들에게 아직도 기억에 남는 근대화를 이룩한 대통령으로 추앙받고 있지만, 김영삼의 입장에서 보면 독재자이고 자신의 정적으로 인식하고 있다.

민주화 이후 가장 무능한
대통령, '벌거벗은 임금님'
이 돼버린 문재인. 저성장과
양극화의 주범

자료 : bosik.kr

작 재정으로 지탱하는 2% 정도의 저성장과 분배의 악화라는 성적표에 불과하다는 사실이 바로 그동안의 허구에 찬 대한민국의 역사를 반증하고 있다.

그런데 요즈음 대한민국의 현 상황은 놀라울 만큼 박정희 대통령이 걸었던 길과 정반대로 가고 있다. '근면, 자조, 협동'의 박정희 정신을 앞세워, 모두 같이 번영하는 동반성장의 한강의 기적을 이룬 대한민국을 양극화된 나라라고 국민의 눈과 귀를 속이고 있다. 더 평등한 포용적 동반성장을 한답시고, 열심히 노력하여 성공하는 기업과 국민들을 청산하고 노조를 앞장세우는 사회주의 정책을 남발하니 성장은 둔화되고 분배는 더 악화되는 '정부주도의 저성장과 양극화'의 악순환에 빠지게 된 것이다. 경제평등주의 함정에 빠진 여야 정치권은 물론 다수의 국민들마저 경제 하향평준화의 '바닥을 향한 질주a race to the bottom' 경쟁을 즐기고 있으니 나라의 희망이 없어 보이는 것은 당연하다. 반공민주주의, 기업부국의 경제번영, 새마을운동 정신 등, 한강의 기적을 이룬 박정희 정신과 국가운영철학을 살려내지 않고 이 나라가 바로 선다는 것은 낙타가 바늘귀를 통과하기보다 어려울 것으로 판단된다.

박정희 성공신화는 계속되는가.

자료 : blog.daum.net

지워질 수 없는 박정희 성공신화

종북세력을 포함한 좌파적 사상과 이념에 빠진 집단의 '박정희 지우기' 노력에도 불구하고 한국사는 물론 세계사에 불멸의 업적을 남긴 그의 위업을 지우기는 불가능할 것이다. 오히려 국내 일부 세력의 역사 왜곡을 통한 반反박정희 선전과 교육, 나아가 정치적 배척에도 불구하고 해외에서의 박정희 배우기는 여전히 인기가 높다. 시간은 박정희 편이다.

이상과 같은 '박정희 재발견'이 앞으로 박정희 탄생 150주년 혹은 200주년에는 더 확고하게 검증·확인되기를 바라며, 그 과정에서 이들 발견에 대한 학술적·객관적 논쟁이 더 치열하게 일어난다면, 그 또한 환영할 일이라 생각한다.

2
한강의 기적을 이끈 새마을운동

인센티브를 차별화하는 시장원리와 박정희 리더십은 무엇인가?

대한민국의 경제 발전을 상징하는 '한강의 기적', 이를 이끈 박정희 대통령의 '새마을운동'을 경제학적으로 연구한 책이 발간됐다. 《새마을운동 왜 노벨상 감인가》는 새마을운동을 경제학적 측면에서 저술한 책이다. 저자 좌승희 박정희대통령기념재단 이사장은 경제학자로서 새마을운동이 성공했던 원동력을 발전경제학 측면에서 분석했다.[4]

《새마을운동 왜 노벨상감인가》의 표지

자료 : yes24.com

📍4 좌승희(2020), 《새마을운동 왜 노벨상 감인가》, 청미디어

21세기 들어 노벨경제학상위원회는 한강의 기적을 이끈 새마을운동에 적용한 경제적 차별화 원리와 연관된 '행동경제학' 분야의 대니얼 카너만 교수와 리처드 세일러 교수에게 각각 2002년, 2017년에 노벨경제학상을 수여했다. 그리고 2019년 동 위원회는 정확하게 새마을운동의 축소판이라 할 수 있는, 서로 다른 마을 군群에 제공된 차별적 인센티브가 어떻게 서로 다른 효과를 가져오는지에 대한 아브히지트 바네르지 교수와 에스테르 뒤플로 교수 부부 그리고 마이클 크레머 교수 3인의 연구를 높게 평가하여 노벨경제학상을 수여했다.

그러나 이미 50년 전에 한강의 기적을 이끈 새마을운동에 비해 그 독창성이나 스케일, 이룬 성과 무엇으로도 비교 대상이 안 될 뿐만 아니라 이들 누구도 이론과 실제 응용 측면에서 실험경제학의 효시인 새마을운동을 아직까지 인지하지 못하고 있다. 한강의 기적의 원리가 보편적 경제발전 원리로서 손색이 없었음을 증명하는 것이다.

저자는 이 책을 통해 "세계 후진국들이 새마을운동 및 한강의 기적의 모델을 이해해 빈곤 퇴치는 물론이고, 장기 저성장과 분배 악화에 직면한 선진국들과 오늘날 저성장과 분배 악화에 빠진 한국 경제의 활력 회복과 나아가 북한 경제의 재건에도 길잡이가 될 수 있기를 기대한다"고 밝혔다.

새마을운동 정의

새마을운동Saemaul Undong 또는 New Village Movement 혹은 신향촌운동新鄉村運動은 1970년 초 대한민국 농촌의 현대화를 위해 시작되어 박정희 정부 주도로 시행된 운동이다. 새마을운동은 풀뿌리 지역사회개발운동으로 정의되기도 한다. 새마을운동 계획자는 양찬우[5] 전 경남도지사이다.

📍5 　양찬우(楊燦宇, 1926~2011)는 대한민국의 육군 소장으로 예편한 군인이자 제29대 내무부 장관과 제7·8·9·10대 국회의원을 역임한 정치인이다. 본관은 청주, 호(號)는 동천(東泉)이다. 부산 출생이다.

1998년 정부수립 50 주년 기념으로 실시한 국민여론조사에서 대한민국 50년 역사상 우리 국민이 성취한 가장 큰 업적으로 새마을운동이 선정되었다.

자료 : futurekorea.co.kr

새마을운동 개요

이 운동은 박정희 정부에 의해 1969년 새마을운동으로 명명되었다. 전국적으로 시행되었으며 1975년에는 도시와 공장으로도 확대되었다. 1973년부터 새마을운동을 대대적으로 홍보하여 전국민적 운동으로 확산시켰다. 1973년 1월 16일 대통령령 6458호로 내무부에 새마을 담당관실을 설치하고 그 산하에 4개의 과를 두었으며 3월 7일 박정희 대통령 비서실에 새마을 담당관실을 설치했다.

1972년 1월 31일 경기도 고양의 농협대학 부설 독농가연수원에 각 지역에서 선발한 140명이 입교했다. 새마을지도자 교육과정의 출발이었다. 2주간의 교육과정은 가나안농군학교[6]교장 김용기와 안양농민교육원원장 김일주의 훈련 과정을 참고해 만들었다. 농협대 김준 교수가 초대 원장을 맡았다. 교육받을 사람이 늘면서 그해 경기도 수원의 농민회관으로 자리를 옮겼고, 1973년 5월 31일 경기

📍6 가나안 농군학교는 개신교 장로인 김용기(1909~1988)가 '한 손에는 성서를, 한 손에는 괭이를'이라는 신념에 따라 1962년에 설립한 기독교 합숙교육기관이다. 교육과 노동을 통한 의식교육이 특징이다. 대한민국에서 가장 오래된 성인 교육기관으로 초창기에는 농업인을 대상으로 하여 설립되었다. 새마을운동의 정신교육의 원형을 제공하였다. 현재 하남시에 제1가나안 농군학교가 있고 다양한 분야와 연령대의 사람들을 대상으로 교육하고 있다. 산하기관으로는 청소년 교육원, 효도학교 등이 있다.

70년대 초 새마을운동
이전의 전형적인 농촌 모습.
새마을운동은 지붕개량 사업
등 실생활 개선사업부터
출발했다.

자료 : futurekorea.co.kr

도 수원에 새마을지도자 연수원을 신설 건립하여, 이전까지 농협대학에서 개설하여 운영하는 독농가연구원에서 실시해오던 새마을운동을 위한 농촌 지도자 교육과 양성 등을 맡게 하였다. 1972년 1,490명, 1973년 4,354명으로 피교육자 수가 증가하였으며 그 이후로 매년 6천 명 이상이 교육을 받았다고 한다.

교육은 성공한 새마을지도자의 경험을 듣고 그 사례에 대해 토론하는 방식으로 진행됐다. 1975년에는 새마을지도자와 사회 지도층, 공무원이 함께 합숙교육을 받으면서 상승 효과가 났다.

정부는 1980년대 초반까지 시멘트와 철근 등 총 비용의 절반가량을 투자하여 지원하였다. 1973년부터 지원금을 대폭 늘려 1971년 41억 원, 1972년 33억 원에서 격증하여 1973년 215억 원, 1974년 308억 원, 1979년에는 4,252억 원까지 정부 예산 지원을 늘렸다. 또한 민간단체의 지원과 성금도 꾸준히 들어와 1972년 17억 원에서 1979년 2,032억 원의 지원금이 들어왔다. '새마을노래'는 방송매체를 통해 아침저녁에 방영되었고 국민운동화된 새마을운동의 성공 사례는 일간신문에 소개되기도 하였다. 1973년 9월 21일 경제 4단체는 새마을운동을 생산직 노동자들을 대상으로 공장에 도입하는 방안을 토의하였으며 11월 21일 제1차 새마을지도자대회가 열려, 운동을 범국민적으로 확산시킬 것을 결의하는 등의 노력이 지속되었다.

도시 새마을운동 성공 사례
부산시 영도동

자료 : kyongbuk.co.kr

이념과 목표

새마을운동은 근면·자조·협동을 기본 정신으로 한다. 새마을운동은 농촌의 근대화, 지역의 균형적인 발전, 의식개혁을 그 목표로 하였다.

생명 살림 새마을운동

1988년 5공비리청문회에서 새마을운동중앙본부와 관련된 비리가 폭로되어 새마을운동은 침체되고 민간 주도로 하는 등 그 양상이 변화하였다. 1998년 이후로는 '새마을운동 조직 육성법'에 의해 새마을운동중앙회를 중심으로 제2새마을운동을 펼쳤다. 2018년 3월 정성헌 새마을운동중앙회장 취임 이후 생명살림운동을 펼치고 있다. 생명살림운동은 생명, 평화, 공경운동으로 새로운 문명사회 건설을 목표로 하고 있다.

긍정적 평가

새마을운동은 농업 경쟁력을 향상시켰고 시민들의 참여를 통해 공동체 의식, 자발적 참여 의식 회복에 기여하였다. 세계적으로는 농촌 개발의 모델로서

영남대 대외협력처
일행이 2019년 5월 하순
탄자니아 셍게레마시
새마을부녀회원들과
기념사진을 찍고 다.

자료 : hankookilbo.com

박정희 대통령의 가장 획기적인 정책으로 긍정적인 평가를 받고 있다.

유엔은 새마을운동을 바탕으로 한 '새천년마을계획'이라는 아프리카의 빈곤 퇴치 프로그램을 추진할 만큼 큰 관심을 보이고 있으며, 반기문 전 유엔 사무 총장 또한 아프리카의 유엔 산하기관에 한국의 새마을운동을 배워볼 것을 권 고하기도 하였다. 현재 해외 74개국으로 새마을운동이 수출되었고, 후진국들 을 중심으로 한국의 새마을운동을 배우겠다며 방한하는 해외지도자들의 발 길이 끊이지 않고 있다. 탄자니아는 2012년까지 팡가웨 지역에 새마을운동을 기반한 마을을 짓는다고 하였다.

일제강점기 당시 조선총독부가 추진한 농촌진흥운동과 유사하다는 지적을 받는다. 2015년 2월 13일, 서울대학교 아시아연구소 영원홀에서 열린 한국냉 전학회 창립 국제학술대회 '한국의 냉전연구'에서 허은 고려대학교 한국사학 과 교수는 '냉전과 지역사회'라는 논문을 통해 "한국의 새마을 건설계획은 말 레이반도·필리핀·베트남에서 공산주의 세력의 영향력을 완전히 차단하려는 미 국의 안보적 이해와 연관성 속에서 전개되었다"라고 설명하였고 이 논문은 새 마을운동을 냉전사 속에 위치시켜 관련 연구의 새 장을 열었다는 평가를 받았 다. 제2차 세계대전 뒤 공산주의 세력이 농촌 중심으로 게릴라전을 벌였고, 동 아시아 농촌 장악은 전후 세계질서 재편의 중대한 사안이 되었다. 지역행정체계를 이미 갖추고 있었던 대한민국은 새로운 곳으로 주민들을 재정착시킨 동남아시아 국가들과 달리 부락 자체를 '대공 새마을'로 전환했다. 1960년대 말부터 전국 안보취약지구에 '전략촌'을 건설하고 반공사상이 투철한 제대 장병들에게 국유지를 배분하고 방어 임무까지 맡기는 방식이었다. 해당 논문의 '괴산군 대공 전략촌 설치운영실적'을 보면, 1969년 9개 부락에 머물렀던 전략촌이 1971년 58개 마을로 늘었다. 한국식 전략촌인 '대공 새마을' 건설은 1970년대에 전국적으로 전개되어 물적 지원, 반공계몽교육, 감시체계의 기반을 구축했다.

부정적 평가

새마을운동은 조선민주주의인민공화국의 천리마운동에 대응하는 의미가 있고, 1970년대 국가발전에 이바지한 점이 큰 게 사실이지만, 박 대통령의 유신체제를 지탱하는 통치 이데올로기 기능도 있었다. 새마을운동이 일제의 농촌진흥운동을 모방했고 파시즘 체제 유지를 위한 도구였다는 비판도 있다. 또한 새마을운동 과정에서 미신타파 명분으로 우리 전통문화를 탄압했다는 비판도 있다. 1급 발암물질인 석면을 이용한 농촌 가옥 개량에 대한 비판도 있다.

1970년대부터 1980년대 말까지 대통령의 절대 권력과 관치가 결합되어 진

석면 제거 노동자들이 석면 슬레이트 지붕 제거 작업을 하고 있다.

자료 : seoultimes.net

행되었다는 비판도 있다. 제5공화국 시절 중앙본부의 각종 이권개입과 공금 횡령이 밝혀지면서 비리의 온상으로 낙인찍히기도 했다. 특히 전두환 정권 이후 변질된 새마을운동 관련 단체들이 여전히 혈세를 낭비한다는 지적도 있다. 2013년에는 관련 단체 3곳에 280억 원을 지원하는 등, 이에 대한 면밀한 검토가 필요하다는 비판이 있다.

예전 박근혜 정부 주도로 새마을운동 관련 기능성 게임을 제작한다고 발표하여 비판을 받고 있다. 이와 관련하여 진중권, 이재홍 교수는 "한심한 발상이다", "세금으로 아버지 기념사업을 하느냐?"라고 비판했다.

새마을운동 기록물 유네스코 세계기록유산 등재

새마을운동 기록물은 대한민국 정부와 국민들이 1970년부터 1979년까지 추진한 새마을운동 과정에서 생산된 대통령의 연설문과 결재문서, 행정부처의 새마을 사업 공문, 마을 단위의 사업서류, 새마을지도자들의 성공사례 원고와 편지, 시민들의 편지, 새마을교재, 관련 사진과 영상 등 약 2만 2천여 건의 자료를 총칭한다.

대한민국은 일본 식민지배와 한국전쟁에도 불구하고 괄목할 만한 경제성장과 민주화를 동시에 이룬 세계 유일의 국가로, 아프리카 등 많은 개발도상국이 한국식 발전 모델을 학습하고 있다. UN에서도 인정한 농촌개발과 빈곤퇴치의

우리나라의 '난중일기'와 '새마을운동기록물'이 유네스코 세계기록유산(Memory of the World)으로 등재가 확정됐다.

자료 : news.jtbc.joins.com

모범 사례인 '새마을운동'에 관한 역사적 기록물이다

새마을운동 기록물은 2013년 6월 유네스코 세계기록유산 국제자문위원회
6.18~6.21, 대한민국 광주에서 세계기록유산으로 등재되었다.

3
박정희 정부와 유신체제

박정희 정부는 특히 경제에 신경을 많이 썼다. 낙후된 대한민국 경제를 부흥시키는 것이 가장 중요하다고 여겼기 때문이다. 그러려면 많은 자금이 필요하다. 박정희 정부는 이 자금을 마련하기 위해 여러 정책을 추진했다. 하지만 그중 두 가지를 국민이 강력하게 반대했다. 그러나 박정희 정부는 강행했다.

첫째가 한일 협정을 체결한 것이다. 1965년 6월, 이 협정을 통해 한국과 일본은 국교를 회복했다. 우리가 광복을 맞이한 지 20여 년이 되어가니 일본과 국교를 회복하는 것이 크게 문제 될 것이 없다고 판단했던 것이다. 그뿐만 아니라 가장 가까운 나라끼리 교역하지 않는 것은 오히려 큰 손해일 수도 있다. 그러니 국교를 회복하는 것 자체는 아무런 문제가 없다. 다만 일본으로부터 자금을 지원받는 대가로 너무 많은 것을 양보했다는 것이 문제였다. 심지어 일본은 우리나라를 식민지로 삼고 수탈한 데 대해 공식적으로 인정하지도, 사과하지도 않았다. 당연히 그에 대한 배상도 전혀 없었다. 그런데도 박정희 정부는 눈을

한일 청구권 협정(한일 협정) 체결

자료 : blog.daum.net

딱 감고 한일 협정을 체결한 것이다. 도대체 왜 그랬을까?

이 협정을 체결하는 대신 박정희 정부는 3억 달러의 무상 원조와 2억 달러의 정부 차관, 그리고 3억 달러의 민간 차관을 받기로 했다. 상당히 많은 경제적 지원을 받는 셈이다. 바로 이 점 때문에 박정희 정부가 한일 협정 체결을 강행했던 것이다. 한일 협정 체결이 가까워지자 이를 반대하는 대규모 시위가 일어났다. 1964년 3월, 시위는 3개월 동안 계속되었다. 박정희 정부는 전국에 비상 계엄령을 선포하면서까지 이 시위를 진압했다. 그러고는 협정문에 도장을 찍었다.

일본은 현재도 과거사에 대해 사과를 하지도 않고, 배상도 하지 않고 있다. 이미 1965년 한일 협정을 체결하면서 매듭을 지었다는 것이다. 경제를 살리는 것도 좋지만, 일제의 식민 지배 문제를 깔끔히 해결할 수 있었던 기회를 놓친 것은 정말 아쉬운 일이다. 한일 협정에 반대하는 시위가 한창일 때 박정희 정부는 국민이 반대하는 또 하나의 결정을 내렸다. 바로 베트남 전쟁에 국군을 파병하기로 한 것이다. 1964년 9월의 일이다. 박정희 정부는 반공을 국가의 기본 이념, 즉 국시로 삼고 있었다. 그러니 베트남의 공산화를 막기 위해 우리 국군을 파병할 수도 있다. 하지만 국군 파병의 가장 큰 목적은 경제적인 이익 때문이었다. 베트남에 국군을 파병하는 대신 미국으로부터 차관을 얻고 베트남의 건설 사업에 참여할 수 있는 권리를 얻었다. 또 이 전쟁에 쓸 물자의 일부를 한국에서 조달하기로 했다. 쉽게 말해서 베트남에 국군을 파병함으로써 막대한 외화를 벌어들이려 했던 것이다. 물론 베트남 전쟁에 참전함으로써 미국과의 동맹을 더욱 강화하고 우리 국군의 장비를 현대화하려는 목적도 있었다.

베트남에 최초로 전투병을 파견한 것은 1965년이었다. 이때부터 1973년까지 8년 동안 약 31만 명의 국군이 베트남에 파병되었다. 이 중에서 5,100여 명이 사망했다. 살아남은 병사들도 고엽제 후유증에 시달리고 있다. 고엽제는 식물을 고사시키기 위해 살포하는 제초제를 말하며 미군이 베트남전 당시 사용한 에이전트 오렌지가 유명하다. 당시 미군이 베트남 밀림에 살포했기 때문에 많은 병사들이 후유증을 겪고 있다.

한일 협정 체결과 베트남 국군 파병 문제는 1960년대 대한민국을 가장 뜨겁게 달구었다. 야당도 이 문제를 끝까지 물고 늘어졌다. 하지만 다음의 제6대 대통령 선거에서 박정희가 다시 대통령에 당선되었다. 재선에 성공한 것이다. 1967년 이후 대한민국과 북한의 군사적 긴장이 고조되었다. 북한이 무장 간첩을 남파했기 때문이다. 1968년 당시 무장 간첩은 청와대에 침투해 대통령을 암살하려 했다. 이 사건 이후로 박정희 정부는 반공 교육을 강화하기 위해 고등학

월남 파병 가기 전 박정희와
악수하는 한국군

자료 : blog.aladin.co.kr

교와 대학교에서도 군사 교육을 실시했다. 이미 군대를 다녀온 사람들도 향토예비군으로 편성되어 군사 훈련을 받았다.

시간이 흘러 1960년대가 저물어가고 있었다. 박정희 대통령이 다시 개헌을 추진했다. 과거에 이승만 대통령이 사사오입 개헌을 했을 때와 겉으로는 이유가 같다. 우리 헌법에서는 대통령을 중임까지만 허용하고 있었기 때문이다. 박정희 대통령이 3선에 도전하려면 헌법을 바꿔야 가능한 것이다. 1969년 9월 박정희는 야당의 반대를 물리치고 대통령 3선을 허용하는 제6차 개헌을 단행했다. 개정된 헌법에 따라 2년 후 제7대 대통령 선거가 실시되었다. 야당에서 40대의 젊은 정치인 김대중이 후보로 나서 팽팽한 대결을 벌였다. 하지만 1971년 이번에도 박정희가 대통령에 당선되었다. 3선 대통령이 되었지만 박정희는 불안해졌다. 왜 그랬을까?

우선 대통령 선거에서 야당 후보가 크게 약진했다. 이어 치러진 총선거에서도 야당 의석수가 많이 늘었다. 게다가 박정희 정부는 반공을 국시로 삼고 있었는데, 이 무렵 냉전 체제가 흔들리고 있었다. 반공만 외친다고 해서 국민이 무조건 따라오는 시대가 끝나가고 있었던 것이다. 게다가 1970년대는 전 세계가

7대 대통령 후보

자료 : m.blog.naver.com

통일주체국민회의 대통령 선거

자료 : m.post.naver.com

경제 불황을 맞이하고 있었다. 당연히 우리나라 경제 상황도 좋지 않았다. 국민은 더 이상 박정희 정부를 지지하지 않았다. 이대로라면 4선, 5선 대통령이 되는 것은 불가능하다. 박정희는 어떤 결정을 내렸을까? 영구 집권할 수 있는 방법을 구상하기로 했다. 물론 명분이 있어야 했다. 박정희는 냉전 체제가 흔들리고 있으니 국가 안보가 더욱 중요해졌다고 했다. 그리고 경제를 계속 성장시키고 사회 질서를 유지하려면 지금보다 더 강력한 정부가 필요하다고 했다. 나름대로의 명분이 만들어지자 박정희는 곧바로 비상계엄을 선포하고 국회를 해산했다. 헌법의 효력을 중지시키고 모든 정치 활동을 금지했다. 1972년 10월 박정희는 "남북 분단을 극복하고, 빠르게 변화하는 국제사회에 적극 대처하기 위해 유신을 단행한다"라며 10월 유신을 선포했다. 유신維新은 낡은 제도를 새롭게 고친다는 뜻이다. 박정희는 이어 제7차 개헌을 실시했다. 이렇게 해서 만들어진 헌법이 바로 유신 헌법이다. 1972년 11월, 이 유신 헌법이 시행됨으로써 만들어진 것이 유신체제인 것이다. 흥미로운 것은 이로부터 한 달 후에 북한의 김일성도 사회주의 헌법을 제정해 강력한 독재 체제를 구축했다는 점이다.

　유신 헌법에서는 대통령을 국민이 뽑지 않았다. 통일주체국민회의란 곳에서 뽑았다. 또한 대통령 중임을 제한하는 규정도 없었으니 마음만 먹으면 죽을 때

장발단속. 머리카락이 귀를
덮으면 위반이 되어 경찰서에
끌려가 강제로 머리카락을
잘렸다.

자료 : minjok.or.kr

까지 대통령을 할 수 있게 되었다. 이 통일주체국민회의의 의장이 바로 박정희
대통령 자신이었다. 그해 12월, 박정희는 너무나 쉽게 4선 대통령이 되었다.

　유신 헌법에 따라 대통령은 막강한 권한을 갖게 되었다. 국회가 맘에 들지
않으면 없애 버릴 수 있는 국회 해산권은 물론이고, 국회의원의 3분의 1을 임
명할 수 있는 권한까지 가졌다. 재판을 담당하는 법관도 대통령이 임명할 수 있
다. 대통령이 입법, 행정, 사법의 모든 권력을 가지게 된 것이다. 대통령이 가진
새로운 권한 중에 긴급 조치란 것이 있었다. 사회가 혼란스럽다고 판단하면 헌
법에 보장된 국민의 기본권도 대통령이 제한할 수 있는 권리이다. 설령 대통령
이 잘못 판단해 긴급 조치를 발동해도 나중에 법적 책임을 물을 수가 없었다.

　유신체제 때에는 머리카락을 기르거나 짧은 치마를 입을 수도 없었다. 이런
패션을 모두 퇴폐풍조로 여긴 정부가 단속을 했기 때문이다. 실제로 경찰이 가
위를 들고 다니면서 머리카락이 긴 장발 남성의 머리카락을 잘랐고, 자를 가지
고 다니면서 여성의 치마 길이를 쟀다. 그 때문에 야당, 시민, 노동자, 학생, 언론
을 막론하고 모두가 유신체제를 비판했다. 전국에서 민주주의를 요구하는 시
위가 잇달았다. 그때마다 박정희 대통령은 긴급 조치를 발표해 민주화 운동을
탄압했다. 긴급 조치 9호를 보면 "헌법을 비방하거나 개정 또는 폐지를 주장해

서는 안 된다. 학생들의 정치
활동을 금지한다"라는 내용이
있다.

그러나 그럼에도 불구하고
박정희 대통령의 10월 유신
선포가 없었다면 어떻게 되었
을까? 아시아로부터 미군을
감축 내지 철수하겠다는 닉슨

조갑제 《내 무덤에 침을
뱉어라》

자료: yes24.com

독트린[7]의 위협, 북한의 계속적인 도발은 국가 위기를 초래하고 있었다. 그리고
강력한 야당 대통령 후보인 김대중의 경제 정책은 농업 국가, 중소기업 육성 정
책 등 박정희의 중화학공업 육성 정책과는 다른 방향이었다. 박정희는 어려운
결심을 내리지 않을 수 없었다.

박정희 대통령은 "내 무덤에 침을 뱉어라"라고 하면서까지 나라를 위해서 노
심초사했다. 그 말 속에 모든 것이 다 함축돼 있다, 그는 5·16쿠데타, 10월 유
신 평가에 대해서는 역사의 판단에 맡기자고 했다. 박정희 전 대통령의 '내 무
덤에 침' 발언에서 시대를 초월한 소명의식·단호함을 읽는 이가 많을 것이고,
물론 그 반대도 있을 것이다.

7   제37대 미국 대통령 리처드 닉슨이 1969년 7월 25일 괌에서 발표한 (대아시아 관련) 외교정책. 괌에서
발표했기에 괌 독트린(Guam Doctrine)이라고도 한다. 1970년 2월 국회에 보낸 외교교서를 통하여 닉슨 독트
린을 세계에 선포하였다. 1969년 1월에 등장한 닉슨 행정부는 전임 린든 존슨 정부가 베트남 전쟁을 수행하는
과정에서 일어난 대대적인 반전 여론 등으로 인해, 기존 대외 정책에 대한 국내적 합의 기반을 다시 형성할 필요
가 있었다. 그리고 이러한 합의를 형성하기 위한 방안으로서 새로운 대외 정책의 기조는 '미국의 정치적, 군사적
후퇴와 국제 체제에서의 미국의 적절한 조화가 가능할 것이냐'라는 질문에 대한 답을 모색함으로써 도출될 수 있
었다. 그리고 닉슨 독트린은 이러한 질문에 대한 답을 공개적으로 천명한 것으로 볼 수 있다.

Chapter 4

박정희와
기시 노부스케의
만남

1
기시 노부스케는 박정희의 롤모델

:

　만주군관학교를 수석으로 졸업한 오카모토 미노루岡本 實가 기시 노부스케岸信介[1]를 만난 것은 1961년 일본 수상관저 만찬회에서였다. 박정희는 잘 알려진 대로 다카키 마사오高木正雄로 창씨개명했지만 민족색을 완전히 지우기 위해 한 차례 더 개명했다고 전해진다.[2]

　박정희의 두 일본 이름은 시기와 성격에서 차이가 있다. 다카키 마사오는 박정희가 만주군관학교에 입교한 다음 해인 1941년에 바꾼 것이다. 언론인 조갑제는 저서 《박정희》에서 "군관학교에서 한국인 생도들에게 일주일씩 휴가를

📍1　기시 노부스케(岸信介, 1896.11.13~1987.08.07)는 일본의 정치인이다. 농상무성장관, 제56·57대 내각총리대신을 역임했으며, 일본의 정2위 국화장을 받았다. 쇼와의 '요괴(昭和の妖怪)'라는 별명으로 불리기도 했다. 본래 성씨는 사토(佐藤)이다.

📍2　조수경(2012.10.02), 미디어 오늘, "만주국 부활 꿈꿨던 박정희와 그의 롤모델 기시 노부스케", http://www.mediatoday.co.kr/

"박정희는 온종일 같이 있어도 말 한마디 없는 과묵한 성격이었다. 그런데 내일 조센징 토벌에 나간다 하는 명령만 떨어지면 그렇게 말이 없던 자가 갑자기 요오시(좋다)! 토벌이다! 하고 벽력같이 고함을 치곤 했다. 그래서 우리 일본 생도들은 저거 돈 놈 아닌가 하고 쑥덕거렸던 기억이 난다." 고 증언하면서 일본인보다 더 일본인 같았다고 했다.

자료 : m.cafe.daum.net

주며 '고향에 가서 창씨개명을 해오라'고 시킨 것이다. 퇴교 등 명시적 협박은 없었으나 하지 않을 수 없는 분위기였다고 동기생들은 말한다"고 밝혔다.

재일 언론인 문명자 씨는 1999년 발간한 저서 《내가 본 박정희와 김대중》에서 "만주군관학교 시절 박정희의 창씨명은 다카기 마사오였다. 그곳을 졸업하고 일본 육군사관학교에 편입했을 때 박정희는 창씨개명을 완전히 일본사람 이름처럼 보이는 오카모토 미노루로 바꾼다"고 기술했다. 일본 백과사전엔 박정희의 창씨명이 오카모토 미노루로 기록돼 있다.

기시 노부스케는 자신의 회상록에서 "내가 박정희 씨와 처음 만난 것은 그가 아직 대통령이 되기 전이었습니다. 박정희 씨의 얘기는 이런 것이었어요. '우리 젊은 육군 군인들이 군사혁명에 나선 것은 구국의 일념에 불탔기 때문인데, 그때 일본 메이지 유신明治維新의 지사들을 떠올렸다'는 겁니다"라고 당시 상황을 전했다. 박정희의 발언은 기시 노부스케의 자존심을 자극해서 마음을 흔들었을 것으로 여겨진다.

기시 노부스케는 박정희 사후에도 그의 경제 정책 성공을 가장 큰 공적으로 높이 평가하면서 기대 이상이었다고 놀라운 반응을 보이기도 했다.

박정희와 기시 노부스케, 이 두 사람의 인연은 일본 제국주의의 산물, 만주국에서 시작됐다. 만주국의 통
제경제 실험을 실질적으로 주
도한 기시 노부스케의 아이니
어는 먼 훗날 박정희의 개발독
재에서 재현됐다. 그뿐만 아니
라 만주국에서의 인맥은 박정
희의 통치를 든든하게 뒷받침

재일 한국인 학자인 강상중

자료 : sisain.co.kr

했다. 박정희의 '친일행적'은 단순히 그가 일본 군인이었다는 것에 그치지 않고
5·16쿠데타 이후 그가 구현하고자 했던 사회상이 바로 일본 제국주의자들이
만주국에서 실험했던 '통제경제, 통제사회'였다는 것이 본질이다. 강상중 도쿄
대 교수와 현무암 홋카이도대학 교수가 《기시 노부스케와 박정희》에서 말하고
자 하는 부분이다.

　우선 만주국의 탄생부터 살펴보자. 일본 제국의 중국 침략은 1900년부터 시
도되어왔다. 일본은 손쉽게 중국을 정복할 수 있었겠으나 가장 문제가 되는 것
은 소련의 군대였다. 1931년 일본 제국 육군의 주력부대 중 하나였던 관동군은
만주사변을 일으켜 만주 지역을 점령하였다. 1932년 3월 1일 일본은 청나라의
마지막 황제였다가 퇴위한 선통제를 황제로 내세웠다강덕제. 일본 제국에 철저
히 종속된 괴뢰국가였던 만주국은 1945년 8월 18일 붕괴되었다.

　만주국의 영역은 한반도 및 중화민국, 소련, 몽골인민공화국, 내몽골자치연합
정부일본의 식민지 정권와 국경을 접하고 있었다. 만주국은 천황 지배하에 황제였
던 강덕제를 왕 명칭인 대동왕으로 하락시키고 명목상 원수로 하는 국가로서,
만주족과 한족, 몽골족, 한민족, 야마토 민족의 오족협화로 이루어진 '만주인'에
의한 민족자결의 원칙에 기초를 둔 국민국가를 표방했다. 그러나 실제 통치는
일본 제국 관동군이 주도하였다.

　이런 만주국이 식민지 조선의 청년들에게는 마치 황금의 땅 엘도라도로 인
식됐다. 모든 구성원에게 평등한 사회적 지위가 보장된다는 만주국이 성립되자

만주는 희망의 땅으로 마침내 한반도 청년들을 열광시켰다.

청년 박정희도 교직을 버리고 1939년 10월 만주군관학교 입학시험을 치르고, 만주로 가서 황국 군인이 되는 것을 꿈꾸고 있었다. 원래 박정희는 연령, 국적, 혼인관계 등 입학 조건을 충족시키지 못했다. 그러나 앞에서 언급한 바와 같이 "일본인으로서 부끄럽지 않을 만한 정신과 기백으로 일사봉공의 굳은 결심"을 피력하고 "목숨이 붙어 있는 한, 충성을 다할 각오"라는 혈서를 만주국 치안부에 보낼 정도로 열성적이었다.

박정희는 만주군관학교 교장인 나구모 신이치로南雲親一郎 중장이 말했던 것처럼 "천황폐하께 바치는 충성심이라는 면에서 그는 일본인보다도 훨씬 일본인답게" 행동했다. 그는 이어 일본 육사를 졸업한 후 관동군에 배치됐고 1944년 만주국군 보병 제8사단에 배속, 중위로 진급했다.

한편 만주국은 입법, 사법, 행정, 감찰, 고시 등 5권 분립을 주창했지만 실제로는 '총무청 중심주의'라는 독재적인 중앙집권제가 통치양식으로 정착돼가고 있었다. 이런 만주국에 기시 노부스케가 부임해온 것은 1936년이었다. "군인들로부터 산업행정을 넘겨받아야 한다"고 생각했던 그는 총무청 차장으로 승진해 만주국 산업개발 5개년계획을 실질적으로 지휘하게 됐다.

그렇지만 일본이 패전국으로 전락하면서 두 사람의 꿈은 무너진다. 박정희는 이른바 '여순사건'에 연루돼 사형을 구형받는다. 기시 노부스케 역시 A급 전범

박정희 국가재건최고회의 의장이 1961년 11월 12일 일본 도쿄에서 주최한 만찬에서 만주국 육군군관학교 시절의 교장이었던 나구모 신이치로 일제 예비역 중장과 건배하고 있다. 자료: NHK(2010.08.01), '한일 관계는 이렇게 구축되었다'

자료 : m.hankookilbo.com

박정희가 서기 1977년 9월 청와대에서 기시 노부스케 전 일본 총리를 맞이하고 있다. 박정희는 앞서 서기 1970년 기시 노부스케에게 수교훈장 광화장을 수여했다. 기시 노부스케는 전 일본 총리대신, 아베 신조의 외할아버지다. 그는 박정희가 만주국 일제 황군으로 활동할 때, 만주국을 설계한 사실상 우두머리로 있었다.

자료 : koreahiti.com

으로 스가모 구치소에 수감된다. 하지만 제국의 귀태鬼胎들은 냉전이라는 새로운 전쟁의 그림자 속에서 화려하게 부활한다.

또한 '만주인맥'들이 그들을 구렁텅이에서 빠져나오게 했다. A급 전범용의자를 불기소로 석방하기까지 감옥 안팎에 만주인맥의 그림자가 어른거렸고, 박정희 역시 그의 만주군관학교 선배이자 육군본부 정부국장이었던 백선엽 등의 도움으로 기사회생했다.

박정희는 쿠데타 이후 기시류의 통제적인 경제계획을 통해 '한강의 기적'을 이룩했다. 박정희 정권은 만주국과 마찬가지로 몇 차례에 걸친 경제개발 5개년 계획을 통해서 한국의 산업구조를 수입대체형에서 수출주도형으로 바꾸고, 나아가 중화학공업화로 발전시켜나갔다.

박정희는 농촌 문제에 대해서도 기시 노부스케의 조언을 따랐다. 기시는 만주의 경험을 통해서 "진정으로 산업을 일으키기 위해서는 충분한 물적 토대가 필요하다"면서 "한국에서 중요한 것은 농업이다. 농촌이 확고하게 서지 않고는 제대로 될 리 없다"고 박정희에게 조언했다. 박정희는 쿠데타 직후 국가재건국민운동을 벌이고 농촌진흥청을 설립하는 등 농촌진흥에 착수했다. 또한 정신

혁명을 주창한 새마을운동을 대대적으로 진행했다.

한국정신문화연구원(현 한국학중앙연구원)의 초대원장 이선근

자료 : encykorea.aks.ac.kr

박정희의 정신개조운동에 앞장섰던 인물도 '만주인맥' 이선근이다. 이선근은 만주국 협화회滿洲國協和會 전국연합회 의회의 '조선계 대표'로 이름을 올렸다. 만주국협화회는 만주국의 건국정신을 구현할 '왕도낙토'와 '오화협화'의 이념을 재만 민족들에게 침투시켰고, 만주국의 기초를 공고히 다지기 위해 1932년 설립된 실천단체이자 교화단체이다.

박정희의 '역사선생'이었던 이선근은 '민족혼의 진작과 지도이념의 정립', '유신이념의 사상적 체계화', '국가지도이념유신·새마을·통일·안보의 확립' 등을 표방하며 설립된 한국정신문화연구원현 한국학중앙연구원의 초대원장으로 취임하기도 했다.

이 만주국 제국 군인과 협화회 협의원은 한국 사회에 만주식 의례를 적극적으로 도입했다. 전사자에 대한 1분간의 묵도, 행진, 시국강연 청강, 선전영화 시청, 포스터 작성, 학생웅변대회, 집회와 대운동회 참가 등의 국가의례 등은 1930년대 만주국의 국가행사였다.

예를 들어 박정희가 쿠데타 이후 '재건체조'라고 해서 시작한 라디오 체조의 모델은 만주국의 '건국체조'였다. '건국정신 함양을 위해' 만주국 교육청이 주최한 학생웅변대회는 수십 년 후 한국에서 실시되는 학생웅변대회의 원형이었다. 또한 '가정의례준칙'은 낭비와 허례허식을 삼간 '협화식 결혼식'을 상정하고 있었을 것이다.

박정희와 기시 노부스케의 인연은 박정희가 기시 노부스케의 정신을 이어받은 것으로 끝나지 않았다. 실제 한일 정치에서 그들의 인연은 계속해서 이어졌다. 박정희는 첫 만남이 이뤄졌던 1961년 이전부터 기시 노부스케에 대한 기대가 대단했다. 두 사람 사이에는 수차례 서신왕래가 있었던 것으로 알려져 있다.

기시 노부스케(岸 信介, きし のぶすけ)
(1896~1987)

1936년   만주국 산업부 차관
1941~1943년 일본 상공대신
1956~1957년 일본 외무대신
1957~1960년 제56·57대 일본 총리

자료 : m.ppomppu.co.kr

    그 후 한일협력위원회나 박정희 대통령의 취임식 때마다 방한했던 기시 노부스케는 한일 간의 '핫라인' 역할을 맡았다. 이들의 유대는 한일 관계가 위기에 봉착했을 때도 '빛났다'. 1973년 '김대중 납치 사건'으로 일본 여론이 들끓자 한일 정기각료회의가 무기한 연기됐다.

    박정희 정권이 중화학공업화 정책을 막 제시한 시점에서 이것은 큰 타격이었다. 일본의 경제원조액 결정을 확인하면 그에 따라 익년도 예산을 짜는 상황이라서, 무기한 연기로 예산을 편성할 수 없게 된 것이다. 이때 한일 간의 정치적 타결을 꾀하기 위해 '거물 특사'로 파견된 이가 바로 기시 노부스케였다. 그야말로 이들은 정치적 동지였던 셈이다.

2
만주국이 남긴 닮은꼴 두 사람

:

《기시 노부스케와 박정희》의 본래 제목은 《대일본 만주제국의 유산》이다. 일본 고단사의 역사 시리즈물 《흥망의 세계사》 18권으로 2010년에 출간됐는데, 강상중 도쿄대 교수가 책임 집필을 했다. '만주제국滿洲帝國'은 영화 〈마지막 황제〉에 나오는 어린 푸이가 일제의 꼭두각시 황제 노릇을 한 그 만주국이다. 1931년 일제 관동군이 류탸오후유조호 폭파사건을 날조해 만주침략만주사변을 본격화한 다음 해에 세운 괴뢰국가다. 폭파사건이 일어난 날이 9월 18일이고 그날은 중국인에겐 국치일이다. 중국 전역에서 댜오위댜오센카쿠열도 문제로 사상 최대의 반일시위가 벌어진 1912년 9월 18일이 바로 그날이다.[3]

1945년 8월 해체된 만주국이 남긴 유산은 무엇이었나? 그것은 바로 박정희

📍3   한승동(2012.09.21), 한겨레, 문화 책&생각 "박정희와 기시 노부스케, 만주국이 남긴 닮은꼴 두 사람"

자료 : wikiwand.com

1917~1979와 기시 노부스케1896~1987, 그리고 그들이 만든 전후 대한민국과 일본이라는 게 이 책 내용이다. 바꿔 말하면 전후 한·일의 원류가 만주국이라는 이야기다.

경북 문경에서 훈도초등학교 교사로 있던 박정희가 죽음으로써 일제와 천황을 받들겠다고 맹세하는 비장한 혈서를 신징지금의 창춘에 있던 만주군관학교에 보낸 건 1939년 초의 일이다. 그게 유별났던지 〈만주신문〉1939.03.31은 '혈서로 군관장교 지원'이라는 제목으로 대서특필했다. 그 덕인지 박정희의 대구사범 재학 시절 교련 교관이었던 관동군 아리카와 게이이치 대좌대령 등이 손을 써 그는 결국 그 학교에 들어갔다.

"만주국은 내가 그린 작품"이라고 호언했던 기시 노부스케는 그때 만주국 총무청 차장이었다. 총무청 장관은 최고위직인 국무원 총리 바로 아랫자리지만 만주인들 몫으로 준 총리는 실권이 없는 자리여서 사실상 최고실세였다. 그 밑에서 실무를 장악하고 있던 기시가 만주국이 자기 작품이라고 큰소리친 건 결코 허언이 아니었다. 기시는 그때 만주국을 군부 엘리트와 관료, 닛산과 같은 일본 재벌이 지배하는 철저한 중앙통제형 개발독재체제의 실험실로 만들었다.

경제개발 5개년계획식의 계획경제, 수출주도, 농촌진흥, 중화학공업 육성 등 전후 일본과 한국의 압축적 정치·관료 주도 성장전략과 한국의 새마을운동, 국기에 대한 맹세, 애국조회, 군사교육, 충효교육, 국민교육 헌장, 퇴폐풍조 단속, 반상회, 고도국방 체제를 위한 총력안보체제 따위의 통제장치들이 모두 만주국 실험을 거친 것들이었다.

《기시 노부스케와 박정희》는 그런 만주국의 등장 과정과 실체, 그것이 전후 일본과 한국 국가전략에 끼친 영향, 그리고 그 중심에 섰던 한·일 간 주요 인맥들을 분석한다. 거기서 포착해낸 핵심적인 특징은 연속성이다. 연속성은 한국과 일본의 체제와 사람인맥 사이, 그리고 각각의 전전·전후 사이에 시공간 종횡으로 관철된다. 말하자면 전쟁 전 일제와 전후 일본이 기본적으로 다르지 않고, 그 지배 세력이 다르지 않으며, 한국 또한 그것과 닮은꼴일 뿐만 아니라 한국과 일본 양자관계 역시 크게 바뀌지 않았다는 것이다. 한마디로 겉모습은 달라졌을지 모르나 본질상 단절되지 않은 연속체와 같다는 얘기다.

기시 노부스케가 총무청 차장을 할 무렵 도조 히데키東條英機는 관동군 헌병대사령관에서 참모장으로, 이어서 육군 차관, 대신으로 승승장구했다. 박정희

도조 히데키 내각 시절 군수차관이었던 기시 노부스케 (중앙의 도조 히데키 좌측의 인물)

자료 : blog.naver.com

가 만주에 간 1940년 2월께 기시는 상공차관이 되고 이어 들어선 도조 내각의 상공대신으로, 국무상, 군수차관으로 출세해 전쟁 수행에 앞장선다. 따라서 기시와 박정희는 만주에선 직접 만나지 못했다.

만주군관학교 예과 졸업식 때 푸이한테서 금시곗줄을 받은 우등생 박정희는 1941년에 이름을 '다카키 마사오'로 바꿨고 그다음 해엔 일본색이 더욱 짙은 '오카모토 미노루'로 바꿔 일본 육군사관학교 본과에 편입한다. 우등 졸업 뒤 관동군 견습사관이 되고 1944년 7월에는 만주국군 보병 8사단에 배속됐다가 그해 12월 소위로 임관됐으며 1945년 7월에 중위로 진급한다. 그들의 주요 임무가 조선인 항일독립운동세력 박멸이었다.

하지만 일제 패전과 함께 기시 노부스케와 박정희는 물 없는 물고기 신세로 전락한다. 기시는 A급 전범이 돼 3년간 도쿄 스가모 형무소에 갇힌다. 박정희도 무장해제당한 패잔병이 됐다. 그들을 살린 것은 일제 패전 뒤 일본과 남한을

박정희가 남로당에 가입되었다는 것이 폭로된 것은 1963년 제5대 대통령 선거에서 야당 후보였던 민정당 윤보선의 주장에서 비롯되었다.

자료 : blog.daum.net

점령한 미국과 냉전, 그리고 만주인맥이었다. 기시는 도조 등 에이급 전범 7명이 교수형을 당한 바로 다음 날 전격 석방돼 1957년 총리 자리에까지 오른다. 기시를 살린 것은 나중에 외상이 되고 한일협정 때 일본 대표로 활약하는 그의 평생 부하 시나 에쓰사부로椎名悦三郎, 기시의 친동생으로 역대 두 번째 최장수 총리가 되는 사토 에이사쿠佐藤榮作 등과 미국이었다. 일본군 박정희를 한국군으로 세탁하고 군 좌익숙청 때 남로당원으로 처형당할 뻔한 그를 살린 것도 백선엽, 정일권, 김창룡, 이선근, 김정렴 등의 만주인맥, 그들과 손잡은 미국이었다.

'쇼와의 요괴' 또는 '수괴'로 불린 기시는 그 뒤 1960년 미-일 안보조약 개정 직후 물러날 때까지의 약 3년 동안의 총리 재직기간을 포함한 7년여의 길지 않은 시간에 미국의 뜻대로 전후 일본정치의 방향을 정한 보수합동 체제55년 체제를 만들었다. 미국 의존 안보체제를 굳혔으며, 일본 고도성장의 기본 틀을 짜, 만주 봉천 총영사관보 출신인 요시다 시게루吉田 茂 정권 이후의 일본국가 진로

'쇼와의 요괴' 기시 노부스케와 '독재자' 박정희

자료 : m.blog.naver.com

를 결정했다.

냉전 덕에 공직에 복귀한 일본 전범자들이, 역시 냉전과 한국전쟁 덕에 살아난 그들의 수하였던 한국 지배자들과 다시 만나는 건 1961년 박정희 쿠데타 직후였다. 한일국교정상화와 한국 경제개발에는 이를 자국 안보 문제와 관련한 군사전략적 관점에서 접근한 기시와 그 주변에 형성된 일본 육사와 만주군관학교 또는 만주국 관료 출신의 만주인맥이 깊숙이 개입했다. 책 내용대로라면 기시는 자신의 만주국 '후배' 또는 '제자'들이 그려낸 대한민국 또한 '내 작품'이라고 생각하지 않았을까.

일본 자민당 장기집권의 대미를 장식한 아베 신조安倍晋三 전 총리는 기시의 외손자이며, 아소 다로麻生太郎 전 총리는 요시다의 외손자다. 일본군 위안부 강제동원 사실을 부인하고, 창씨개명은 조선인들이 자원한 것이며, 한국 근대화가 일제 식민지배 덕이라는 따위의 망언을 일삼는 이들이 이른바 친한파·지한파로 알려진 만주인맥의 직계후손들이다. 그들은 조상들이 주도한 패전 전 '대동아공영권'의 제국 일본을 되찾아야 할 이상향으로 여기는 듯하다. 민주당 노다 요시히코野田佳彦 정권도 거기서 거기다. 단절 없는 연속성을 여기서도 확인할 수 있다.

일본 경제 정책을 이끌었던 故 아베 신조 전총리(왼쪽)와 아소 다로 부총리겸 재무상이 참의원 회의장에 나란히 앉아 있다(2014.09.14).

자료 : economist.co.kr

3
방송불가, 박정희-기시 노부스케 친서

⋮

　KBS 탐사보도팀이 취재한 〈훈장 2부작〉이 넉 달째 방송날짜조차 잡지 못하면서 사실상 불방수순을 밟고 있는 가운데, KBS 간부들이 방송불가와 원고 삭제를 요구한 것은 박정희 당시 국가재건최고회의 의장이 기시 노부스케에게 보낸 친서였다. 친서는 1961년 8월과 1963년 8월에 박정희 의장이 기시에게 보낸 것이다.[4]

　기시 노부스케는 1936년 만주국 산업차관을 지냈으며 태평양전쟁 시기인 1941년 상공대신으로 군수물자를 조달했고 이 과정에서 수많은 조선인을 강제동원해 죽음으로 내몰았던 전쟁범죄 책임자 중 한 명이다.

　1961년 8월 서신에서 박정희는 기시 노부스케에게 "귀하의 각별한 협력이야

📍4　김새봄(2015.11.12), 뉴스 타파, "방송불가… 박정희-기시 노부스케 친서"

학계전문가들은 해당 친서가 1965년 한일수교 과정과 그 내막을 엿볼 수 있는 자료라고 평했다.

자료 : m.ppomppu.co.kr

말로 대한민국과 귀국과의 강인한 유대는 양국의 역사적인 필연성이라고 주장하시는 귀의가 구현될 것"이라 밝히고 있다. 이 친서에 대해 남기정 서울대 일본연구소 부교수는 "기시 노부스케는 박정희와 동등한 입장에서 새로운 관계를 맺으려는 의도보단 과거 일제강점기의 만주에서의 경험대동아론이 기저에 깔려 있다"고 지적했다.

흥미롭게도 기시 노부스케와 박정희의 두 번째 친서를 전달한 사람은 박흥식이다. 친서에 박흥식 이름이 등장한다. 박흥식은 일제강점기 대표적 친일 기업인이다. 그는 1949년 반민특위가 활동할 당시 1호 체포 대상자였다. 2009년 대통령 소속 친일반민규명위는 박흥식을 친일행위자 1,006명에 포함시켰다.

또 1961년 기시 노부스케가 박정희에게 보낸 밀사로 '신영민'이란 인물이 등장한다. 신영민은 박정희의 중학교 동창으로 나올 뿐 구체적 신원이 확인된 적은 없다. 그가 65년 한일협정 막후에서 어떤 역할을 했는지 밝혀져야 할 대목이다.

이 친서는 KBS 탐사보도팀이 국내 언론으로선 최초로 촬영한 것이지만 KBS사 측은 "누구나 인터넷 검색을 하면 찾을 수 있는" 자료라며 방송불가를 고수하고 있다. 뉴스타파는 시청자의 이해를 돕기 위해 국내에서 독자적으로 촬영한 친서의 사본 전문을 공개한다.

1961년 8월, 박정희 당시
국가재건최고회의 의장이 기시
노부스케에게 보낸 친서

자료 : m.ppomppu.co.kr

다음은 1961년 8월, 박정희 당시 국가재건최고회의 의장이 기시 노부스케에게 보낸 친서 내용이다.

"근계삼가 아룁니다

귀하에게 사신을 드릴 기회를 갖게 되어 극히 영광으로 생각합니다. 귀하가 귀국의 어느 위정자보다도 우리 대한민국과 국민에게 특히 깊은 이해와 호의를 가지고 한일 양국의 백년대계를 위하여 양국의 견고한 유대를 주장하시며 그 실현에 많은 노력을 하시고 있는 한 분이라는 것을 금번 귀하가 파견하신 신영민 씨를 통하여 잘 알게 되었습니다.

동 씨는 더욱 나와는 중학 동창 중에서도 친우의 한 사람인 관계로 해서 하등의 격의라든가 기탄을 개입시키지 않은 자유로운 논의를 수차 장시간에 걸쳐서 교환하였기 때문에 어느 누구보다도 우리 군사혁명정부의 오늘까지의 시정성과와 향후의 방침과 전망에 대하여 가장 정확한 판단과 이해와 기대를 가지고 돌아가게 되었다고 확신하오니 금후에도 동 씨를 통하여 귀하와 귀하를 위요한 제현의 호의로운 협력을 기대하여 마지 않습니다.

더욱 장차 재개하려는 한일국교정상화교섭에 있어서의 귀하기시 노부스케의 각별한 협력이야말로 대한민국과 귀국과의 강인한 유대는 양국의 역사적인 필연성이라고 주장하시는 귀의가 구현될 것이라고 생각합니다.

그러면 귀하에게는 신영민 씨가 약 이순에 걸쳐서 듣고 본 우리 국가의 정치경제 군사 민정 등 제실정을 자세히 보고 설명할 것으로 알고 저는 여기서 귀하의 건강을 축복하며 각필합니다.

1961년 8월 대한민국 국가재건최고회의 의장 박정희"

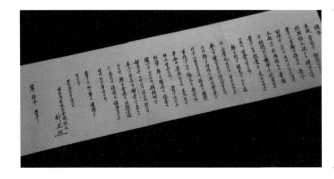

1963년 8월, 박정희 당시
국가재건최고회의 의장이 기시
노부스케에게 보낸 친서

자료 : m.ppomppu.co.kr

다음은 1963년 8월, 박정희 당시 국가재건최고회의 의장이 기시 노부스케에게 보낸 친서 내용이다.

"근계삼가 아룁니다

거반지난번 귀국을 방문한 바 있는 박흥식 씨 편으로 전해주신 귀하의 서한에 접하고 상금이제까지 회신을 드리지 못하고 있는 차에 금번 다시 박흥식 씨가 귀국을 방문하는 기회를 이용하여 귀하에게 경의를 표하게 됨을 기쁘게 생각합니다.

한일 간의 국교가 하루 속히 정상화되어야 한다는 것은 본인의 변함없는 신념입니다. 이는 한일 양국의 공동번영의 터를 마련할 것이며 현재의 국제사정하에서 극동의 안전과 평화에 기여하는 바 지대하리라고 믿습니다. 귀하께서도 항상 한일 관계의 개선에 관심을 가지시어 적극적인 노력을 아끼시지 않는 데 대하여 본인은 심심한 사의를 표하는 바이며 한일회담의 조기타결을 위하여 배전의 협조 있기를 바라마지 않습니다. 귀하의 가일층의 건승을 빕니다.

서기 1963년 8월 1일 국가재건최고회의의장 박정희

기시노부스케 귀하"

박정희가 신격호를 배려한 이유가 뭘까? 혹자는 롯데의 자본을 국내에 유입시키기 위해서라고 말한다. 그렇게 볼 수 있는 측면도 있다. 그러나 박정희와 신격호 두 사람의 관계를 자세히 들여다보면 얘기는 달라진다. 일본 우익의 거물과 만주 관동군 인맥이 이들의 관계를 돈독하게 만드는 매개체였다.

박정희, 기시 노부스케, 그리고 신격호

1961년 일본을 방문한 박정희,
기시 노부스케 전 총리 등 만주인맥과 만나
"명치 유신 지사처럼 일하겠다"고 말해 박수를 받았다.

신격호는 기시 노부스케와 가까운 사이

신격호는 '노부스케 인맥'을 기반으로
박정희 정권과의 **'롯데형 정경유착'**을 만들어 냈다.

자료 : poweroftruth.net

박정희와
기시 노부스케

Chapter 5

대한민국 전체가
지붕 없는
박정희기념관

1
박정희는 공간 디자이너

:

"기차가 천안에 이르렀을 때다. '비서실장, 저것 봐. 나무가 없잖아. 저기가 어디야?' '천안 어디쯤인 것 같습니다.' … '추기경님, 저 뚝 좀 보십시오. 대한민국이 이래요. 저 플라타너스는 전지하면 안 되는데 가지를 쳐버렸네. 비서실장, 철도청장 불러서 전지를 누가 했는지 알아보라고 해.'"

김수환 추기경이 1970년대 초 열차로 함께 내려가며 지켜본 박정희 대통령의 모습이다. 《추기경 김수환 이야기》에 나오는 얘기인데, 메모지에 4대강을 그려가며 몇 십 년은 걸릴 개발계획을 그에게도 설명해줬다. 김 추기경은 그런 모습에서 1인 장기독재를 예견했고 그래서 돌아오는 다음 날 내내 우울했다지만, 그것이야말로 짧은 이해에 불과하다.[1]

📍1   조우석(2019.02.01), 뉴스원코리아, 오피니언 조우석 칼럼 "대한민국 전체가 지붕 없는 박정희기념관"

서울대 전상인^{사회학} 교수의 신간 《공간 디자이너 박정희》_{기파랑}를 읽으니 '대한민국 전체가 지붕 없는 박정희기념관'이란 말이 현대사의 과장 없는 진실로 다가온다. 장기 집권욕이라는 추기경의 표현도 심했다. 그러나 그건 하고자 하는 일에 대한 불퇴전의 집념이 아닐까?

《공간 디자이너 박정희》 표지

자료: yes24.com

2
서울을 만든 사람도 박정희

:

그렇다고 《공간 디자이너 박정희》란 책이 결코 논쟁적인 저술은 아니다. 오히려 드라이한 연구서다. 박정희가 재임 중 국토개발의 제도적 장치는 물론 산업단지-교통인프라 건설에서 하늘길공항 물길항만까지 연 걸출한 설계자라는 걸 차곡차곡 하나하나 보여준다. 개발연대의 성취를 철두철미 국토-도시-교통에 걸친 공간정책의 측면에서 접근했다.

근대화 혁명은 곧 공간 혁명이다. 전근대와 근대를 가르는 기준은 다양하지만 양자는 공간의 관점에서 뚜렷이 구분된다. 인류는 공간 혁명을 통해 공동체적 삶에서 개인 사생활이 보장되는 이른바 '도시형 개인'으로 탈바꿈하였다. 그렇다면 한국인은 언제부터 근대적 의미의 공간을 인식하게 되었을까? 한국은 국토, 도로, 도시 발전을 어떻게 이루고 산업국가 반열에 오르게 되었을까? 그리고 언제부터 개인의 자아가 존중받는 '사생활 공간'을 확보하게 되었을까? 그 출발점에 박정희가 있다.

국토개발은 철도와 도로, 핵심 물류 인프라인 항만 및 항공교통이 서로 연결될 때 총체적으로 이루어진다. 1964년 박정희가 독일 국빈 방문 시 에르하르트 서독 수상은 다음과 같이 말했다고 한다. "국가가 발전하려면 경제적 번영밖에 없다. 경제발전은 공장만 건설한다고 되는 것이 아니다. 도로나 항만 등 사회간접자본의 기반 시설이 정비되어야 한다." 이 말에 충격을 받은 박정희는 이때 경험한 독일식 고속도로 아우토반에서 깊은 인상을 받아, 당시로서는 누구도 상상하지 못할 파격적인 발상으로 고속도로 건설을 추진했다. 당시 열악했던 우리나라의 도로교통과 일부 정치인들의 극렬한 반대 속에서도 박정희는 특유의 집념으로 2년 반만에 경부고속도로를 건설했으며 이는 '한강의 기적'을 일으키게 되었다.

박정희의 공간 디자인은 단순히 국토 발전과 고도 경제성장만을 가져온 것이 아니라 한국인의 생활양식과 문화, 사고방식도 획기적으로 변화시켰다. 그는 산업화와 도시화에 따른 주거 문제에 아파트 대량공급이라는 해결점을 제시했는데, 이는 단지 좁은 국토의 효율적인 활용 측면뿐만 아니라 개인의 자아 확보 공간을 마련해주었다는 것에 큰 의의가 있다. '아파트'는 사생활 공간을 갖게 해주었고, 이 사적 공간에서 키워진 사색과 자아 성찰은 곧 개인과 자유, 민주

1969년 4월 21일 박정희 대통령의 금화 시민아파트 준공식 시찰

자료 : salgustory.tistory.com

박정희 전 대통령은 1970
년대 국책사업으로
경주관광종합개발계획을
추진했다.

자료 : sisain.co.kr

화에 대한 열망으로 이어지기도 했다. 그뿐만 아니라 '집사람' 또는 '안사람'의
지위로부터 여성을 해방시켜 여성 인권도 신장시켰다. 자유화와 요즘 시대의 화
두인 양성평등도 곧 공간 혁명으로부터 이루어진 것이라고 볼 수 있다. 한국은
세계 역사에서 유례를 찾아볼 수 없을 정도로 사생활 공간 보장을 단기간에 이
루어냈는데, 그러한 주택정책을 체계적으로 계획하고 실행한 것이 박정희였다.

박정희는 전 국토 규모의 산업화와 근대화 프로젝트를 통해 한국의 땅과 공
간에 활기와 생명력을 불어넣었고 한국인에게 '공간'이라는 것을 선물한 전략
가이자 공간 디자이너였다. 그럼에도 지금까지 공간의 개발이나 생산, 배치 등
에 대한 박정희 개인의 혜안과 역량에 초점을 맞춘 연구는 찾아보기 힘들었다.
그 결과 발전국가의 구체적인 현장이자 가시적인 성취였던 공간 영역은 박정희
연구사의 공백으로 남아 있게 되었다. 또한 숨 가쁘게 달려온 경제와 국토 발전
사에 어두운 그림자만을 선택적으로 집중함으로써 공과를 균형 있게 다루지
못했다. 저자도 물론 국토종합개발계획관점에서 흔히 지적되는 불균형적 성장
론을 잊지 않고 언급하였지만, 그러나 박정희야말로 공간구성의 혁명이 곧 근대
화라는 것을 인식한 위대한 지도자였다는 것을 감동적으로 보여주고 있다.

이 작은 책자가 제기하는 문제는 간단치 않다. 인류사에서 근대화 혁명은 국토-도시-교통을 뜯어고치는 공간 혁명을 낳았는데, 한국에서 그걸 구현해낸 주인공 박정희의 진면목을 새롭게 보여주기 때문이다. 그래서 이 책은 박정희 연구사의 빈칸을 채워주는 저술이다. 오늘의 서울을 만든 많은 사람이 있지만, 박정희는 단연 주도적 인물이다.

박정희에게 서울은 큰 의미가 있는 도시다. 헬리콥터를 타고 서울 상공을 돌다가 시장실에 무선전화를 걸어 정릉 뒷산에 지어지는 무허가 건물의 철거 지시를 내린 것도 그였고, 자신이 잘 다니는 간선도로변에 건축 중인 건물의 높낮이에도 관심을 가졌다.142쪽

저자 전상인이 전한 이 일화가 많은 걸 함축해 보여준다. 70년대 서울시 도시계획국장을 역임한 뒤 훗날 시립대 교수로 은퇴했던 전문가 손정목의 증언도 그러하다. 보석 같은 증언집 《서울 도시계획 이야기》전5권를 남긴 그의 말에 따르면, 3·4공 당시 박정희가 직간접적으로 관여하지 않은 국정은 하나도 없는데, 서울시 행정도 예외가 아니었다.

서울 시내 그 숱한 도로의 신설 확장 또한 모두 그에게 보고된 후에 착수되었으며, 세운상가도 한강 건설도 강남 개발도 그에게 보고됐다. 여의도광장이나 잠실 개발, 도심부

《서울 도시계획 이야기》 전5권

자료 : m.blog.naver.com

박정희 비(어린이대공원)

자료 : www.junim.pe.kr

재개발, 소공동 롯데타운 등도 그의 직접 지시에 따라 이뤄졌다. 지하철 종로선도 그의 지시이고, 지하철 2호선은 그의 재가를 받은 후에 노선 자체를 변경했다.

나열하기가 숨 가쁠 정도다. 능동 어린이공원, 과천 서울대공원, 경부고속도로, 과천 신도시 건설, 그린벨트, 행정수도…. 정말 놀랍게도 이 모든 게 "누군가 건의한 것이 아니라 박정희 대통령이 직접 착상한 것"이란 게 손정목의 말이다. 그러나 이 책에서 서울 얘기는 일부다.

개발연대 산업단지 건설과 철도와 도로, 핵심 물류 인프라인 항만 및 항공교통 등 국토개발 전체를 언급하고 있는데, 이 전체를 훑어봐야 총괄계획과 박정희의 면모가 보인다. 그는 철도보다 고속도로 건설에 승부를 걸었다. 식민지 유산 철도에 비해 상대적으로 낙후됐던 도로를 염두에 둔 포석이다. 실제로 해방 직후 이 나라의 도로 포장률은 고작 0.03%에 불과했다.

그런 형편에서 단군 이래 최대 프로젝트인 경부고속도로를 2년 반의 공기 工期에 마친 것은 박정희라는 집념의 지도자를 빼곤 도저히 설명할 수 없다. 1950년대 후반 미국의 주와 주 사이 고속도로가 경제 도약과 사회통합에 기여했듯이 우리의 경부고속도로는 그 이상이었다.

3
이언주의 박정희 천재론

:

내년 7월이면 경부고속도로 개통 53주년인데, 우린 박정희를 어떻게 기억하고 있는가를 새삼 묻고 싶다. 이런 '공간 유산'을 너무도 당연시하거나, 박정희를 욕하는 우리가 과연 정상일까? 땅의 길을 연 그는 하늘 길도 함께 열었다. "전용기는 고사하고 국적기를 타고 해외에 나가보는 게 소망"이라는 박정희의 말에 당시 한진상사 조중훈은 수송보국輸送報國으로 화답했다.

그래서 적자투성이 대한항공공사를 인수해 대한항공을 개척했다. 공항-항만 능력은 무역 강국을 떠받치는 힘인데, 박정희 시절 항만 역시 빅뱅했다. 670만 톤1957에서 8,742만 톤1981으로 13배 증가했다. 한 가지, 이 책에서 돋보이는 게 아파트 이야기다.

한국에서 아파트라는 주거문화를 창출해낸 공로는 단연 박정희란 평가 때문이다. 저자의 말대로 박정희는 "한국 역사상 전 국민을 대상으로 하는 주택정책을 체계적으로 계획하고 실천한 최초의 국가 지도자"153쪽인데, 급속한 도시화에 따른 주거난을 아파트 건설로 선제적으로 해결했다. 그 사례가 1962년 착

1969년 3월 김포공항에서 열린 대한항공공사 인수식에서 조중훈 회장이 인사말을 하고 있다. 박정희 전 대통령의 권유로 대한항공을 출범시켰다.

자료 : joongang.co.kr

공한 마포아파트다.

당시엔 아파트에 대한 개념도 없고, 인기도 전무했다. 그러나 2년 뒤 그 아파트 준공식에 참석한 박정희는 그걸 '생활혁명의 상징'으로 적극 규정한 데 이어 70년대에는 아파트 대중화의 시동을 걸었다. 그 결과 집권 말기에 아파트 비율을 7%로 치솟게 만들었다.

그러더니 2018년 현재 아파트 비율은 60%, 물론 세계 최고의 수준이다. 그래서 물어야 한다. 당시 아파트 발명을 포함한 성공적인 주택정책이 없었더라도 개발연대의 빅뱅이 가능했을까? 정말 현대사의 명백한 진실을 태무심하게 보아 넘겼던 우리가 부끄러운 대목이다. 그리고 당시 왜 국가 차원의 주택 문제는 그리 심각하지 않았을까도 되새겨볼 참이다.

우리가 거주하고아파트, 이동하며도로-지하철, 제조업에 종사하며산업단지, 여가 시간에 숨 쉬고 즐기며국토, 해외로 나가는공항-항만 이 모든 게 박정희 없이는 생각할 수 없다. 그의 사후 43년인 지금까지도 그러하다. 그런 박정희를 '원조 적폐'로 낙인찍는 정치 광풍은 또 뭔가?

이 책을 읽으며 국회의원 이언주의 '박정희 천재론'이 새삼 떠오른다. 반 박정희 구호를 외치는 '역사 철부지' 운동권이 무엇 하나 역사에 기여한 게 없는 반면 대한민국이 먹고사는 거의 모든 기틀을 창출해낸 건 순전히 그의 공로라는 대긍정이 박정희 천재론이다. 연구서 《공간 디자이너 박정희》에서 박정희 천재론이 새삼 떠오르니 그게 희한하다.

"박정희는 천재" 이언주, 보수의
아이콘이 되다.
지난 2018년 10월 20일 서울
광화문에서 열린 '가짜 난민
반대 집회'에 참석해 연설을
하고 있는 이언주 의원

자료 : hani.co.kr

2018년 10월 23일엔 일요서울 티비TV가 공개한 '주간 박종진' 인터뷰 방송에서 박정희 전 대통령을 칭찬했다. "독재를 했다는 측면에서는 비판받지만 저는 박정희 전 대통령 같은 분이 그래도 역대 대통령 중에서 굉장히 천재적인 분이었다고 생각한다"며 "이런 대통령이 우리 역사에서 나타났다는 것이 우리 국민의 입장에서 굉장히 행운이었던 것"이라고 말했다.

4
박정희 편지

...

"각하께서 저보고 나와서 같이 일을 하자는 말씀 고맙게 생각되오며, 저 역시 수년 전에 각하를 처음 뵙고부터 각하를 직접 모시고 보좌의 역을 맡아보고 싶은 생각을 그친 적이 없습니다. 다만 어떠한 분야에 제가 가장 공헌할 수 있는가를 생각하여 보았습니다."

"가족까지 동반하고 고국을 다시 찾아주신 것을 충심으로 환영합니다. 체류 기간이 유쾌하고 재미있는 기간이 되시기를 기원합니다."

2016년 4월 25일자 중앙선데이에 과학의 날 49주년 특별기획 기사가 게재 됐다. 박정희 전 대통령과 재미 과학자인 김완희 컬럼비아대 교수가 주고받은 편지가 공개됐다. 한국 전자산업계의 대부인 김 박사는 당시 미국 명문 컬럼비아대 전자공학과의 종신교수로 있었다.[2]

---

2 박성민(2016.04.25), 헬로디디, "박정희 前 대통령 간곡한 편지… 재미 과학자 불러들이다"

가발·의류만 수출하던 60년대 박 대통령이 김 교수에게 '고국으로 와달라'는 내용의 간곡한 서신이 전해졌다. 누렇게 빛바랜 편지지에는 60년대 중반 박 대통령과 김 교수의 과학 입국의 고민과 안타까움·열정이 꾹꾹 담겨 있었다고 한다. 김 교수는 종신교수 자리를 포기하고 고국으로 돌아왔다. 이후 과학 불모지에서 전자산업 기초를 닦아왔다.

박 대통령은 김 박사와의 인연 외에도 역대 어느 대통령보다 과학기술 발전의 중요성을 인식하고 있다고 이 기사에서 평가한다.

1968년 7월 박정희 대통령이 김완희 박사에게 보낸 편지(왼쪽)와 1970년 1월 김 박사가 박 대통령에게 보낸 편지(오른쪽)

자료 : 국가기록원

"지난 6개월간 국내의 각 산업체·학교 등 여러 연구소를 방문 시찰하고 여러 가지로 현황을 살폈습니다. 이제는 여기서의 생활에도 자신이 생겨갑니다. 미국의 대학 직위도 완전히 사퇴할 준비를 하고 있습니다. 중략 이제는 저도 영구적인 정착된 생활을 구축하고자 하나하나 준비를 하고 있습니다. 여행을 마치고 돌아와서 인사 겸하여 보고 올립니다."

"편지 감사히 받았습니다. 가족들과 떨어져서 생활을 하게 되니 모국에서의 생활이 오히려 외국에 가서 생활하는 듯한 불편이 많을 것으로 사료됩니다. 지금 김 박사가 추진하고 있는 일들이 여러 기관과 관련이 있는 일이 많아서 여의치 않은 것이 많을 것으로 사료되어, 오원철 비서관에게 지시하여 정기적으로 청와대에 와서 오 비서관과 상의하고 김 박사께서 잘 추진이 안 되는 문제는 오 비서관의 협조와 조력을 얻어 추진하게끔 지시하였으니 오 비서관의 협조를 얻도록 하시기 바랍니다. 건승을 기원합니다."

중앙선데이가 과학의 날2016.04.21에 맞춰 60~70년대 박정희1917~1979 전 대통령과 당시 재미在美 과학자 김완희1926~2011 박사 사이에 오고 간 편지 56건을 발굴했다. 한국 전자산업계의 대부인 김 박사는 당시 미국 명문 컬럼비아대 전자공학과의 종신교수로 있었다. 아이비리그 대학교수 중 첫 한국인 교수였다. 귀인貴人을 얻기 위해서는 서릿발 같은 권위도 내려놓아야 하는 법이다. 팔 것이라고는 가발과 의류가 전부이던 60년대, 편지글 속에는 박정희 대통령이 촉한의 유비처럼 제갈량을 얻기 위해 삼고초려三顧草廬했던 간절한 심정이 담겨 있다.[3]

두 거인의 서신은 세종시 국가기록원 본원 수장고 속에 잠자고 있었다. 기록원 홈페이지의 일반 검색으로는 서신을 찾을 수 없었다. 아직 디지털 작업이 되지 않았기 때문에 검색 목록에서조차 제외됐던 것이다. 편지 56건 중에는 김 박사가 한국을 찾아 청와대에 들를 때마다 박 대통령이 '김완희 박사. 건승을 기원합니다-박정희'라고 쓴 짧은 글과 함께 1천~2천 달러씩 넣어준 금일봉 봉투도 있다. 박 대통령이 당시 과학 불모지였던 한국 땅에 꽃을 피우기 위해 해외 인재를 얼마나 소중하게 여겼는지 알 수 있는 대목이다.

김 박사는 엄혹한 유신체제하에서도 박 대통령에게 고언苦言이 담긴 편지를 허물없이 보내기도 했다. 김대중 납치사건1973.08.08이 벌어진 이듬해인 74년 1월 편지에서는 "요즈음 매일같이 여기 보도기관들이 한국에 대한 좋지 못한 기사와 뉴스를 전해 걱정이 되며, 또 각하께서 얼마나 고생하시는지 염려가 되어 다시 서한을 올립니다. 미국에서의 한국에 대한 이미지를 교정하여야 됩니다. 현대는 일개 국가가 단독으로 살아나가지 못하는 것은 잘 알고 계실 것입니

📍3　최준호(2016.04.24), 중앙선데이, "대통령의 편지, 전자공학 '제갈량' 불러들이다"

다…"라며 강대국인 미국과 좋은 외교관계를 유지해야 한다고 조언했다.

박 대통령과 김 박사의 우정은 가족들에게도 그대로 전해졌다. 56건의 편지 속에는 김 박사의 부인 노정숙 씨가 육영수 여사와 장녀 박근혜 전 대통령 등에게 썼던 편지도 들어 있다. 김 박사는 자신의 회고록《두 개의 해를 품고》1999 에서 "부부 동반으로 청와대에 들어가 박 대통령과 얘기를 나눌 때면 아내는 항상 육 여사와 별실에서 따로 환담을 했다"고 회상했다. 육 여사는 69년 12월 편지에서 "보내주신 화장품은 쓰고 있는 것이 조금 남아 있기에 아직은 사용해 보지 않았지만, 아무거나 잘 맞는 피부이니까 아마도 괜찮으리라 생각됩니다. 그러나 요즈음은 우리 국산 화장품도 아주 품질이 좋아져서 꽤 쓸 만합니다. 너무 염려 말아주시기 바랍니다"라며 평소 근검절약하는 퍼스트레이디의 모습을 비쳤다.

노 씨는 74년 3월 육 여사에게 보내는 편지에서 "지난 2~3개월간 여기 유명한 신문지상에 계속하여 우리 한국의 기사가 실렸는데 아주 좋지 않은 내용들입니다…"라며 미국의 여론을 전달하기도 했다.

노 씨는 육 여사 사후인 77년 당시 퍼스트레이디 역할을 해온 박근혜 전 대

박정희 전 대통령과 퍼스트레이디 역할을 맡은 박근혜 전 대통령이 1976년 8월 1일 청와대에서 육영수 여사의 영정을 사이에 두고 김완희 박사 부부와 함께 포즈를 취했다.

자료 : 중앙포토

"관료들 이해도 높았다면 '전자강국' 더 빨랐을 것"

● 한국 전자산업 대부 김완희 박사

"열정이 없으면 불가능했다"—신흥희 발간 '거짓의 시간 50' 서 회고

전자산업 기틀을 만든 주역 김완희 박사, 2009년 10월 30일자 전자신문에 실린 김완희 박사 인터뷰

자료 : etnews.com

통령에게도 "저희 박사님 서울 가시는 편에 속옷 몇 가지와 아버님 편하게 입으실 옷바지는 키에 따라서 재단하시기를 바라며, 그리고 지만 군께 요즘 입을 수 있는 점퍼를 보내오니 잘 맞았으면 좋겠습니다"라는 내용의 편지도 보냈다.

김종필 전 국무총리도 자신의 증언록에서 김 박사와 박 전 대통령 간 서신교환을 증언했다. 그는 "해외의 고급 두뇌를 유치하거나 일 잘하는 각료를 격려할 때 대통령의 친필 서신은 감격과 분발의 원천이었다. 박 전 대통령은 60년대 미국 컬럼비아대의 잘나가는 교수였던 김완희 박사에게 온갖 정성을 들여 서울에 초빙하고 정착시켰다. 대통령이 10여 년간 그에게 보낸 편지는 100통이 넘는다고 한다"고 말했다.

김 박사는 컬럼비아대 교수로 있으면서 66년부터 한국과 미국을 오갔다. 대통령의 특별자문과 상공·체신 및 과기처 장관 고문으로 활동하며 한국 전자산업의 기초를 닦았다. 당시 한국 정부의 전자공업 육성 기본정책을 수립한 사람이 김 박사다. 그는 10년 넘게 지속된 박 전 대통령의 귀국 요청에 78년 결국 컬럼비아대 종신교수직을 내던지고 한국으로 돌아와 전자공업진흥회 상임회장과 전자공업협동조합 이사장 등으로 활동했다. 두 사람의 서신 교환은 79년

1967년 9월 청와대에서 김완희 박사(왼쪽에서 세 번째)가 박정희 대통령에게 전자산업 진흥방안을 보고하고 있다.

자료 : etnews.com

1966년 2월 박정희
대통령으로부터 KIST 초대
소장 임명장을 받는 최형섭

자료 : sciencetimes.co.kr

10월 26일 오전에야 끝났다. 그날 오전 김 박사는 박정희 대통령에게 컬러 TV
의 국내 시판을 허락해 국내 전자업계를 살려야 한다는 내용을 담은 편지를 보
냈다. 그게 마지막이었다. 그는 그날 밤 숙박한 충남 아산의 도고온천에서 박
대통령의 서거 소식을 들었다.

　박정희 대통령은 김완희 박사와의 인연 외에도 역대 어느 대통령보다 과학
기술 발전의 중요성을 인식하고 과학자를 아낀 지도자였다. 2대 과기처 장관과
초대 한국과학기술연구원KIST 원장을 지낸 최형섭 박사는 자신의 회고록《불
이 꺼지지 않는 연구소》에서 "나는 KIST가 자리를 잡는 데 가장 큰 역할을 한
사람은 박 대통령이라고 생각한다. 설립 후 3년 동안 적어도 한 달에 한두 번씩
은 꼭 연구소를 방문해 연구원들과 대화를 나눠 연구소의 사회적 위상을 높여
주었고, 장관들의 반대에 부닥칠 때마다 방패막이가 되어주었다"고 회고했다.

Part 02

기시 노부스케

인간 기시 노부스케

1
개 요

.
.
.

기시 노부스케岸信介, 1896.11. 13~1987.08.07는 일본의 정치인이다. 농상무성장관, 제56·57대 내각총리대신을 역임했으며, 일본의 정2위국화장을 받았다. 쇼와의 요괴昭和の妖怪라는 별명으로 불리기도 했다. 본래 성씨는 사토佐藤이다.

기시 노부스케

자료 : namu.wiki

1936년에 만주국 정부의 산업부 차관이 되어 산업계를 지배하다가 1940년 귀국하여 1941년 도조 내각의 상공대신 및 군수성 차관으로 취임했다. 하지만 전후 극동국제군사재판에서 A급 전범 용의자로 3년 반 투옥되던 중에 1950년 한국전쟁 및 냉전이 시작됨으로 인해, 미국의 정책 방침은 전범국 일본 권력을 해체하는 방향에서 다시금 일본 권력을 적극적으로 사용하는 방향으로 변경되어 결국 기시는 기사회생하게 되었다. 1957년 총리가 되었으나 1960년 미일안보조약 비준을 강행하면서 대규모 군중 시위 등 혼란이 일어나자 책임을 지고 사퇴했다.

극동국제군사재판

자료 : ko.wikipedia.org

극동국제군사재판의 재판관들

자료 : ko.wikipedia.org

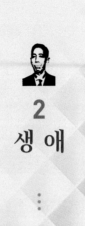

2
생 애

⋮

관료 입문에서 전쟁 종료까지

　도쿄대 출신이 보통 그렇듯이 기시 또한 중학교 때 성적은 우수했다. 그러나 영화당시엔 활동사진이라고 했음에 빠져 도쿄의 구제舊制 제1고등학교 입학시험에선 꼴찌에 가까운 성적으로 입학하였으나 이후 다시 맹렬하게 공부하여 공동수석 으로 제1고등학교를 졸업하였다. 이때 일본의 극우파로 2·26사건의 정신적 지 주였던 기타 잇키北一輝의 사상에 매료되었다고 한다.

📍1　기타 잇키(北一輝, 1883.04.03~1937.08.19)는 일본의 사상가, 사회운동가, 국가사회주의자, 파시스 트이다. 본명은 기타 데루지로(北輝次郎)이다. 천황제와 메이지 헌법, 천황주권론에 대한 혹독한 비판자였다. 기 타는 '천황의 국민'을 '국민의 천황'으로 만들고자 했으며, 국가주의, 우파사회주의적 접근법으로 일본을 개조하 려 했다. 기타에게는 천황 역시 자신의 이상을 실현시키기 위한 도구에 지나지 않았다. 천황이 현인신이라는 사 고가 팽배했던 일본 제국에서 그런 기타는 매우 특이한 사상가였다. 1936년 2월 26일 2·26사건에 관여했다는 죄목으로 처형당했다.

그 후 도쿄제국대학 법학부 법률학과에서 독일법학을 전공해 우등생으로 졸업한 뒤 정부 관료의 길을 걷게 되는데, 묘하게도 당시 엘리트들이 간다는 외무성이나 내무성, 대장성을 가지 않고 2류 부서

기타 잇키

자료 : ko.wikipedia.org

로 취급받던 농상무성으로 가서 동향의 정치인인 카미야마 미츠노신上山滿之進에게 "넌 왜 2류 부서로 갔니"라고 질책을 받기도 했다고 한다. 그러나 이후의 행보를 보면 레드오션인 대장성보다 블루오션인 농상무성을 의도적으로 택했을 가능성도 크다.

어쨌든 농상무성으로 들어가 상공관료로서의 길을 걷게 되었는데 일본이 만주를 침략하여 괴뢰국인 만주국을 세운 뒤엔 아마카스 마사히코甘粕正彦[2] 밑에서 중국인 노동자를 만주에 유치하는 사업에 참여함으로 만주국에 관여했다. 당시 대공황을 극복한 소련 스탈린의 중공업 정책 등을 모방해 일명 '만주산업개발 5개년계획'을 작성하면서 만주국 경영의 실질적인 책임자가 된다. 이때 관동군 참모장이었던 도조 히데키東條英機를 만나 절친한 사이가 되었다고 한다. 이후 1939년 상공차관으로 임명되었지만 상공대신에 새로 취임한 코바야시 이치조와 갈등을 빚었고 그 직후 일어난 소위 기획원 사건의 책임을 지고 물러나게 된다. 그러나 1941년 도조 히데키가 총리가 되면서 도조 내각에 상공대신으로 취임하고 1942년에는 중의원 선거에 당선되어 국회로도 진출하게 된다.

2   아마카스 마사히코(甘粕正彦, 1891.01.26~1945.08.20)는 일본 제국의 육군 군인이었다. 1912년 일본 육군사관학교를 졸업하고 1918년부터 헌병대에서 복무했다. 헌병 대위 시절인 1923년 관동대지진 직후 좌익활동에 가담하던 오스기 사카에 등 3명을 헌병대 본부로 끌고가 살해한 아마카스 사건을 일으키고 징역 10년을 선고받았다. 1926년 가석방되어 프랑스에 유학하였다가 1930년 오카와 슈메이를 통해 만주로 건너가 만주사변과 만주국 건국에 관여했다. 이후 만주영화협회 이사장, 만주작곡가협회 고문 등을 맡으며 문화예술 공작에 참여하였다. 1945년 일본이 패전에 가까워지고 소련이 만주국을 침공해오자 청산가리를 먹고 목숨을 끊었다.

도조 내각 상공대신 시절

자료 : namu.wiki

그러나 절친했던 도조 히데키와의 관계는 1943년에 틀어지는데 상공성을 폐지하고 군수성으로 재편한 데다 도조 자신이 군수대신이 되고 기시를 군수 차관에 임명해 불만이 생겨났다. 그러다 1944년 사이판이 함락된 가운데 도조가 난국의 타개를 위해 내각 개편을 추진하려 하자 기시가 자르려면 너도 같이 물러나야지! 하고 물귀신 작전을 펴는 바람에 결국 내각 총사퇴로 이어지게 되었다. 그러나 이후 도조가 사형을 당하자 대성통곡을 했다고 한다.

전후 전범기소에서 총리 취임까지

전쟁이 끝난 후 고향 야마구치현에 은둔해 있다가 전쟁범죄 혐의로 체포되었다. 허나 도조가 목이 달아난 것과는 달리 경제통이었던 기시나 고다마 요시오児玉誉士夫[3]는 써먹을 데가 있다고 봤는지 GHQGeneral Headquarters, 연합군 최고사령부는 도조가 처형된 다음 날에 이들을 불기소 처분하고 공직추방조치만을 취

📍3　고다마 요시오(児玉誉士夫, 1911(메이지 44년).02.18~1984(쇼와 59년).01.17)는 일본의 극우 운동가이자 CIA 요원이었다. 폭력조직 금정회(후의 도천회)의 고문이었으며 '정재계의 흑막(政財界の黒幕)', '해결사(フィクサー, fixer)', '우익의 거괴(右翼の巨魁)'라고 불린 거물이었다.

기시 노부스케와 도조 히데키

자료 : m.blog.naver.com

하게 된다. 물론 이것도 공짜는 아니었다. 기시와 고다마는 일본이 점령지에서 약탈한 보물들과 자신들만이 알고 있던 국가기밀정보를 넘기는 조건으로 사법 거래를 통해 풀려난 것이다.

이후 한동안 동양 펄프라는 회사에서 회장으로 재임하다가, 1952년 공직추방조치가 풀리면서 정계로 복귀해 자주헌법 제정, 자주군비 확립, 자주외교 전개를 슬로건으로 일본재건연합을 결성하고 1953년 중의원 선거에 임했지만, 일본재건연합이 선거에서 대패하자 일본사회당에 입당하려는 제스처도 취한다. 그러나 사회당에서 거부하자 자유당에 입당해 자유당 후보로 중의원에 당선되었다. 그러나 1954년 요시다 시게루 총리가 기시의 의사에 반하는 경무장+대미협조 정책으로 나가자 이에 반발하다 자유당에서 출당되었다.

이후 11월에 하토야마 이치로하토야마 유키오 전 총리의 조부와 함께 일본 민주당을 조직했다가 좌우분열이 극심했던 일본사회당이 재통합하자, 이에 위기의식을 느끼고 보수대연합을 주창, 자유당과 합당하여 자유민주당을 창당하기에 이른다. 창당 직후 자민당의 초대 간사장을 맡았다.

이후 1956년에 열린 자민당 총재선거에 입후보하여 1차 투표에서 1위를 차지하였으나 2차 투표에서 2위 이시바시 단잔, 3위 이케다 하야토 연합에게 7표 차로 패하였다. 순식간에 비주류 파로 밀려난 기시파 내부에선 단 한 명도 각료를 보내지 말자는 강경론과 최대한 많은 각료 자리를 얻어내자는 타협론이 엇갈린 가운데 기시는 외상으로 입각하였다. 기시의 입각은 다행이라 할 수 있었다. 2개월 후 이시바시가 뇌연화증으로 쓰러져 총리직 수행이 불가능해지자 기시는 노력하지 않고 뜻밖에 이시바시의 후계자로 지명되어 총리의 자리에 올랐기 때문이다.

전범용의자 출신의 기시가 총리 자리에 오를 수 있었던 건 무엇보다 풍부한 자금력 덕분이었다. 기시가 이시바시로부터 후계자로 지명될 당시에 이시바시 내각의 간사장이었던 미키 다케오가 기시와의 정치적 스탠스 차이에도 불구하고 찬성한 것도 기시의 풍부한 자금력과 인맥을 인정하였기 때문이었다. 당시 기시의 금맥金脈은 크게 네 가지로 분류되었다.

첫째, 철강업계였다. 기시는 알다시피 상공관료의 거두였고 나가노 시게오,

이시바시 내각, 앞줄 가운데가
이시바시 총리

자료 : ko.wikipedia.org

후지이 헤이고 등 철강업계의 실력자들과는 태평양전쟁 때부터 알고 지낸 사이였다. 둘째, 경단련, 일본상공회의소를 비롯한 경제단체이다. 일본 경제계의 집행부와도 같았던 이들 단체에도 기시의 인맥이 적잖이 포진해 있었는데 우에무라 고고로, 후지야마 아이이치로 같은 인물이 대표적이었다. 경단련 부회장, 회장을 오랫동안 역임하며 재계의 정치자금조성을 주도한 우에무라는 기시와는 농상무성 시절부터 함께 일했던 사이였다. 기시의 문경지우라고까지 일컬어졌던 후지야마 아이이치로는 일본 최대의 설탕 재벌인 동시에 일상 회장을 역임하며 '친구' 기시를 전폭적으로 지원하였다. 셋째는 닛산의 아이카와 요시스케, 구하라 광업의 구하라 후사노스케 등 기시와 동향의 야마구치현 출신 재벌들이었다. 아이카와와 구하라를 필두로 한 이른바 조슈長州 재계인들은 이토 히로부미 이래 6번째의 조슈 출신 재상을 만들기 위해 동분서주하였다. 마지막으로 넷째는 스미토모 그룹이었다. 스미토모 화학 회장이면서 사장회인 백수회白水會의 좌장이었던 도이 마사하루는 기시와 동경대학 법학부 시절부터 수석경쟁을 하며 교우를 가졌던 사이였다.

여기에 더하여 기시는 해외 유전 개발을 비롯하여 각종 이권 사업에 개입한 건 물론이고 고다마 요시오, 사사카와 료이치 등을 통하여 우익세력에도 영향력이 있었다. 그리고 후일 드러난 사실이지만 심지어 CIA로부터도 자금을 지원받았다.

총리 재임 시절

1957년 2월 25일 이시바시 내각을 이어받는 형태로 제56대 내각총리대신에 취임했다. 취임 기자회견에서 부정부패, 가난, 폭력의 삼악을 척결하고 싶다고 밝혀 삼악척결이라는 말이 유행했다. 또한 이시바시 단잔 총리의 공약이었던 1천억 엔 감세도 시행했다.

1958년 의회 해산 뒤 열린 중의원 선거에서 자민당이 287석의 과반 의석을 무난히 확보, 사실상 55년 체제로 불리는 자민당의 장기집권 서막을 알렸다. 그러나 미일안보조약 개정 과정에서 주일미군 재판권 포기 밀약 사건이 터지면서, 평소 자주외교를 부르짖던 기시의 노선과 맞

56대 총리 취임 후

자료 : namu.wiki

지 않다는 비판을 받게 된다. 이에 미국이 공식적으로 재판권 포기를 천명하라고 요구했지만 기시는 국내 여론 악화를 이유로 이를 거부했다.

의외로 알려지지 않은 사실이지만 1958년 한국에 야츠기 가즈오 특사를 파견한 적이 있다고 한다. 이때 야츠기 특사는 기자회견에서 "기시 총리는 일본 군국주의자들이 한국에 범했던 과오를 유감으로 생각하고 있다. 총리는 한일관계 개선을 위해 진정으로 노력해왔다. 이런 노력을 앞으로도 계속하겠다"는 기시의 결심을 이승만 대통령에게 전달했다고 한다. 상술되어 있듯이 도조 히데키와 절친했고 해당 내각에서 일해서 전범 혐의로 체포까지 되었던 사람이 한 말이라 진정성이 있는지는 각자 판단할 부분이지만, 립서비스든 미국의 압력에 의한 것이든 어쨌건 간에 이런 발언을 했다는 점은 이후 일본 우익들에게 써먹을 수 있다고 보는 사람도 있다.

1960년 미일안보조약을 개정한 미일안보신조약을 체결하고 이를 국회에 비준동의를 받으려 상정했지만 야당인 사회당이 강력 반발해 안보투쟁을 부르게 되었다. 안보폐기를 부르짖던 사회당이 미일안보신조약 처리를 막으려 하자 1960년 5월 19일에서 20일에 걸쳐, 중의원 본회의장에 사회당 의원들의 출입을 통제한 채로 미일안보신조약을 통과시켰다.

이로 인해 반정부 투쟁이 극에 달하자 기시는 드와이트 D. 아이젠하워 미국 대통령을 경호한다는 명분으로 극우 행동대는 물론 야쿠자들까지 모조리 동원해서 반정부 투쟁을 제압하려 했다. 그러나 이런 기시의 정책은 도리어 역효

반정부 시위를 하는 일본인들의 모습

자료 : bbs.ruliweb.com

과를 내어 1960년 6월 15일, 야쿠자가 시위대를 공격해 다수의 부상자가 발생했다. 국회에서도 폭력 사태가 발생해 국회에서는 국회로 진입하려는 학생 시위대와 이를 막는 경찰들의 충돌 과정에서 도쿄대학 여대생 간바 미치코가 압사당하는 불상사가 일어난다.

시위대가 기시 노부스케의 자택을 포위할 정도로 사태가 심각해지자 기시는 "국회 주변은 시끄럽지만, 긴자나 고라쿠엔 구장은 언제나 그대로이다. 나에게는 소리 없는 소리가 들린다"라는 실없는 농담으로 물타기를 시도했다. 그러나 전임 총리 세 명히가시쿠니노미야 나루히코[4], 가타야마 데츠, 이시바시 단잔이 기시에게 '그대가 책임지고 사퇴하는 게 좋겠소'라고 사퇴권고까지 하는 상황에 이르게 되자, 기시는 최후 수단으로 자위대의 치안출동사실상의 계엄령을 명령한다.

📍4   히가시쿠니노미야 나루히코 왕(東久邇宮稔彦王, 1887.12.03~1990.01.20)은 일본의 구황족이자 육군 군인이다. 계급은 육군 대장. 1944년 도조 히데키 후임으로서 일본 제국 부총리 겸 총리 권한대행직을 이행하며 히로히토의 섭정을 잠시 지냈고 1945년 8월 17일부터 1945년 10월 9일까지 일본 황족으로서는 유일한 일본 제국의 제43대 내각총리대신을 지냈으며 전후 일본의 첫 내각총리대신이다. 제2차 세계대전 이후에 패전 처리 내각으로서 헌정 사상 처음이자 마지막으로 황족 내각을 조성하였으며 연합국에 대한 항복 문서의 조인, 육·해군의 해체, 복원의 처리를 실시하였다.

그러나 방위청 장관 아카기 무네노리가 이를 거부했고, 시위대는 수상관저를 포위해 기시와 친동생 사토 에이사쿠가 봉변당하기 직전의 위기까지 몰리기도 했다. 그러나 이 모든 사태의 발단이 된 미일안보신조약은 자동으로 성립되었고 국회 비준 뒤에 쇼와 덴노가 서명함으로써 마무리되었다. 이후 기시는 이 모든 사태의 책임을 지고 7월 15일 내각이 총사퇴했다.

총리 퇴임 이후

총리 퇴진 이후에는 1963년 자신의 지역구인 야마구치 제1구를 사위인 아베 신타로安倍晋太郎에게 넘겨주었다가 낙선되자 야마구치현에서의 영향력이 감소된 것이 아니냐는 평을 받았다. 그러나 기시는 자신의 동생 사토 에이사쿠와 함께 야마구치 1구의 슈토 에이유 의원의 후원회장이던 후지모토 만지로를 직접 영입해 아베 신타로의 후원회장을 맡게 하여 1967년 선거에서는 기어코 당선시켰다.

1969년 중의원 선거에서는 측근의 비서를 맡고 있던 인사가 자민당에서 공천을 받지 못하고 무소속으로 이시카와 1구에 출마하자, 지원 요청에 응답하여 당선에 도움을 주었다. 참고로 이때 당선된 사람이 훗날 총리가 되는 모리 요시로森 喜朗였다.

아베 신조의 어린 시절 가족사진. 아베 신조(앞줄 가운데)가 외조부 기시 노부스케의 무릎 위에 앉아 있다. 앞줄 맨 오른쪽은 부친 아베 신타로

자료 : economychosun.com

1972년에는 친동생인 사토 에이사쿠가 총리에서 물러나자 헌법개정을 목표로 은밀히 총리 복귀를 노리기도 했다. 그러나 소위 각복전쟁角福戰争, 가쿠후쿠센소이라 불리는 70~80년대 자민당 내 권력투쟁에서 자신의 직계이자 대리로 내세운 후쿠다 다케오福田赳夫가 자민당 총재선거에서 사토의 후계자 격인 다나카 가쿠에이田中角榮에게 패하자 낙담하고 만다.

한편, 과거 만주인맥을 활용해 만주군 경력이 있는 당시 한국 대통령 박정희와 인연을 맺어, 이후 1965년 한일수교 당시 기시를 비롯한 기시 휘하의 '만주국 라인'이 막후에서 역할을 하기도 했다. 한일수교는 양국이 공산권에 대항하는 구도로 양국에 하루빨리 수교를 맺으라는 미국의 압력이 가장 컸으며, 일본의 자본과 기술에 한국의 노동력을 결합하면 매우 가난한 한국의 경제발전에 큰 도움이 된다는 해외 경제기관들의 조언도 있었다. 실제로 일본에서 기술진들이 건너와 자국에서 한물간 상품들의 기술 전수를 하였고 많은 일본 자본을 투자하고 무엇보다 일본이 만든 소재와 부품을 가공해 미국에 파는 식의 구조가 확립되어 이는 1980년대까지 이어지게 된다. 이것이 가마우지 경제이며 당시에는 '통과경제'로 불렸다. 이러한 공로를 인정받아서 한일수교 5년이 지난 1970년 6월 18일, 박정희 정권은 기시 노부스케 등 70여 명에게 한일수교의 공로로 '수교훈장 광화장'을 수여했다. 기시는 수교훈장 중에서 1등급인 광화대장을 받았고, 고다마 요시오는 2등급인 광화장을 받았다. 수교훈장은 우방

1970년 6월, 기시 노부스케에 훈장을 수여한 박정희 전 대통령

자료 : 뉴스타파 영상 캡처

과의 친선에 공헌이 뚜렷한 자에게 수여하는 것이다.

10·26사태로 암살당한 박정희의 국장 때에도 참석하였다. 당시 한국의 주류 언론들은 기시 노부스케를 '친한파'로 다뤘다. 물론 여기서 말하는 '친한파'는 국제정세 및 냉전 안보 등의 이유로 한국 정부와 밀접한 교류를 한 정치·외교적 의미에서의 '지한파'를 의미하는 것으로, 과거사에 대한 진지한 반성이나 참회는 당시에는 고려 대상이 아니었다.

정계 은퇴 이후

1979년 중의원 해산을 계기로 정계를 은퇴하고 보수 논객으로 활동했다. 1979년 정계에서 은퇴, 1981년부터 정미소에서 소일을 하던 기시 노부스케는 전면에는 나서지 않았지만 그의 후대를 육성한

1984년 통일교 회의장에 모습을 나타낸 적이 있다.[5]

자료 : namu.wiki

다. 그가 바로 아베 신조 전 일본 총리다.

기시 노부스케 전 수상은 이미 1970년 4월 통일교회를 방문했고, 이후 자민당 내 통일교를 정치 세력화시키고, 국제승공연합을 자민당의 정치적 목적에 이용하게 된다. 전국영감상법대책변호사연락회 회장 야마구치 변호사는, "통일교의 정치 세력화는 기시 노부스케 전 수상 때부터 시작했는데 일본의 A급 전범용의자 출신 사사가와 료이치가 다리 역할을 했다"고 밝혔다.

기시 노부스케는 이후 1987년에 사망했다.

📍5　이 시기 일본에서 교세를 한창 확장하던 통일교의 뒤를 밀어준 사람이 기시였다.

사망 몇 개월 전 기시(맨 좌측),
중간은 아베 신조, 맨 우측은
외손자이자 양손자인 기시
노부오

자료 : namu.wiki

3
여 담

- 순국7사묘의 비문碑文을 작성한 장본인이다.
- 2012년 아베 신조 내각 출범 이후 일본이 우경화 행보를 보이자, 아베의 외할아버지로서 한국 언론에도 종종 언급되고 있다. 물론 'A급 전범'이라는 수식어는 꼭 붙는다. 2010년대 중반 방영한 PD수첩에서는, 아베 신조의 강경 우익 행보가 그의 외할아버지인 기시 노부스케와 아베가 평소 존경한다고 밝힌 요시다 쇼인의 영향을 크게 받은 것 같다고 진단하기도 했다.
- 우연이라면 우연이지만, 이토 히로부미와 동향이다. 이 때문에 그의 선배인 "이토가 한국에 저지른 과오를 씻기 위해 노력해야겠다고 마음먹고 있다"고 밝히기도 했다고 한다. 물론 현 일본 우익의 원조격인 그가 진심으로 이런 생각을 가졌는지는 의문이긴 하지만, 훗날 그의 외손자인 아베 신조가 침략 사실을 부정하고 일본을 우경화의 바다로 이끈 가운데 수십

庭園ギャラリー
Garden Photo Gallery

○○○○○○○○○●○○○○○○

東山旧岸邸について

「東山旧岸邸」（ひがしやまきゅうきしてい）は昭和の戦後に内閣総理大臣を務めた**岸信介**が晩年を過ごすため1969年に建てられた別邸。その設計を昭和を代表する建築家・<u>**吉田五十八**</u>が担当、庭園はホテルニューオータニの日本庭園などを手掛けている<u>**岩城亘太郎**</u>による作庭。2021年7月に新たに国登録有形文化財に答申。

あわせて訪れた『秩父宮記念公園』からは1km強。前々から行きたいなーと思っていたのですが、ようやく初訪問――そして本当に素晴らしい場所だった！

第56・57代内閣総理大臣を務めた岸信介は戦前から旧満州国の経営に携わり、戦後は日米安保条約の改定に尽力するなど長年要職を務め上げた政治家。ちなみに現在の安倍晋三首相は岸の孫にあたります。
岸の晩年は亡くなるまでの17年もの間、この御殿場の別邸で過ごしました。2003年に長女の安倍洋子（安倍首相の母親）により御殿場市に寄贈され、2005年より一般公開が始まりました。

년 전 외할아버지가 어찌 됐든 립서비스로나마 의미가 있다고 할 수 있겠다.

· 아들 기시 노부카즈가 있었으나, 소아마비로 활동을 별로 하지 못했고 자녀도 없어, 외손자이며 아베 신조의 동생을 양자로 삼아 기시 노부오라 하여 가문을 잇게 하였다.

· 말년에 그가 살았던 시즈오카현 고텐바의 별장이 아직까지도 보존되어 일반인에게 공개 중이다. 근대 다실 건축의 명장 요시다 이소야吉田五十八의 대표작 중 하나로 평가받는다.

· 코드 기아스 반역의 를르슈에 등장하는 키리하라 타이조의 모델이 되었다는 의견이 있다.

· 거물 우익, 픽서였던 야쓰기 가즈오, 사사카와 료이치, 고다마 요시오 같은 인물들을 이야기 할 때도 빠짐없이 나오는 것이 기시 노부스케와의 관계이다. '쇼와의  《쇼와의 요괴》 표지

자료 : m.blog.naver.com

요괴'라는 별명에 걸맞게 기시는 양지, 음지를 가리지 않고 방대한 영향력을 행사하였다.

· 한일수교 외에도 인도네시아, 베트남, 태국 등의 국가에 대한 태평양전쟁 관련 배상 문제, 해외 유전 개발 등에도 관여했다고 알려졌다.

· Hearts of Iron IV의 모드 The New Order: Last Days of Europe에 등장한다. 일본에서는 50년대에 죽은 다이리가 살아서 지금도 항일투쟁을 하고 있다는 음모론이 계속 떠도는데, 쿠데타로 총리대신이 된 기시 노부스케가 이를 빌미로 명령 44호를 내려 일본판 장검의 밤을 일으킬 수 있다.

1969년 기시 노부스케(중앙) 전 총리와 만난 신격호 롯데그룹 회장

자료 : bobaedream.co.kr

- 야마자키 도요코의 소설에서는 이와오 총리로 등장한다. 동생 사하시 총리, 그리고 가마쿠라의 사나이와 결탁해서 일본의 석유이권을 장악하고 주무른다.

- 친일파 정치깡패였던 박춘금하고도 잘 아는 사이였다고 한다.

- 버터 바른 군고구마를 별미로 즐겨 먹었다고 전해진다.

- 박정희 전 대한민국 대통령 말고도 친분이 있는 한국인들이 꽤 많았는데, 그중에는 롯데그룹 창업주인 신격호 회장도 있었다. 신격호 회장은 기시 노부스케뿐 아니라 사토 에이사쿠, 아베 신타로와도 친하게 지냈으며, 대를 이어 신격호의 차남 신동빈 회장도 아베 신조 전 일본 총리와 친구처럼 친하게 지낸다.

- 다른 형제나 친척들에 비해 기시 노부스케와 본인의 자녀들은 장수했다. 기시 노부스케 본인은 90세에 사망했고, 장남인 기시 노부카즈는 소아마비로 활동도 별로 못 했지만 의외로 장수해서 96세에 사망했으며, 현재 유일하게 살아 있는 자녀인 장녀 기시 요코도 1928년생으로 현재 93세로 장수 중이다. 정작 기시 노부스케의 친동생 사토 에이사쿠 전 총리는

1948년 12월 24일
스가모 감옥에서 석방된
기시 노부스케에게 당시
관방장관이었던 친동생 사토
에이사쿠가 담뱃불을 붙여주고
있다. 사토 에이사쿠도 총리
시절인 1975년 5월 19일
요정에서 갑자기 쓰러졌는데,
이와 관련 독살설이 끊이지
않았다.

자료 : wikiwand.com

1975년 74세의 나이로 먼저 사망했으며, 기시 요코의 남편이자 아베 신
조의 아버지인 아베 신타로는 장인 기시 노부스케가 사망한 지 4년 만에
췌장암으로 67세의 나이에 사망했다. 사토 에이사쿠의 차남이자 기시에
게는 조카인 사토 신지 역시 2016년 84세의 나이로 먼저 사망했다.

만주의 **요괴**

1
최후의 거물

만주인맥이란 만주국에서 형성된 우파세력의 명칭이다. 그들은 전후에도 일본정치에 커다란 영향을 미쳤다. 만주국의 실질적 지배층이었던 일본인 고위관료와 당시 대륙우익, 만철조사부의 관계자 등이 그 모체다. 2.26사건에 관여해서 좌천된 군인이나, 공산주의자에서 전향한 사람도 많았다.

전 만주국 총무청 차장 후루미 타다유키古海忠之[1] 전 도쿄 도매센터 회장은 기시 노부스케가 만주시대, 정치적으로 어떠한 행동 양식을 보였는지 묻자 다음과 같이 대답하며 증언을 거절했다.[2]

그거야 말할 수 없지. 에피소드는 많이 있지만, 글로 표현해서는 곤란한 이야기뿐이거든. 굳이 표현하면 기시 씨가 가엾으니까. 나는 기시 씨에게 대단히 가까운 부하였거든.

📍1 후루미 타다유키(古海忠之, 1900.05.05~1983.08.23)는 1924년 도쿄대학 법학부 졸업, 일본 재무관료, 만주국 관료, 사업가, 도쿄 출생. 그의 처남은 요시테루 코가네이다. 그의 장남은 Kenichi Hoorumi(International Good Neighbors Association의 회장, 전 도쿄 은행 전무 이사)이다.

📍2 岩見隆夫(1999), 岸信介 昭和の革命家, 人物文庫

후루미는 대장성^{大蔵省}에서 파견되어 1932년, 건국 후 얼마 안 되어 만주로 건너가서 13년간의 짧은 운명을 같이하고, 만주국의 지는 해를 마지막까지 지켜본 고급관료 중 한 사람이다. 1945년 시베리아에

후루미 타다유키

자료 : d.hatena.ne.jp

억류, 그 후 중국에 넘겨져서 18년간의 구금생활을 보내고 1963년에 귀국했다.

이어서 기시 노부스케에 대하여 후루미는 "보통 사람의 눈으로 보면 기시 씨는 외모는 수재형이고, 우수한 관료정치가로 비칠지 모르지만, 본질은 대단한 정치인이지요. 사물을 생각할 때, 결코 사무적으로 생각하지 않고, 반드시 정치적으로 생각하는 사람이지. 그리고 두목 기질로 남을 잘 보살펴주는 사람이야. 그 때문에 손해도 보고 있어. 예를 들면, 대만이나 한국의 문제도 그렇고, 자신의 이익을 도모하고 있는 부하들이 기시 씨 주변에 많이 모이는 일도 있지. 기시 씨는 그러한 것을 충분히 알고 있음에도 불구하고, 일일이 요란하게 말하는 일은 없어. 대만이나 한국과 관계가 끊어지지 않고 있는 것도, 부하들 탓이지. 잘 돌봐준다고 하는 점에서는, 예를 들면 후쿠다 다케오^{福田赳夫} 씨에게 무언가 해주려고 기시 씨가 예사롭지 않은 정열을 기울여왔다고 하는 일이 있지. 일부 사람들은 잘 알고 있는 일이지만, 후쿠다 씨에게 상당한 돈을 계속 흘리고 있어. 돈을 뿌린다고 하는 점에서는, 세상에서는 이러쿵저러쿵 말하는 사람이 많은 것 같지만 판단이 틀렸어. 그러한 의미에서는 깨끗한 사람이라고 하기보다 훌륭한 사람이지"라고 말했다.

또 다른 증언자 A는 인터뷰 다음 날, 다음과 같은 전화를 걸어왔다.

어제 말한 다음, 여러 가지 생각해보니 나도 기시 씨에게 사정이 나쁜 것을 일일이 이야기해버렸어. 기시 씨라고 하는 사람은 돈 문제나 사정이 곤란한 일이 씌워지는 것을 대

일본 전쟁 범죄자로 재판을
받고 있는 후루미 타다유키

자료 : sohu.com

단히 싫어하는 사람이라. 나는 전후戰後의 기시 씨와는 관계없다고 말했지만, 지금의
사업에서도 실은 여러 가지 관계가 있으므로… 그러니까 내 이름은 절대로 드러내지 않
았으면 좋겠어. 그렇지 않으면, 사업이 끝나버려. 만주시대 때 지인 두 사람도 '너도 뭔가
들은 적 있는가'라는 둥 급하게 전화를 걸어온다거나 하고 있어서…."

A는 만주에서 기시의 부하라고만 해두자. 후루미와 A의 말은 '만주시대의
기시'를 이야기한 많은 증언의 보잘것없는 단편에 지나지 않지만, 40년 전 이국
에서의 사건이 지금에 와서도 술술 말할 수 없는 데에 예사롭지 않은 것을 느
끼지 않을 수 없다. 아무리 케케묵은 베일이더라도 벗기기 어렵다는 것을 알면,
더한층 벗겨서 그 속을 들여다보고 싶은 욕구는 억누를 수 없는 것이다.

앞의 신문 인터뷰에서 기시는 한일 양국 간의 '검은 의혹', 소위 유착癒着 문
제에 대해 질문을 받으면, 버럭 성을 내면서 이렇게 되받아치고는 했다.

유착, 유착이라고 말하는데, 친밀한 관계는 있어요. 그것은 부정하지 않지. 교류는 있지
만, 뭔가 그것을 이권적인 의미로 해석한다거나 금전 그 밖에, 뭔가에 의해서 말이지요.

박정희-기시의 '검은 유착'은 오늘날 일본 혐한론에도 영향을 주고 있다. 일본 국회의원들이 1975년 청와대에서 기시 노부스케 전 일본 총리가 기증한 잉어를 연못에 방류하고 있다.

자료 : hankookilbo.com

그 관계가 얽혀 있는 일은 전혀 있을 수 없고, 그렇다고 없다는 것을 증명할 수도 없으니까 말이지…

부정의 사실이 있다면 여하튼, 소문만으로 계속해서 공격을 당하더라도 알리바이를 증명할 수가 없다고 기시는 말하고 싶은 것이다. 그러나 1976년 이래의 록히드 사건을 경험할 것까지도 없고, 정치가의 결백선언은 신용력을 잃고 있다. 다나카 가쿠에이田中角榮도 같은 취지의 것을 말한 적이 있다.

록히드 사건[3]의 경험으로 국민들 측은 '총리대신의 범죄'라는 충격에 부딪힌 후로, 더욱 그 밑을 알 수 없는 심연이 감추어져 있는 듯한 기분이 들어 하는

📍3 록히드 사건(Lockheed bribery scandals)은 미국의 방위산업체인 록히드에서 1950년대 후반부터 1970년대까지 항공기를 팔기 위해서 여러 나라에 뇌물을 뿌린 일련의 사건이다. 이 사건은 서독, 이탈리아, 네덜란드, 일본 정치계에 큰 영향을 주었다. 이 사건의 영향으로 L-1011 트라이스타의 실패로 위기에 빠졌던 록히드가 파산 일보 직전까지 갔다. 미국 정부는 1971년 록히드에 보석을 선고하였고, 회사에서 받은 은행 대출 1억 9,500만 달러의 지급을 보증하였다. 연방 긴급 대출 자문 위원회에서는 이 과정을 조사하기로 하였고, 록히드가 정부에 해외 지불을 숨기고 있는지 조사하였다. 1975년 후반과 1976년 초반 미국 상원의원 프랭크 처치에 의해서 시작된 조사에 따르면 록히드 이사회는 군용기 계약을 위해서 록히드에 우호적인 국가에 뇌물을 지불하였다고 한다. 1976년 '세기의 계약'이라고 불리는 록히드 F-104 스타파이터를 포함한 항공기 판매를 위해서 록히드가 2,200만 달러의 뇌물을 제공하였다고 하였다.

1976년 일본 검찰에 체포되는
다나카 가쿠에이 전 총리

자료 : segye.com

수 없었다. 지금의 일본 정치는 '없다'라고 완전 부정할 수 없을 만큼 의혹이 깊어져가는 불행한 상황 속에 있는 것이다.

다나카 체포1976.07.27는 전후 보수 정치의 막을 끌어내릴 만큼 획기적인 사건이 되었는데, 또 한 사람의 총리대신 경험자, 기시 노부스케는 전후파戰後派인 다나카와 달리 전전戰前에서 전후의 국가경영에 직접 참여하고, 다나카보다 훨씬 일본의 운명에 연관을 갖는 거물이라고 할 수 있다. 책임의 막중함, 경력의 다채로움에 있어서 기시는 이의 없이 생존할 정치가의 필두이며, 제2차 세계대전 및 태평양전쟁 전후의 정치에 남긴 기시의 족적을 점검하면, 요시다 시게루吉田 茂의 그것을 능가할지도 모른다. 이케다 하야토池田勇人[4], 사토 에이사쿠佐藤榮作[5]와는 비교도 안 된다. 어느 쪽인가 하면, 양성적인명랑하고 적극적인 다나카 가

───

[4]　이케다 하야토(池田勇人, 1899.12.04~1965.08.13)는 일본의 대장성 관료이자 정치가이다. 중의원(7선), 대장대신(제55·61·62대), 통상산업대신(제2·7·19대), 경제심의청장관(제3대), 제58·59·60대 일본 내각총리대신을 지냈으며, 19세기에 태어난 마지막 수상이다.

[5]　사토 에이사쿠(佐藤榮作, 1901.03.27~1975.06.03)는 일본 정치인으로, 제61·62·63대 내각총리대신을 지냈다. 전 수상 기시 노부스케와는 친형제 관계이며, 전임 수상 요시다 시게루와는 친인척 관계이다. 자유민주

이케다 하야토(왼쪽), 사토
에이사쿠(오른쪽)

자료 : jwiki.kr
자료 : ko.wikipedia.org

쿠에이는 사저에 직접 지폐 뭉치를 반입한다고 하는 무모함을 저질러 시원스레
마각을 드러냈다.

그런데 정말로 가정의 이야기이지만, 기시가 정치범죄에 연루되어 있다고 하
더라도, 다나카보다는 훨씬 두뇌적으로 주의 깊게, 발각의 가능성은 극히 작았
음에 틀림없다. 만일 발각되었다고 하더라도 확실하게 대의명분이 준비되어 있
을 것이다. 그것은 반세기에 걸치는 정치 역사 속에서, 기시가 몇 번이나 위험한
다리를 무사히 건너고, 도조 전시내각의 상공대신, 군수차관을 역임하면서 전
쟁범죄인의 중죄를 모면하는 데 성공하고, 전후에도 정치적 영향력을 유지하고
있는 초인적인 인성toughness과 계획적인 처세술로부터의 연상이다.

그러나 어쩌면 세간의 소문 쪽이 허상일지도 모른다. 기시와 관계가 깊었던
사람의 대부분이 증언하듯이, 만일 기시가 오해를 살 만한 것의 많은 부분이
의로운 사람의 일이라면, 그 오해만은 빨리 풀지 않으면 국민적인 불행인 것이

당에서 유일하게 4번이나 총재로 뽑혔으며, 총리 재임기간은 역대 총리 중 2위, 연속 재임기간은 역대 총리 중
두 번째로 긴 7년 8개월(2,798일)이라는 기록을 세웠다. 퇴임 후 1974년에 "핵무기를 만들지도, 갖지도, 반입하
지도 않는다"라는 비핵 3원칙을 내세운 공로로 노벨 평화상을 수상했다. 하지만 뒤로는 비밀리에 독일에 핵무
기 공동개발 의사를 타진했다.

기시 노부스케 전 수상과
함께. 1978년 후루미의 저서
《잊을 수 없는 만주국[6]》
출판기념축하회에서

자료 : kyoyamayuko.haten-
ablog.com

다. 왜냐하면 두 사람째의 '실격재상失格宰相'을 역사에 남기는 것은 아닌가 하는 불명예스러운 예감 속에서 지내는 것만큼 불쾌한 일은 없기 때문이다.

　베일을 벗기고 싶다고 하는 엿보기 취미뿐만 아니라, 솔직히 말해서 어떤 시기의 일본의 운명을 짊어졌던 인물을 이해하지 못하고 역사를 이야기할 수는 없다. 그러한 분발심도 있어서 정치가 기시 노부스케의 인간 연구에 많은 사람이 달라붙었다. 그러나 전후의 기시를 정확하게 보족補足하는 것은 극히 곤란한 일이다.

　증언자들은 기시의 한 면은 즐겁게 말했지만, 다른 한 면에 대해서는 굳게 입을 다물었다. 그것은 기시가 지금도 여전히 은연중에 정치력을 잃지 않고 있다는 것의 증명이기도 하다.

---

⑨6　《忘れ得ぬ満州国》(古海忠之, 経済往来社, 1978年)

2
현대의 일본을 이해할 수 있는 보수적 DNA

우리에게는 일제강점기의 쇼크가 너무도 컸던 탓인지 해방 이전의 한국과 해방 이후 사이에는 매우 큰 단절 혹은 높은 장벽이 존재하는 것 같다. 이러한 단절로 인해 해방 이전을 쉽게 '근대'로 그리고 해방 이후를 '현대'로 규정하도록 자극하기도 한다. 물론 일본의 경우에도 패전 이전과 이후 사이에는 정치·군사·역사·문화적으로 매우 큰 차이가 있다. 이러한 차이에 대한 인식과 관련하여 일본의 우파들은 패전 이후의 체제를 '전후체제'·'패전 후'·'전후'라 규정하고, 이 '전후'를 전전적인 문제의 결과 혹은 해결이 아니라, '지양' 혹은 '부인'해야 할 대상으로 규정·선언·인식하고 있다. 즉, 이들은 '전후체제'가 일본의 주체적인 선택이 아닌 외부적으로 강제·이식된 것이라고 규정하고, 자신들의 손으로 직접 재정의·재구축하려 시도하고 있는 것이다.[7]

---

⑦7   노병호(2015), 쇼와의 요괴 기시 노부스케의 보수적 DNA와 아베 신조의 집념-정치적·사상적 계승관계

이러한 시도는 '전전'과 '전중'과 '전후' 혹은 '현대'를 동시에 고려해야 하는 통시적인 성격을 갖는 것이라는 점에서 우리의 접근도 보다 중층적·통시적으로 이루어져야 할 것 같다. 즉, 일본의 우경화 문제를 단지 21세기 현재의 일본 현대사라는 한정된 시점에서 분석하는 것은 많은 한계를 갖는다.

이와 관련하여 강상중姜尚中과 현무암玄武岩에 의해 쓰인《흥망의 세계사 대일본·만주제국의 유산》興亡の世界史 大日本·満州帝国の遺産, 講談社, 2010;《기시 노부스케와 박정희》(책과함께, 2012)은 시사하는 바가 크다. 이 책에 따르면 전전의 기시 노부스케는 만주국의 실제적인 최고 실세로서, 만주국을 군부 엘리트와 관료, 닛산日産과 같은 일본 재벌이 지배하는 철저한 중앙 통제형 개발독재체제의 실험실로 만들었고, 경제개발 5개년계획식의 계획경제를 추진하였으며, 수출 주도, 농촌 진흥, 중화학공업 육성 정책 등을 통해 전후 일본의 압축적 정치·관료 주도의 성장전략의 기준을 마련했다는 것이다.

전후의 기시 노부스케는 1950년대 후반 일본의 수상이 되어 요시다 시게루吉田茂에 이어 '보수적인' 그러나 미국 의존적인 전후 정치의 틀을 완성했다. 현재까지도 이어지고 있는 자민당의 체질을 만든 장본인이다.

요시다 시게루

자료 : namu.wiki

제90·96·97·98대 내각총리대신으로 2020년 8월까지 총리직을 맡으며 일본 역사상 최장 임기의 내각총리대신이 된 아베 신조에게 기시 노부스케는, 아베가 어릴 때부터 "일본의 장래를 심각하게 고민했던 진지한 정치가"安倍晋三,

에 대한 비판적인 고찰, 신진연구자지원사업 과제신청 연구개요, 한국외국어대학교(글로벌캠퍼스)

아베 신조 전 일본 총리(오른쪽)가 어린 시절 외할아버지인 기시 노부스케 전 총리의 품에 안겨 찍은 사진. 왼쪽은 형인 아베 히로노부 미쓰비시 상사 패키징 사장. 기시·아베의 '정치적 DNA'… 역사는 반복될까.

자료 : segye.com

《美しい国へ》, 文芸春秋, 2006로 인식되었다. 이렇게 아베에게 각인된 기시 노부스케는 아베가 정치인이 되고자 했을 때, 아베가 그의 정치적인 색깔을 선명히 하려 할 때, 보수적으로 일본의 미래를 그리려 할 때 의식적·무의식적으로 지속적으로 의거하지 않으면 안 되는 '존재론적인 조건'이라는 점에서, 현대 일본을 이해하기 위한 실마리라고 할 수 있다. 이를 위해서는 아베 신조의 본질을 밝힘과 동시에 이의 단서로서 기시 노부스케의 정체를 명확히 해야 한다.

이러한 관점에서 보았을 때 현대의 일본 정치를 이해하기 위해서는 기시 노부스케가 동시에 고려되어야 한다. 다시 말하면 아베 신조의 '집착'으로 상징되는 현대 일본의 우경화를 이해하기 위해서는 아래와 같은 기시 노부스케에 대한 연구가 필수적으로 선결되어야 한다.

- 기시 노부스케의 국가주의와 아베 신조의 국가주의
- 기시 및 아베의 정치적인 현실주의
   A급 전범에서 친미 우파로 전향한 기시와 아베 신조의 미일동맹 중시
- 기시 노부스케의 정치적 자산을 계승한 아베 신조

기시다 후미오(岸田文雄) 일본 총리가 일제 패전 이후 전쟁 포기를 규정한 평화헌법 시행 75년을 맞은 올해 개헌 의지를 강하게 드러내면서 자위대 보유 정당화 추진 속내를 드러냈다. 일본 국민 절반 이상이 개헌에 찬성하는 여론을 활용하려는 것으로 풀이된다 (2022.05.03).

자료 : biz.sbs.co.kr

- 전후 평화헌법을 개악하려는 열망의 근원
- 양자의 혈연적인 계승관계

즉, 현대의 일본 정치에 대한 연구와 이의 모델로서의 기시 노부스케에 대한 개별적·교차적 연구, 전전과 전후를 기계적으로 구분하지 않고 통시적으로 접근할 필요가 있다. 그렇게 함으로써 현대 일본 정치의 '현상'과 '현재'만을 직시·우려·대응하고, 이를 '극우' 혹은 '망언'으로 경시 혹은 과대평가하여, 실제적·현실적으로 현대의 일본 정치가가 미치는 영향력의 내용과 크기를 객관화하려 하지 않는 우리의 학문적·실제적인 문제점을 미약하게나마 보완 혹은 해소해줄 수 있을 것이다.

3
만주에 대한 야망

만주경영의 목표

1932년 3월 1일, 건국의 기치를 내건 만주국은 먼저 재정제도의 확립에 매진하지 않으면 안 되었다. 형식적으로는 만주인중국인의 국가로서 발족하여 국무총리를 비롯해서, 일본에서 말하자면 각 성의 대신에 해당하는 각 부 대신에는 모두 만주인이 배치되었지만, 실권은 일본인인 각 부 차관이 장악했다. 또한 사실상 국무원을 콘트롤하는 총무청의 장관에는 건국 당초부터 일본인 관리가 앉고, 초대는 관동군 특무부장으로부터 수평 이동을 한 고마이 도쿠조駒井德三[8]이다.

> 📍8　고마이 도쿠조(駒井德三, Komai Tokuzo, 1885.06.10~1961.05.13)는 만주국 국무원 총무국의 첫 번째 수장이었다. 그는 시가현 쿠리타구(현 쿠사쓰시)의 도키와 마을에서 의사 고마이 도쿠츠네의 둘째 아들로 태어났다. 교토 현립 니추의 삿포로 농업학교에서 예비 과정을 공부한 후, 1911년 삿포로에 위치한 도호쿠 제국대학 농업대학 농업학부 농업경제학과를 졸업했다. 1912년 8월, 남만주철도회사에 합류하여 지구 부서에 배정되었다.

그 무렵은 예산제도조차 정비되어 있지 않아, 정부의 조세수입은 모두 발족된 지 얼마 안 된 만주중앙은행의 개인명의 구좌로 맡겨지고 있는 상태였다. 게다가 치안이 나쁘고 조세의 전부가 중앙정부에

호시노 나오키

자료 : ko.wikipedia.org

도착하는 것이 아니라 자주 지방의 군벌에 착취되고 있었다.

더욱이 통화는 내외공사內外公私가 뒤섞여서 실제로 수십 종에 이르렀고 국가경영의 기반은 빈약하기 그지 없었다. 이 때문에 만주국 정부를 당시의 군사용어로 '내면지도'하는 입장에 있던 관동군은, 도쿄의 대장성으로부터 유능한 스탭의 파견을 요청했다. 구수협의鳩首協議 끝에 대장성은 호시노 나오키星野直樹[9] 등 9인의 파견을 결정했다.

도쿄로부터 신징新京, 현재의 창춘까지 조선을 경유해서 배와 철도를 갈아타고 거의 3일이 걸린다고 하는 사실로부터 역시 이국만리였다.

호시노는 만주 파견의 인선에 즈음해서 의견을 구했을 때, "한 나라의 대장성이 남의 나라로부터 재정을 도와달라고 의뢰를 받는다고 하는 것은 보통으로 있을 수 있는 일이 아니다. 적어도 일본의 대장성에서는 개벽 이래의 일이다. 이러한 경우에는 보통의 사고방식으로는 안 된다. 우선 이쪽의 힘과 지혜를 전부 발휘해서 도울 필요가 있다. 그 결과, 뒤에 일어날 불편을 잘 처리해나가는 것은 아무것도 아닌 보통의 일일 것이다. 그렇지 않고 엉거주춤해서 상대방 나

9   호시노 나오키(星野直樹, ほしの なおき, 1892.04.10~1978.01.26)는 일본의 관료이자 정치가로, 만주국의 총무장관이었다. 호시노 나오키는 1892년 4월 10일, 일본 가나가와현의 요코하마시에서 태어났다. 1916년에 고등 문관 시험에 급제한 뒤, 1917년, 도쿄 제국대학 법학부 정치학과를 졸업하고 대장성에 들어갔다. 1932년 3월 1일, 만주국을 건설할 당시에 관동군으로부터 대장성에서 인재를 파견해달라는 요청에 따라 만주로 건너가게 되었다.

만주국 황제 시절, 일본군과
만주국 대신들에게 둘러싸인
푸이(계단 가운데 안경 쓴 사람)

자료 : blog.daum.net

라를 건국하자마자 실패하게 한다면 큰일이다. 일본은 영구히 세계에 많은 사람 앞에서 창피를 당하고 결과적으로 일본에 큰 폐를 끼치게 되는 것이 아니겠는가. 먼저 책임자로서 대장성에서 제일의 인물을 보낼 필요가 있다"라고 정론을 폈는데, 정작 자신에게 차례가 돌아오자 망설이지 않을 수 없었다. 호시노 등을 송출할 때, 대장대신, 다카하시 고레키요高橋是淸[10]는 아카사카의 사저私邸에 일부러 자리를 잡고 이렇게 말했다.

자네들이 부럽네. 나야말로 만주에 가고 싶다고 생각하네. 만일 30년 젊었더라면, 이 일은 내가 인수해 갖고 있을 것일세. 실은 오늘 내각회의閣議에서 자네들 일을 보고했네. 그때 나는 같은 말을 했네. 그랬더니 모두들 웃었기 때문에, 나는 '아니지, 결코 웃을 일이 아니야. 이것이 나의 진정한 심정이다'라고 했던 것일세.

10 다카하시 고레키요(高橋是淸, 1854.09.19~1936.02.26)는 일본 제국의 정치인, 화족이다. 입헌 정우회 총재와 제20대 내각총리대신을 지냈다. 1854년 9월 19일 막부 어용 화가(絵師) 가와무라 쇼에몬(川村庄右衛門)의 아들로 태어났으며, 곧 센다이번 아시가루 다카하시 간쿠지(高橋覚治)의 양자로 보내졌다. 요코하마의 미국인 의사이자 개혁 교회 선교사인 제임스 커티스 헵번의 사숙 헵번숙(지금의 메이지가쿠인대학)에서 배웠으며, 1867년 센다이번주 다테 요시쿠니의 명령에 의해 가쓰 가이슈의 장남 고로쿠와 함께 미국으로 유학을 가 어렵게 공부하고 일본으로 돌아왔다. 귀국 후에는 문부성과 농상무성의 관료로 활약했으며, 그 뒤에는 특허국장을 거쳐 1892년 일본은행에 들어가 부총재와 총재 등을 맡았다.

비장감을 가지고 여행길에 오르는 젊은 관료들을 다카하시는 "부럽다"라고 하는 역설적인 말까지 써서 격려하지 않으면 안 되었다. 그만큼 만주는 미개의 황야였다.

신징에 들어간 것은 1932년 7월 16일. 호시노는 당시의 일을 "우리가 만주에 도착한 때에 만주국의 치안은 소강상태에 있었다. 생각했던 것보다 조용했으므로, 오히려 놀랄 정도이다. 그런데 그 후 시일이 지남에 따라 지방의 병란兵亂이 심해지고, 치안은 시간이 경과함에 따라 악화해가고 있었다"라고 기술했다. 그 무렵, 만주에서 발행된 신문에는 연일 각지의 군벌, 공산 게릴라가 출몰, 다리나 철교가 잘게 끊어진 상황이 극명하게 보도되고 있었다.

호시노 등 대장성 관료가 두 발을 디딘 만주에, 그러나 기시 노부스케만은 뜨거운 시선을 집중하고 있었다. 일찍부터 만주경영이 기시의 염두에 있었다고 생각되는 점이 있다.

그것을 입증하는 사례는, 뒤에 기시 노부스케가 상공대신이 되었을 때, 차관으로서 보좌한 시나 에쓰사부로椎名悦三郎[11]가 만주로 건너간 사실이다. 시나는 1933년의 봄, 약 10개월에 이르는 도미渡美시찰을 마치고 귀국하여 상공성 산업합리국의 주임사무관과장 대우의 포스트에 있었다.

구주歐洲에서 "일본은 자신의 나라보다 넓은 만주를 무력으로 제압했는데, 정치와 문화의 힘으로 어디까지 통치할 수 있을까"라고 야유하는 비평을 듣고, 시나는 만주의 경영만은 신중하게 잘하지 않으면 안 되겠다고 생각하고 있었다. 시나 에쓰사부로가 실업부 계획과장으로서 1933년 가을 만주로 건너가게 된 계기를 만든 것은 기시 노부스케였다.

📍11   시나 에쓰사부로(椎名悦三郎, 1898.01.16~1979.09.30)는 일본의 관료이자 정치인이다. 1898년 이와테현의 고토(後藤) 가문에서 태어나 도쿄 제국대학에 입학한 그는, 동시에 만철 초대 총재를 지낸 고토 신페이의 누나의 혼가인 시나 씨의 양자로 들어갔다. 도쿄 제국대학을 졸업 후 1923년 농상무성에 들어갔으며, 농상무성이 농림성과 상공성으로 분리된 뒤에는 상공성으로 자리를 옮겨 기시 노부스케 아래에서 만주국 통제과장, 산업부 광공사장을 지냈다. 일본으로 돌아온 뒤에는 상공성 산업합리국장, 상공차관, 군수성 육군사정장관 겸 총동원국장을 지냈으며, 1945년 종전과 함께 직위에서 물러났다. 그러다가 기시 노부스케의 권유로 1955년 제27회 중의원 의원 총선거에서 일본 민주당 공인으로 입후보하여 당선되었다.

만주국의 초대 내각

자료 : ko.wikipedia.org

"만주 부임의 정식 추천은 기시 노부스케 씨로부터였다. 기시 씨는 그 무렵 문서과의 전임참사관으로 정책 면에서의 대외절충의 창구에 서 있었다. 만사에 대해서 이해가 빠르고, 자잘한 데까지 생각이 잘 미치며, 게다가 사교성도 좋다. 기시 씨로부터 만주경영의 이야기를 들어보면, 대단한 정열을 느낀다. '만주 문제는 일본 개벽 이래의 대문제로, 용단을 가지고, 목숨 걸고 매진하지 않으면 안 된다'고 열정적으로 말한다. 나는 처음에 기시 씨라고 하는 인간은 평범한 사무관은 아니라고 곰곰이 달리 보게 되는 기분이었다. 기시 씨와 나의 관계는 이때부터 시작된다"[12]라고 시나는 기술하고 있다.

 Story

박정희 대통령의 산업화를 이끈 두뇌는 테크노크라트, 즉 기술관료였다. 테크노크라트 상징인 오원철은 5·16혁명 직후 박정희 의장에게 발탁되어 최고회의에 들어가 1971년부터 79년까지 청와대 경제 제2수석비서관으로 있으면서 한국의 중화학공업 및 산업정책 전반을 총지휘하였다. 오원철은 황해도 출신으로 월남 후

📍12   著書《私の履歴書》

시나 에쓰사부로와 기시
노부스케, 기시 수상에게
광화대장을 수여하는 박정희
대통령(오른쪽)

자료 : nongak.net

서울대학교 화학공학과 졸업 후 최초의 국산차 '시발자동차'의 공장장으로 있었던 전형적인 현장형 테크노크라트였다. 오원철과 같은 실전적 기술관료들은 상공부와 경제기획원의 중추가 되어 모진 비난을 감수하며 중화학공업화의 씨앗으로 유신의 심장에서 묵묵히 조국의 미래를 개척했다.[13]

사농공상의 엄연한 신분제 질서에 순응하며 퀴퀴하게 썩은 정신문화를 개조한 것은 박정희 대통령의 실질을 숭상하는 실용주의적 국가운영이었다. 이러한 실전적 실용주의적 전략은 만주국을 통해 학습되었고, 테크노크라트를 과감하게 일선에 세운 것은 만주국 경제 설계자 기시 노부스케와 시나 에쓰사부로를 통해 익혔다.

기시 노부스케는 군인이 아니었음에도 전후 A급 전범으로 사형이 확정되었으나 풀려나 일본 수상에 오르는 드라마틱한 삶을 살았다. 후쿠자와 유키치는 "몸 하나로 두 번의 인생을 사는 듯, 한 사람에게 몸이 두 개가 있다"고 했고 드라마틱한 그의 인생을 두고 "쇼와의 요괴", "불사조", "거괴巨魁"라는 별명을 붙이기도 했다.

만주산업개발 5개년계획의 설계자였던 기시 노부스케는 만주국의 경험을 전후 일본 부흥에 그대로 적용하여 초대 수상 요시다 시게루와 같이 일본 전후 경제부흥의 주역이 되었다.

📍13 　논객넷(2021.02.16), 정문, "박정희 대통령의 산업화를 논한다-무인 박정희 만주에 서다"

기시 노부스케는 만주국을 일본의 경제권經濟圈의 하나로서 키워간다고 생각하고 있었다. 그리고 간과할 수 없는 것은 기시는 만주에 건너가기 전에 이미 만주를 사실상 지배하는 군부軍部와 얕지 않은 관계를 맺고 있었던 것이다.

관동군과의 관계

1935년 5월 1일부로 관동군 참모부 제3과政策相當가 작성한 《滿洲國人事行政指導方針要綱》만주국 인사행정 지도방침 요강에 의하면, 만주국 정부에 파견해야 할 일본인 관리는 모두 제3과의 사전승인을 받는 것이 필요하고, 각 현縣의 부현장참사관 클래스으로서 파견되는 경우에도 사후 승인이 필요하게 되어 있었다.

게다가 관동군은 이들 인사에 관한 고과자료를 모으기 위해서, 헌병이나 특무기관을 이용할 것을 요강 안에서 확실히 강조하여 말하고 있다. 즉, 공사 모두 군에서 좋다고 인정받은 자만이 만주행을 구할 수 있는 것이다.

이 방침은 요강이 만들어지기 훨씬 이전부터 사실상, 관철되고 있었다. 그리하여 기시 노부스케는 일찍부터 육군성이나 관동군 관계자 눈에 띄어 극히 촉망받는 인물이었다. 일본향우연맹 명예회장인 아리수에 세이조有末精三[14], 관동군 시절 군사과장이었던 야마시타 도모유키山下奉文[15] 등은 만주에서 맺은 인연이다.

흔히 관동군은 일본 제국이 세운 괴뢰 정권이었던 만주국에 상주常駐한 일본 제국 육군의 주력을 이루는 부대 가운데 하나다. 용어 자체는 산해관山海關의 동쪽에 주둔한 일본군이라고 해서 붙여진 이름이다.

📍14 아리수에 세이조(有末精三, 1895.05.22~1992.02.14)는 일본군 장교였다. 그의 마지막 계급은 육군 중장이었다. 1917년 5월 육군사관학교 졸업, 1941년 3월 북중국 지역 육군 참모총장, 1945년 3월 중장.

📍15 야마시타 도모유키(山下奉文, 1885.11.08~1946.02.23)는 일본 제국 육군의 군인으로, 제2차 세계대전 당시에는 육군 대장이었다. 별명은 '말라야의 호랑이(マレーの虎)'였다. 도모유키는 일본 고치현 출신으로, 일본 육군사관학교와 일본 육군대학교를 졸업하였다. 졸업 후에는 스위스와 독일로 유학을 떠났고, 귀국 후에는 육군성 군사 과장과 군사 조사 부장 등을 역임하였다.

731부대장 이시이 시로(石井
四郎)(왼쪽에서 두 번째)와
그의 직속상관인 만주 국무원
총무국장 기시 노부스케

자료 : ajunews.com

　　일본 제국은 중국을 침공하는 전진기지로서 만주를 활용하고 있어서 관동
군은 그 주변지에서 일본이 지배하는 지역을 확대하고 중국을 침략하는 선봉
으로서 다양한 음모 공작과 작전을 수행했으며, 중국인과 조선인을 대상으로
하여 끔찍하고 반인륜적인 실험을 자행한 100부대와 731부대 운영을 위시해
수많은 전쟁 범죄를 저지르기도 했다.

　　만주국의 인사와 재정을 총괄하는 기시 노부스케는 악명 높은 731부대장
이시이 시로石井四郎, 1892~1950의 직속상관이자 후원자 역할을 했다. 731부대는
히로히토 일왕의 칙령으로 설립한 유일한 부대이자 히로히토의 막내 동생인 미
카사노미야 다카히토가 부대의 장교고등관로 복무한 적이 있다. 이러한 731부
대의 인체 실험이나 생물학 개발은 당시 만주국 인사와 재정 총책임자 총무국
장이었던 기시 노부스케의 지시와 허가 없이는 존재할 수 없었다. 사실 이시이
시로는 731부대 '바지 부대장'이었고, 그 뒤의 기시가 '진짜 부대장'이었다.[16]

　　또한 일본의 유명 르포 작가 요시나가 하루코吉永春子는《731 마귀부대》1976

📍16　아주경제(2019.08.14), 강효백, 강효백의 新경세유표 12-20 "최후의 쇼군 아베… 팽창의 무궁화"

731부대

자료 : satamguatam.tistory.
com

책을 통하여 기시 노부스케의 출신지 야마구치현과 731부대의 긴밀한 관계를 파헤쳤다. 731부대는 야마구치현 하기시萩市의 비밀부대를 만주 하얼빈으로 이식한 것으로, 모든 731부대원들은 야마구치의 시모노세키下關 군항에서 비밀리에 출발했다. 더욱 놀라운 사실은 한국전쟁에 사용한 세균폭탄도 야마구치현 이와쿠니岩國 생화학기지에서 생산, 187번 국도를 통해 한반도로 보급된 것이라 폭로했다.

기시 노부스케는 1937년 만주국 공업부 차관, 1939년 3월 총무부 장관으로 영전과 승진을 거듭하는 중 '만주국 산업개발 5개년계획'을 총설계했다. 만주은행에서 만주은행권을 발행했지만 거의 유통되지 않았다.

만주국 유통화폐 대부분은 무궁화 문양이 크고 뚜렷하게 인쇄된 조선은행

일본 731부대는 성인 남녀노소를 불문하고 임산부, 아동까지 강제로 동원했으며 수많은 해부와 실험이 마취 없이 이루어졌다. 이 실험으로 수만 명 이상의 사람이 죽었고 살아남은 사람이 없다고 한다. 오른쪽은 이시이 시로.

자료 : bad-blog.tistory.com

권 발행 지폐가 차지했다. 무궁화 문양 조선은행권이 무궁화 군락지 야마구치 출신 기시의 핵심 동력원이었다.

기시는 동향의 닛산 자동차 창시자 아이카와 요시스케鮎川義介, 1880~1967, 독일·일본·이탈리아 삼국동맹 체결로 유명한 마쓰오카 요스케松岡洋右, 1880~1946, 1급 전범 재판 중에 병사와 이른바 '야마구치 혈맹 삼각동맹'을 체결했다. 이어 기시는 관동군 참모장 도조 히데키東條英機, 1884~1948, 1급 전범와 긴밀한 관계를 맺어 만주의 군·정·재계를 장악한 최고 실세로 군림했다.

1928년에는 참모 고모토 다이사쿠河本大作가 장쭤린張作霖을 폭사시켰고, 1931년에는 참모 이타가키 세이시로板垣征四郎와 이시와라 간지石原莞爾가 만주 사변을 획책해 1932년 일본 제국의 괴뢰 정권인 만주국을 세웠다. 1932년에 관동군 사령관이 주만駐滿 특명전권대사特命全權大使를 겸하고 중국 동북 지방을 실질로 지배하기 시작한 이 기간에 관동군은 남만주철도주식회사와 함께 식민 지를 공고히 지배하고 일본의 이익을 위해 철도 사업을 했다. 만주국의 주요한 정책 입안과 집행은 관동군 사령관에게 재가裁可받아야 했다.

관동군은 괴뢰 정권인 만주국을 실질로 통치하는 기구였고 관동군 사령관

A급 전범으로 송치되는 도조 히데키, 기시 노부스케 등

자료: m.blog.naver.com

중국에 대한 일본 관동군의
항복 문서

자료 : blog.daum.net

이 만주국의 실권자였다. 소련을 대상으로 한 전쟁 준비와 중국 침공을 준비하느라고 관동군의 병력은 차츰 증강되었다. 1933년에는 규모가 10만 명이었는데, 관동군은 1938년 장고봉 사건과 1939년 노몬한 사건으로 소련에 도발했다가 패했다. 나치 독일이 소련을 침공한 후에는 독일을 도와 소련을 견제하려는 목적으로 병력을 크게 늘려 1941년 관동군특별대연습關東軍特別大演習 때는 약 100만 명이 되었다.

그러나 1941년 일본이 미국을 상대로 태평양전쟁을 일으키자 1943년 가을 이후에는 동남아시아를 위시한 남방 전선으로 전력을 이동하게 되어 만주에는 형식적 전력만 남았다. 1945년 8월 6일 미국이 원자폭탄을 투하한 이후 미국의 영향력을 줄이기 위한 계산으로 소련과 협력하여 점령지를 신속하게 소련군에게 넘겨주어 소련군이 미국보다 먼저 한반도에 진군하도록 협조한다. 일본이 무조건 항복을 선언한 후인 1945년 8월 19일에 관동군 사령관도 무조건 항복했다.

박정희와
기시 노부스케

권력에 대한 **야망**

1
성악설이 맞는가

∶

대형大型이라고 해야 할까. 끝을 알 수 없다고 해야 할까. 기시 노부스케와 같이 활동을 오래 계속하는 정치가의 전체상을 파악하는 것은 정말 어려운 작업이다. 7장에서 보았듯이 기시는 만주국 731부대와도 긴밀한 관계를 유지했다. 오히려 막강한 배후 지원세력이라고 해야 할 것이다.

731부대는 일본 제국 육군 소속 관동군 예하 비밀 생물전 연구개발 기관으로, 중화인민공화국 헤이룽장성 하얼빈에 있던 부대이다. 공식 명칭은 관동군 검역급수부関東軍防疫給水部이다. 1936년에 설립되어 초기에는 '관동군 방역 급수부', '동향부대'로 불리다가 그 후에는 '731부대'로 개명하였다. 중일전쟁1937~1945을 거쳐 1945년까지 생물·화학 무기의 개발 및 치명적인 생체실험을 행하였다. 공식적으로는 '헌병대 정치부 및 전염병 예방 연구소', '방역과 급수에 대한 임무'로 알려졌으며 실제로 731부대의 총책임자인 이시이 시로는 731부대의 진짜 목적을 위장하기 위해 휴대용 야전 정수기를 개발하기도 하였다.

중국이 학교로 사용해오던 731 부대 기념관. 지하 1층, 지상 2층으로 일제 때 731부대가 주둔했던 건물이라고 한다.

자료 : shinmoongo.net

원래는 태평양전쟁 전 정치 및 이념 부서로 설립되어 적에 대한 사상, 정치적 선전과 일본군의 사상 무장이 임무였다. 첫 부임자였던 의사 이시이 시로石井四郎의 이름을 따라, '이시이 부대石井部隊'라고도 불린다. 731부대는 일본 천황 히로히토의 칙령으로 설립한 유일한 부대이며, 히로히토의 막내 동생인 미카사노미야 다카히토가 부대의 장교고등관로 복무하였다.

기시 노부스케도 1936년 10월부터 만주국에 부역하였는데 1936년 산업부 차장에서 1939년 총무청 차장으로 승진하여 만주국의 산업정책을 실질적으로 담당하게 된다. 전술한 바와 같이 천인공노할 731부대의 인체 실험이나 생물학 개발은 당시 만주국 인사와 재정 총책임자 총무국장이었던 기시 노부스케의 지시와 허가 없이는 존재할 수 없었다.

이 부대는 중국 헤이룽장성黑龍江省 하얼빈 핑팡平房, 당시 만주국 괴뢰 정부의 영토에 주둔해 관동군 관할 구역 내의 정수 업무를 하는 것으로 위장되었다. 이 부대는 일본의 정치적 선전, 일본 군대의 사상적 대표로서 업무를 수행했다. 처음에는 공산주의 정치 선동에 대항해 일했으나 나중에 그 영역이 확대되었고, 화학·세균전 준비를 위한 연구와 살아 있는 사람을 대상으로 한 생체실험을 위한

도조 히데키 및 내각의
각료들과 함께(기시 노부스케는
도조의 뒷줄 왼쪽)

자료 : m.blog.naver.com

것이었다. 대외적으로는 관동군 주력부대에 물을 공급하는 급수 전문 전투지
원부대로 알려졌으나 실제로는 생체실험을 자행한 부대였다.

731부대는 크게 보면 독일 나치의 SS[1]와 같은 정치 선동 부서이다. 여기서는
일본인의 인종적 우월성, 인종주의 이론, 방첩 활동, 정보 활동, 정치적 사보타
주sabotage, 적 전선 침투 등에 관한 활동을 하였다. 이 부대는 만주 헌병대, 만
주 정보기관, 만주 정규 경찰, 만주 거류민 위원회, 지역 만주 민족주의 정당, 일
본 비밀 정보기관과 긴밀히 연락했다. 이 부대의 만주에 있는 부문에서는 러시
아인, 중국인, 만주인, 몽골인과 기타 특수 부서, 비밀 부서 경력의 외국인을 활
용했다.

민간인과 군인을 포함한 1만 명의 중국인과 조선인, 몽골인, 러시아인이 이
부대의 실험 대상이었다. 일부 미국인과 유럽인 등 연합군 전쟁 포로가 731부

1　친위대(Schutzstaffel; SS)는 나치 독일에 존재했던 준군사조직(나치 친위대)이다. 무장친위대 역시 슈
츠슈타펠 소속이다. 나치라는 단어에서 보통 사람들이 떠올리는 검은 제복(SS 대원의 정복)을 입은 군인이다. 본
디 프로이센 기사단의 복장인 검은색에 가까운 진한 남색을 본뜬 것으로 프러시안 블루가 바로 그 색깔이다. 해
골 마크도 마찬가지다.

대에 잡혀갔다. 게다가 이 부대에서 생물학 무기 프로그램에 의해 연구된 생물학 무기의 사용으로 수만 명의 중국인이 죽었다.

731부대는 일본 제국이 세운 생물전 연구기관 중 하나였으며, 516부대치치하얼 시, 543부대하이라얼 시, 773부대Songo, 100부대창춘, 1644부대난징, 1855부대베이징, 8604부대광저우, 200부대만주, 9420부대싱가포르 등 동아시아 각지에 세워진 기관도 731부대와 유사하거나 731부대의 생체실험을 뒷받침하는 역할을 하였다. 이들은 일제의 헌병대가 관리하였다.

인체를 대상으로 생체실험을 하는 부대의 속성상, 부대 주변 지역을 전부 소개하고 지역주민을 전부 추방한 사례나, 부대 인근 지역주민을 대상으로 생물학 무기를 실험한 사례 등 인근 민간인을 대상으로 실험한 사례까지 알려져 있다. 하얼빈역에서 출발한 열차가 부대 인근 지역을 통과할 때, 열차 커튼을 모두 내려야 하고 부대 인근 지역을 차창 밖으로 내다보는 승객은 그 자리에서 체포·심문하는 규정이 존재하였을 정도로 보안에 매우 철저할 수밖에 없었다고 알려져 있다.

731부대와 관련된 많은 과학자가 나중에 정치, 학계, 사업, 의학 부문에서 큰

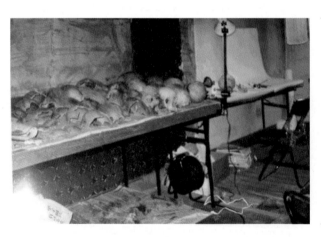

1989년 도쿄 신주쿠 도심에서 발견된 100여 구의 유골. 발견된 터가 과거 일본군 731부대의 연구거점이 있던 곳이어서 생체실험 희생자들의 유골일 가능성이 제기됐다.

자료 : joongang.co.kr

성공을 거두었다. 일부는 소
련군에 체포되어 하바로프스
크 전범 재판에 회부되었다.
또 다른 일부는 중국공산당
에 체포되어 푸순 전범관리소
에서 심문을 받았다. 미국에
항복한 자들은 그들이 가지

라다비노드 팔

자료 : joongang.co.kr

고 있던 자료를 제공하는 대가로 사면받았다. 그들이 행한 잔인한 행위 때문에
731부대의 활동은 유엔에 의해 전쟁 범죄로 선포되었다.

주지하는 바와 같이 기시 노부스케는 A급 전범용의자였다. 기시는 도조 내
각의 상공대신이다. 기시는 무죄 방면되고 정계에 복귀한다. 1957년 총리가 된
다. 1966년 라다비노드 팔[2]은 일본을 방문한다. 일왕의 훈장을 받는다. 기시는
"정의와 평화에 대한 팔 박사의 투철한 인식은 일본인들에게 비상한 감격을 부
여했다"고 격찬했다. 기시의 외손자 아베는 "A급 전범은 일본 국내법상 무죄"
라고 주장했다. 기시의 삶과 역사관은 아베에게 영향을 주었을 것이다. 2005년
6월 팔의 추모비가 야스쿠니靖國신사에 세워졌다.

팔의 경우 단순히 법리적인 문제만으로 이런 의견을 낸 것으로 보이지는 않
는다. 덮어놓고 '일본인을 살립시다. 일본이 옳습니다'라고 안 했을 뿐이지, 본
인의 국가나 본인 스스로의 행보를 생각해보면, 본인이 할 수 있는 선에서 최
대한 일본 편을 들어줬다고 봐야 한다. 전범 재판이라는 게 그렇게 법리적으로

📍2　라다비노드 팔(Radhabinod Pal, 1886.01.27~1967.01.10)은 인도 제국의 법조인이다. 1886년에 인
도 벵골주에서 태어났다. 법률가의 길을 지망하여 캘커타대학을 졸업하고, 1920년에 법학석사 시험에 합격하여
변호사로 등록되었다. 1924년에 캘커타대학에서 법학박사 학위를 취득했다. 캘커타대학 법학부 교수를 지내면
서, 1941년에는 캘커타 고등법원의 판사로 취임했다. 1944년에는 캘커타대학 총장에 취임하여 1946년까지 재
직했다. 태평양전쟁 중 찬드라 보세가 일본군과 협력한 사실이 인도에 알려지자 이를 지지하는 시위에 참여한 전
력이 있다. 1946년 5월에 극동국제군사재판 인도 대표 판사로 파견되었다. 1950년, 1952년, 1953년에 각각
일본을 방문했다.

극동국제군사재판

자료 : namu.wiki

정당성이 없고, 단순히 연합국의 부당한 보복 조치 정도에 불과한 일이었다면 한 번도 아니고 무려 두 번씩이나 열릴 수 있었겠는가? 오히려 법리적인 명분을 들고 가와베 마사카즈를 제외하고는 A급 전범 전원 사형을 주장한 델핀 판사 등도 있었고 팔 판사와 같은 견해야말로 소수에 불과했다. 그런 상황에서 저런 짓을 한 것이다.

일부 인도인들은 일본 제국에 우호적인 입장을 취했다. 그러나 이들조차 정말 맹목적으로 일본 제국을 추종한 건 아니고 자국의 독립을 위해 일본과 손잡은 정도였다.

극동국제군사재판[3] 당시 일본의 전범들을 강력히 처벌해서 모두 사형을 선고해야 한다는 중국 판사들을 강력하게 비난하였고 심지어 미국, 영국, 프랑스, 소련 판사들에게도 비난을 서슴지 않으며 일본의 전범들을 용서해주자는 의견

📍3　극동국제군사재판(極東國際軍事裁判, International Military Tribunal for the Far East; IMTFE)은 제2차 세계대전과 관련된 동아시아의 전쟁 범죄인을 1946년 5월 3일부터 1948년 11월 12일까지 약 2년 반에 걸쳐 심판한 재판이다. 도쿄 전범 재판(東京戰犯裁判, Tokyo Trials, Tokyo War Crimes Tribunal)이라고도 한다. 60여 명 이상의 전쟁 범죄 용의자로 지명된 사람 중 28명이 기소되어, 판결 이전에 병사한 사람 2명과 소추가 면제된 1명을 제외한 25명이 실형을 선고받았다. 이 재판은 뉘른베르크 재판과 유사하다는 의미에서 '뉘른베르크 재판의 극동아시아 판'이나 '또 다른 뉘른베르크'라고 불리기도 한다.

라다비노드 팔(Radhabinod Pal) 송덕비. 야스쿠니 신사에 세워진 송덕비에는 법의 정의를 지킨 열렬한 사명감과 고도의 문명사적 식견이라는 찬사가 적혀져 있다. 전시관인 유수칸 안에도 그에 대한 설명과 함께 초상화가 크게 걸려있다.

자료 : dvdprime.com

을 확고히 했다. 당연히 일본 극우 세력에게는 전가의 보도로 사용되고 있으며, 양심 있는 인물로 극찬받고 있다. 일본의 극우 세력은 팔을 귀축영미의 비열한 보복행위에 맞서 유일하게 양심을 지킨 아시아의 의인으로 추앙하는 송덕비를 세우는가 하면 그에게 틈만 나면 찾아가서 감사 인사를 하는 등의 속이 뻔히 보이는 짓을 계속했다.

2
기시 노부스케의 부활

태평양전쟁 A급 전범용의자였다가 훗날 일본의 총리를 지낸 기시 노부스케 전 총리가 2015년 4월 29일현지 시간 아베 신조安倍晋三 전 총리의 미국 연방 상·하원 합동회의 연설에서 미일 동맹의 '원조'로 화려하게 부활했다.[4]

아베 전 총리는 외조부인 기시 전 총리의 58년 전 미 의회 연설을 인용하는 것으로 연설을 시작했다. 아베 전 총리는 "일본이 세계의 자유 국가와 협력하는 것은 민주주의의 원칙과 이상을 확신하기 때문"이라는 기시 전 총리의 1957년 미 의회 연설 내용을 소개하고서, 그로부터 58년 뒤 손자인 자신이 같은 무대에 선 사실을 거론했다.

또 "돌아보건대 내가 진심으로 좋았다고 생각하는 것은 일본이 올바른 길을

---

4   노컷뉴스(2015.04.30), "'전범용의자 출신 총리' 기시의 화려한 '부활"

미일안전보장조약에 서명하는
기시 노부스케

자료 : ddanzi.com

택한 것이며, 그 길은 연설 앞부분에 소개한 조부의 말에 있었던 대로 미국과 동맹이 되어 서방세계의 일원이 되는 선택을 한 것"이라고 부연했다.

앞서 언급한 바와 같이 기시 전 총리는 1941년 도조 히데키東條英機 내각의 상공대신을 맡았던 인물로 일본의 패전1945.08과 동시에 A급 전범용의자로 복역하다 1948년에 석방됐다. 이후 반공 전선 구축을 중심에 둔 미국의 대일 정책 아래 1957년 총리로 화려하게 부활, 1960년 미일안전보장조약을 개정한 인물이다.

아베 전 총리는 외조부를 자신의 정신적 지주이자, 정치적 멘토로 삼아온 것으로 잘 알려져 있다. 이번 연설을 준비하면서도 1957년 6월 20일 외조부의 미국 하원 연설을 반복해서 청취한 것으로 일본 언론에 보도됐다.

2차 세계대전 전범용의자 출신인 기시 전 총리를 미일 동맹의 상징적 존재로 거론한 것은 기시의 못다 이룬 '꿈'이자 아베 전 총리 최대의 정치 목표인 '전후체제2차대전 패전국으로서 받아들인 평화헌법 체제 탈피'와 관련이 있어 보인다.

2차 세계대전 전범 국가의 꼬리표를 떼고, 미일 동맹을 발판 삼아 '보통국가화'에 박차를 가하려는 아베 전 총리의 목표가 이번 연설에서 기시를 '부활'시킨 배경에 있는 것으로 풀이된다.

또 연설에서 아베 전 총리
가 자신의 측근 정치인인 신도
요시타카新藤義孝 전 총무상의
외조부인 구리바야시 다다미
치栗林忠道[5] 전 육군 대장을 거
론한 것도 비슷한 맥락으로
보인다.

구리바야시 다다미치

자료 : namu.wiki

미일의 적대를 넘어선 화해를 거론하면서 제2차 세계대전 말기 이오지마硫黃
島 수비대를 지휘하며 미군을 상대로 '옥쇄작전'을 펼친 구리바야시 전 육군대
장을 언급한 것이다.

이때, 이오지마 전투에 미국 해병대 대위로서 참전한 로렌스 스노든 예비역
중장과 구리바야시 전 대장의 손자인 신도 전 총무상이 청중석에서 상·하원
의원들의 뜨거운 박수 속에 악수하자 아베 전 총리는 '역사의 기적'이라고 말했
다. 치밀하게 연출된 모양새였다.

이처럼 아베 전 총리가 과거 군국주의 일본의 중심에 서 있던 인사들을 미일
화해와 동맹의 상징적 존재로 거론한 데는 과거 침략의 역사를 탈색시키려는
의도가 내포됐다는 지적도 제기되었다.

5　구리바야시 다다미치(栗林忠道, 1891.07.07.~1945.03.26)는 일본의 육군 군인이다. 최종 계급은 육
군 대장. 제2차 세계대전에서 이오지마 전투를 지휘하였다. 나가노현 하니시나군 니시조촌(지금의 나가노시 마
쓰시로정) 출신이다. 1911년 육군사관학교를 26기로 졸업하고, 기병으로 전속되었다. 1923년 육군대학을 수
석으로 수료하였고, 1928년 미국의 대사관 주재무관으로 파견되었다. 이때 하버드대학에서 학위를 받고, 미국
각지를 여행하면서 미국의 국력을 체험하여 "미국과 벌이는 전쟁은 절망적이다. 큰 오산이다"라고 쓰기도 했다.
1931년에는 캐나다에 파견되었고, 이후 일본에 돌아와 육군참모본부에서 근무하였다. 1940년 소장으로 진급하
였다. 그는 문학적 재능을 발휘하여 몇 개의 소설을 쓰기도 하였다.

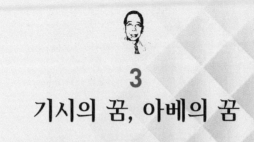

3
기시의 꿈, 아베의 꿈

⋮

아베 신조 전 총리의 안보법제 정비는 55년 전 외조부 기시 노부스케의 미일안보조약 개정을 연상시킨다는 말이 많다. 보다 대등한 미일 관계 정립이 기시의 숙원으로 그는 총리 취임 이듬해부터 안보조약 개정 작업에 착수했다. 샌프란시스코 강화조약과 더불어 체결된 1951년 미일안보조약은 전승국-패전국 색채가 강했다. 미군이 일본 국내의 내란에 출동할 수 있도록 규정했으며, 일본의 역할이라 해봤자 기지를 제공하는 데 그친 편무적 조약이었다. 기시는 조약 개정으로 내란 조항을 삭제시키고, 미일 공동방위를 명문화했다. 안보조약 개정은 일본의 전후사戰後史에서 일대 전환점이었고, 재무장의 한 틀이 되었다. 훗날 기시는 총리 재임 시의 일을 10으로 친다면, 안보조약 개정 작업은 7~8에 해당한다고 밝혔다. 또 다른 꿈인 개헌의 여력이 없었다는 뜻일지도 모른다.

안보 투쟁의 배경은 다음과 같다. 1951년 9월 8일, 미국 샌프란시스코에서 미국과 영국을 비롯한 제2차 세계대전의 연합국 47개국과 일본 사이에 샌프란

1960년 5월 19일
중의원 미일안전보장조약
특별위원회에서 조약안 표결을
강행하려는 자민당 의원들과
이를 막으려는 사회당 의원들
간의 몸싸움

자료 : ko.wikipedia.org

시스코 강화조약이 체결되면서 약 6년 반 동안 일본을 통치해온 연합군 최고 사령부GHQ가 철수함과 동시에 일본 정부에 행정권이 이양되고, 일본에 주둔하던 외국군도 모두 철수하였으나, 강화조약의 특별 규정에 따라 주석 전권 위원이었던 요시다 시게루 내각총리대신이 미일안전보장조약을 체결하면서 일본을 점령했던 국가 중 하나인 미국은 '주일 미군'의 자격으로 계속해서 일본에 자국군을 주둔시킬 수 있게 되었다.

이후 이 조약은 자유민주당의 기시 노부스케 내각 기간인 1958년경부터 개정 협상이 시작되었고, 1960년 1월에 기시 노부스케 총리를 비롯한 전권단이 미국을 방문하여 드와이트 D. 아이젠하워 대통령과 회담하고 기존의 미일안전보장조약을 대체할 새로운 안전보장 조약을 체결할 것과 아이젠하워 대통령의 일본 방문을 합의하였고, 1월 19일에 새 조약인 '미일상호방위조약'이 조인되었다.

새 조약에서 기존 조약과 달라진 내용은 크게 다음과 같다.

- 내란에 관한 조항의 삭제
- 미일 공동 방위일본을 주일 미군이 방어하는 대신 주일 미군에 대한 공격에 자위대와 주일 미군이 공동으로 방위 작전을 수행함의 명문화
- 주일 미군의 주둔 위치 및 군사 장비에 대한 양국 정부의 사전 협의제 상설화

기시 노부스케의 꿈

자료 : pds26.egloos.com

　기시 내각의 조약 개정은 막판에 가서 유례없는 반反정부·반미反美 데모를 불렀다. 전쟁 알레르기와 전시체제 구축의 최일선에 섰던 A급 전범 기시의 이력, 고압적인 국정 운영에 대한 우려가 겹쳐졌다. 일본은 보혁保革으로 양분되었다. 중공을 방문한 사회당 서기장은 '미美 제국주의는 일중日中 인민의 공동의 적敵'이라며 공격했다. 기시 정권도 여기에 맞서 우익단체와 야쿠자까지 동원해가며 시위를 진압했으나, 데모에 참여한 동경대 여대생의 사망으로 여론이 공분하는 가운데 총리 본인도 피습당해 중상을 입었을 정도였다. 결국 기시는 조약 비준서 교환을 마무리 짓고, 아이젠하워의 방일이 취소된 대가로 사임했다. 시위 규모는 전국에서 560만 명에 달했다. 기시 퇴진 후, 소위 안보 소동은 '관용과 인내'를 기치로 고도성장에 올인한 이케다 내각이 등장하면서 금세 사그라들었다.

　기실 안보조약 반대 시위는 반反기시 투쟁이기도 했다. 당시 여섯 살의 아베는 아직 초등학교에 입학하지도 않았지만, 기시는 시위대한테 포위당한 자택에서 그들을 흉내 내어 '안보 반대'를 외치는 외손주를 보고 웃었다고 한다. 아베의 안보법제는 기시의 미일안보조약 개정과 비례해 동전의 양면이다. 기시가 대등한 미일 관계의 밑그림을 그렸다면, 아베는 구체적인 행동계획을 다듬었다.

진정한 미일 공수동맹의 대문이 열렸다는 평가가 나온다. 아베 본인부터가 노골적으로 안보법제를 외조부의 조약 개정에 견주고 있다. "당시엔 전쟁에 휘말린다고 비판받았지만, 결코 잘못이 아니라는 것은 역사가 증명해준다"는 주장이다.

안보 투쟁. 1960년 6월 18일 국회의사당 주변을 둘러싼 시위대

자료 : ko.wikipedia.org

아베의 집무실에는 기시가 아이젠하워와 안보조약 개정에 서명한 사진도 걸려 있었다고 한다. 아무튼, 2015년 안보법제로 일본의 안보체제와 방위력은 한 단계 업그레이드되었다.

적극적 안보 공헌을 통한 쌍무적 미일 동맹은 뒤집어보면 일본의 자립 강화이기도 하다. 기시의 대미 자주와 협력의 2중주는 1대를 건너뛰어 손자한테서 재현되었다. 그사이 오랜 세월을 거치면서 일본의 정치 지형도와 사회도 확 바뀌었다. 55년 전 안보조약 개정안 비준 당시엔 집권 자민당 내 당인파 거물이

서유럽·중남미 11개국 순방을 앞두고 하네다공항에서 기자회견 중인 기시 총리. 1959년 7월 11일 1개월간에 걸친 세계일주는 패전국 일본의 국제무대 복귀를 상징한 이벤트로 대서특필되었다.

자료 : pds26.egloos.com

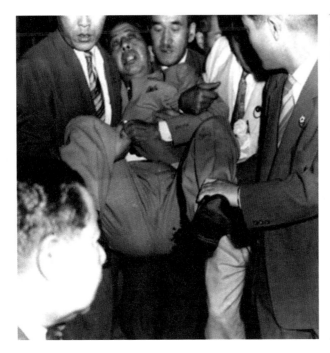

1960년 7월 14일
미일안보조약 개정의 여파로
괴한의 칼에 맞아 중상을 입고
실려나가는 기시 노부스케.

자료 : twitter.com

자, 기시의 정적이었던 고노 이치로河野一郎와 미키 다케오三木武夫 등 중진 의원
들이 표결에 불참하는 형식으로 정권 주류파에 저항했었다. 반면, 아베시대의
자민당에는 그와 같은 다양한 스펙트럼이 없다. 명실상부 '원맨 재상'으로 등극
한 아베 1인의 독주를 주축으로 한 철옹성이며, 강철 대오다. 지리멸렬한 야당
은 무능·무력하고, 시민사회 영향력도 예전과 같지 않다. 사회의 전반이 우경
화되었다. 우리는 전후 70주년을 맞아 적극적으로 자기주장을 전개한 보통국
가 일본을 마주하고 있다.

4
기시 노부스케의 사망

　기시 노부스케는 당뇨병 및 간기능 장애로 1987년 8월 7일 동경에서 사망했다.

　그는 태평양전쟁을 일으킨 도죠 내각의 핵심 각료 가운데 한사람으로 통제경제정책을 추진했으며 패전 후에는 A급 전범이라는 중죄 인물로 지목돼 3년간 형무소에서 복역했다.

　1953년에 정계에 복귀한 후 자민당 간사장을 거쳐 불과 4년 후인 57년부터 60년까지 약 3년 5개월간 수상직에 재임했다. 그는 재임 시 미일안보조약 개정으로 야당과 대학생들로부터 격렬한 저항을 받았으며 관계법을 강제 통과시킨 후 내각을 사퇴했다.

　대한 정책에서 기시 전 수상은 전임 내각보다 적극적이고 유연한 태도를 취했으나 그 자신이 국회에서 "일본의 자위권은 한국과 대만까지 확장되어야 한다"고 발언해 한국의 반일감정에 불을 질렀다.

기시 전 총리가 1986년 5월 3일 일본 도쿄 지요다구 공회당에서 열린 '자주헌법 제정 국민대회'에서 인사말을 하는 모습

자료 : yna.co.kr

그는 한일 관계 개선에 업적을 남겼으나 일본의 대한 로비의 중심적 인물로 양국관계 교섭의 배경에는 늘 그의 그림자가 어른거렸다. 그는 한일협력위원회 일본 측 대표로 있으면서 옛날 만주국 실업부 차관, 도죠 내각의 상공대신을 역임할 때 밀착됐던 인맥을 통해 한국과 접촉했으며 1979년 서울시의 지하철 건설 계획에도 깊숙이 관여해 한일 유착이라는 흑막이 개재됐다는 비판을 받았다.

기시 노부스케 전 총리가 미일안보조약을 개정한 뒤 2단계로 개헌을 추진했던 것이 최근 공개된 일본 외교문서에서 확인됐다. 2018년 12월 20일 교도통신에 따르면 이런 구상은 그가 총리 취임 이후 1957년 6월 1차 방미를 앞두고 작성한 극비 문서에 포함돼 있었다. 문서는 그의 방미에 앞서 예비회담을 했던 당시 주일 미국대사 더글러스 맥아더 2세에게 전한 것이다.

기시 전 총리는 생전에 문서에서 미일안보조약을 개정해 미국이 통치하는 오키나와沖縄와 오가사와라小笠原 제도를 2년 내 반환한 뒤 2단계로 개헌하는 방안을 명시했다. 개헌에 대해 문서에는 '미일 협력에 대한 일본 정부의 결의'라고 표현돼 있었다.

아베 신조 전 총리가 외조부 기시 노부스케 전 총리의 유골 일부가 안치된 시즈오카(静岡)현 오야마초(小山町)의 후지(富士) 묘원을 방문해 기시 노부스케 영전에 집단자위권 보고 후 참배하는 장면 (2015.09.22)

자료 : yna.co.kr

당시 일본 정부 내에서는 안보조약 개정 후 5년 이내에 개헌을 통해 자위대의 해외파병을 가능하게 하고 미국과 새로운 상호방위조약을 체결하자는 방안이 부상했다.

그러나 개헌 및 상호방위조약 체결은 기시 전 총리의 임기 내에는 이뤄지지 않았다. 아베 전 총리가 자신의 정치적 과업이라며 '전쟁 가능한 국가'로의 개헌 드라이브를 걸었던 것도 기시 전 총리의 이런 움직임과 무관치 않다는 것이 현지 정치권의 분석이다.

박정희와
기시 노부스케

Chapter 9

기시 노부스케의
현실주의

1
만주국 경제개발

기시 노부스케의 현실주의의 첫 번째 장면을 검토하기 위해서 먼저 그가 만주국의 경제개발에 대해 어떠한 태도를 취했는지 살펴볼 필요가 있다. 왜냐하면 만주국 경제개발은 기시가 본격적으로 그리고 주체적으로 자신의 능력과 재능을 발휘할 수 있었던 사실상 최초의 실험장이었기 때문이다.[1]

기시 노부스케와 만주국의 관계와 관련된 공통항으로서는 '니키산스케', '만주산업개발 5개년계획'의 추진, '만주중공업주식회사'의 설립 등이 사람들 입에 오르내리고 있다. 먼저 니키는 당시 관동군 참모장이었던 도죠 히데키東條英機, 만주국 국무원 총무장관이었던 호시노 나오키星野直樹의 이름 중에 있는 '키'를 가리키며, 산스케란 만업滿業, 滿州重工業株式會社의 사장이었던 아유카와 요

1   노병호(2019.03.30), 기시 노부스케의 현실주의-전전·전후를 사정으로, 일본연구 제79호, 29~52쪽

일본이 만들었던 만주국의
수도, 신징(현재 창춘)

자료 : road3.kr

시스케鮎川義介, 만철 총재였던 마쓰오카 요스케松岡洋右, 그리고 기시 노부스케
岸信介의 이름 중에 있는 '스케'를 지칭한다.

만주산업개발 5개년계획은 1937년 4월에 시작되어 1939년 일본의 생산력
확충 계획으로 편입된, 대소 전쟁을 준비하기 위해 진행된 광공업·농축산업·교
통통신·이민 등 4개 부문으로 나뉘는 만주개발계획이다. 만주중공업주식회사
는 만주개발을 촉진하기 위해 기시 노부스케가 닛산日産의 아유카와 요시스케
를 만주로 불러들여 야심차게 설립한 회사를 지칭한다.

이러한 내용을 공통항으로 하는 기시 노부스케와 만주개발의 연관성을 뒷
받침이라도 하듯, 기시 노부스케 자신이 만주국의 산업개발에 대해서 "완성도
는 잘 모르겠으나, 어쨌든 만주국의 산업개발은 내가 만든 작품이다. 이 작품
에 대해 나는 굉장히 애착을 느끼고 있다. 평생 잊을 수 없을 것이다"[2]라고 만
주를 떠나기 직전인 1939년 10월 19일 대련大連항의 부두에서 고백하고 있다.

그런데 이와미 다카오岩見隆夫는 만주국 총무청 주계처主計処의 후루미 타다
유키古海忠之와 총무청 홍보처장 무토 도미오武藤富男의 발언, 각각 "(기시의 작품
이라는 말이) 행정에 관해서는 그럴 수 있다", "5개년계획 단계에서 (기시가) 각

9 2   岩見隆夫, 岸信介, 昭和の妖怪, 人物文庫 p.111

좌: 만주국(1932~1945) 우:
만주침략을 기획한 관동군 참모

자료 : seouldailynews.co.kr

종 법률을 제정하여 이를 추진했다"를 인용하고 있다. 이러한 인용은 기시의 치적을 부분적으로 긍정하는 것이라고 말할 수 있다.

그러나 각각 "기시 씨의 허세大言壯語", "만주 건설의 기초적 노력은 호시노 나오키의 존재가 컸다"고 하여 기시가 주된 역할을 했다는 점에 대해서는 부인하는 입장을 취한다.

만주국 경제개발과 관련된 주된 역할에 대한 싸늘한 시선에 기시가 스스로 변호할 소재는 1926년 이후의 족적에 이미 예비되어 있었다.[3]

기시는 1926년 미국, 영국, 독일 및 유럽 각국의 경제 제도를 반년에 걸쳐 시찰한다. 미국에서 기시는 세계에서 유일하게 대량생산·대량소비 사회로 변모한 거대한 생산력에 압도되어 일본으로서는 도저히 이를 따라잡을 수 없다고 생각했다. 바로 이때 기시는 독일의 산업합리화운동을 통한 '국가통제화Nationalisierung'에서 그 해결책을 찾는다. 독일의 산업합리화운동이란 제1차 세계대전으로 인해 경제 붕괴를 경험한 독일이 부흥을 위해 기술적으로는 규격통일 등의 효율화, 과학적 관리를 철저히 하며, 산업정책으로서는 중요산업에 대한 국가의 보호육성을 적극적으로 시도하고, 카르텔을 이용하여 경쟁을 제한하는 등

---

3   宮崎学(2006), 安倍晋三の敬愛する祖父 岸信介, 同時代社, pp.53-54

전체로서는 국가독점자본주의의 방향으로 향하려는 것이었다.

동시에 기시는 소련의 경제개발 5개년계획을 의식하고 있었다. 소련의 제1차 경제개발 5개년계획이 시작된 해가 1928년이고, 제2차 경제개발 5개년계획이 시작된 해는 1933년인데 만주국은 이미 1932년에 성립되어 있었다. 소련의 경제개발 5개년계획에 대해 기시는 "(소련에 가까운) 만주국은 일국 일당적으로 기울어가고 있었으며, '일본 국내에도 그 영향을 상당히 미치고 있다.' 따라서 일본에서도 역시 자유방임으로는 안 된다는 일종의 통제론이 나왔다. 이탈리아에서는 무솔리니가 등장하여 상당히 활발히 행동하고 있었으며, 히틀러도 서서히 행동을 개시하고 있다"[4]고 한다. 이처럼 기시는 당시의 세계정세하에서 소련형 경제발전정책을 의식하지 않을 수 없었다. 하지만 "북쪽에서의 위협에 대단히 민감"했다는 점 또한 놓쳐서는 안 될 것이다.

이처럼 만주국 경제개발은 '자신의 작품'이라는 자부심을 뒷받침할 소재로서 독일의 산업합리화정책에 대한 조사, 소련의 경제개발 5개년계획에 대한 의식이 있었으며, 그러한 전개가 불가피하다는 것을 인정하고 있다는 점을 지적할 수 있다. 그럼에도 불구하고 만주에서의 경제개발 초안의 입안자, 조직, 계획안은 기시 노부스케가 아닌 이시와라 간지石原莞爾와 그의 의뢰로 참가하게 된 만철満鉄 경제조사회 동경주재원 미야자키 마사요시宮崎正義, 일만재정경제연구회日満財政経済研究会, 긴급실시국책대강緊急実施国策大綱에 의한 것이라는 점을 지적하지 않을 수 없다.

최초의 주역은 이시와라 간지[5]였다. 2·26 사건 당시 통제파 측의 패권확립에 기여할 구체적인 계획과 전망을 세우기 위해 이시와라 간지가 〈일만재정경제연

📍4　岸信介·矢次 一夫·伊藤隆(1981), 岸信介の回想, 文藝春秋, pp.22-24

📍5　이시와라 간지(石原 莞爾, 1889.01.18~1949.08.15)는 제2차 세계대전 직전까지 활약한 일본 제국 육군의 군인이다. 별명으로 '육군의 이단아'가 있다. 한일병합 이후 조선에서 근무하였으며, 1918년 장교의 출세 관문인 육군대학을 졸업하였다. 관동군 작전주임 참모로 있을 때 이타가키 세이시로(板垣征四郎)와 함께 1931년 남만주철도 폭파 사건을 조작해 만주사변을 일으켰다.

1930년대 만주 다롄 중앙
대광장을 그린 엽서. 일제는
허허벌판 만주에서 근대적
도시공간 창출을 실험했고
이런 개발 청사진은 한국으로
이어졌다.

자료 : hankookilbo.com

구회〉설립을 구상했던 것이다.[6]

　이처럼 만주 경제개발의 최초의 추동자는 이시와라 간지라고 말할 수 있다. 그런데 일만재정경제연구회를 이시와라 간지의 의뢰로 움직인 주역은 미야자키 마사요시였다. 그리고 이 연구회를 경제적으로 뒷받침한 것은 참모본부 기밀비와 만철에서 나온 자금이었다. 연구소의 구성원은 가장 많았을 때 40명 이상에 이를 정도였다.

　이시와라 간지의 추동, 미야자미 마사요시의 인품과 능력을 배경으로 이 연구소의 결과물이 나온 시점은 1936년 8월 17일이었다. 이 결과물은 〈일만산업 5개년계획 최초안〉日滿産業五個年計画の最初の案[7]이었고, 공식적으로는 〈긴급실시국책대강〉昭和十二年度以降五年間歳入及歳出計画, 付緊急実施国策大綱이었다.

　〈긴급실시국책대강〉의 특징은 대강의 모두에 잘 나타나 있다. 이에 따르면 그 '취지'는 "국력의 총동원과 그 비약적 발전을 꾀하기 위해 정치, 경제, 사회에 대한 국가의 통일적 합목적적 통제를 확대·강화하는 것을 요체로 한다"는

6　小林英夫(1995), 超官僚, 徳間書店, pp.148-149

7　石原莞爾(1941), 戦争史大観の序説, 中央公論社(小林英夫, 上掲書, pp.149-150)

것이다. 요점은 국무원을 두고, 그에 직속하는 계획 및 고사考查기관으로 총무청을 설치하며, 총무청에 기획국, 예산국, 고사국, 공보국, 법제국 및 자원국을 둘 것을 규정하고 있는 점이다. 이 중 가장 중요한 조직이 각 성청에서 독립한 권한을 부여받은 총무청의 기획국으로 이 조직이 중요정책의 조사와 입안, 또는 심의를 하는 이른바 경제참모본부의 역할을 부여받는 것으로 되어 있다.

권력을 일극으로 집중시키는 전체주의적인 통제기구라는 점에서 미야자키 마사요시는 소련형 사회주의 연구에서 이러한 발상을 얻었다고 말할 수 있지만, 공보국公報局을 설치했다는 점은 나치 독일의 선전성宣伝省에 가까운 것이라고 말할 수 있다.[8]

고바야시 히데오小林英夫는 이러한 국책대강을 기획한 미야자키 마사요시의 경제사상에 대해 "중요산업이라고 해도 소련의 사회주의와는 달리 모든 부문을 국유·국영으로 하지 않고, 국영·민영을 병행한다. 다만 중요 민영산업에 대해서는 관료통제를 강화함으로써 국가의 관리하에 둔다. 그럼에도 잘 진행되지 않을 때 전면적인 통제를 실시한다는 원칙을 내걸고 있다"[9]고 하여 반관·반민의 관료통제의 경제구조를 만들려 했다고 한다. 대전제는 다가올 최종전쟁에서 국가의 총력으로 임하는 전쟁경제의 확립이다. 그 내용도 국방·군수산업에 관한 기술이 압도적이다. 이러한 관료통제의 사상이 하나는 만주국의 경제계획으로, 다른 하나는 태평양전쟁하의 일본의 전시통제경제로 갈라졌다. 그 여운은 전후에도 미치고 있다고 한다.[10] 즉, 만주국 경제개발의 밑그림은 미야자키 마사요시에 의해 명쾌하고 구체적으로 이미 입안되어 있었던 것이다.

📍8   小林英夫, 上揭書, p.159

📍9   小林英夫, 上揭書, p.160

📍10   小林英夫, 上揭書, pp.162-163

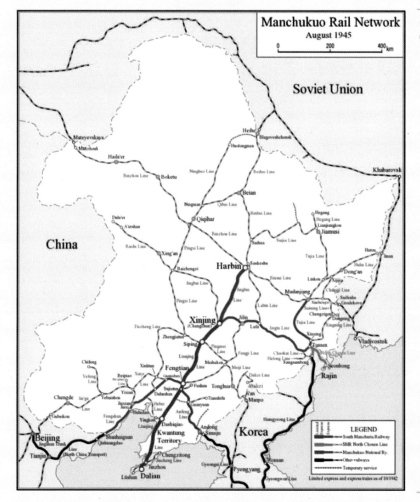

Manchukuo Rail Network
August 1945

0   200   400 km

Soviet Union

China

Korea

LEGEND
South Manchuria Railway
SMR North Chosen Line
Manchukuo National Ry.
Other railways
Temporary service

Limited express and express trains as of 10/1942

1945년 당시 일제가
만들어놓은 만주국 철도 노선

자료 : ko.wikipedia.org

기시 노부스케와 이시와라 간지, 기시 노부스케와 미야자키 마사요시의 관계와 유사한 패턴을 한국 현대사에서도 찾을 수 있다. 즉, 경제개발 5개년계획과 박정희 전 대통령을 자연스럽게 연결시키는 구도는 1961년 5월 12일 제2공화국 민주당 정권하에서, 즉 장면 내각의 부흥부 산하 산업개발위원회가 이미 이 계획을 입안했고 박정희 정권은 사실상 이를 추인한 것에 불과하다는 점을 생각해볼 필요가 있는 것이다. 결과적으로 경제개발은 '박정희에 의해서'라는 상식이 굳어졌다는 점을, 만주

1934년의 이시와라 대좌. 그는 이 시기에 센다이 주둔 제4연대의 연대장이 되었다.

자료 : ko.wikipedia.org

미야자키 마사요시(宮崎正義), 이시와라 간지의 두뇌로 활동

자료 : twitter.com

의 경우 '기시 노부스케에 의해서'라는 말로 치환해보면 양자의 유사성은 명확해 보인다.

즉, 만주에서 테크노크라트로서의 기시의 능력이 발휘된 점을 부인할 수 없을지라도, 그 공을 전적으로 기시에게 돌린다면, 그 공의 주창자도 기시 본인이라면, 상황을 정확히 파악했다고 말할 수 없는 것이다.

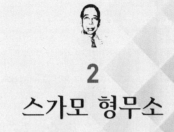

2
스가모 형무소

:

기시 노부스케의 인간적 특질은 스가모 형무소에 수감된 기시 노부스케가 급템포로 변모하는 국제정세와 자신의 안위의 관계를 어떻게 인식했는지 살펴봄으로써 명확해질 것이다. 즉, 스가모의 기시로부터 태평양전쟁, 동경군사재판, 소련, 미국, 그리고 냉전에 대한 인식의 편린들을 살펴볼 필요가 있다. 이러한 편린들에 대한 검토를 통해 기시가 석방 이후의 자신의 미래를 어떻게 구상했는지에 대한 힌트를 얻을 수 있다.

기시는 1945년 9월 전범용의자로 체포되어 요코하마 구치소에 수감된 후 동년 12월 스가모 구치소巢鴨拘置所로 이송되었다. 석방은 1948년 12월 24일 A급 전범 7인이 사형에 처해진 다음 날이었다. 스가모 구치소에서 기시는 《단상록》斷想録과 《옥중일기》獄中日記를 남기고 있다. 그런데 기시 노부스케의 《옥중일기》는 1946년 3월 1일부터 1948년 12월 23일까지를 수록하고 있다. 《岸信介の回

스가모 구치소

자료 : ko.wikipedia.org

想》[11]은 1948년 9월 23일부터 동년 12월 23일까지의 일기를 수록하고 있다. 기시 노부스케의 옥중일기 전체를 사정으로 기시 노부스케를 논한 연구는 하라 요시히사[12]로서 본서는 이들 기록 및 연구를 유기적으로 병용하여 이 시기의 기시 노부스케의 사색의 편린을 살펴볼 것이다. 별도의 각주가 없는 기시 노부스케의 옥중일기의 내용은 하라 요시히사의 연구에서 인용했음을 밝혀둔다.

기시 노부스케의 일기 전체에서 느껴지는 정서情緖는 한마디로 '불안'과 '기대' 사이의 교착이라고 말할 수 있다. 태평양전쟁의 정당성 주장, 동경재판의 부당함 비판, 감옥에서의 비인간적인 대우에도 불구하고, A급 전범으로서, 인간으로서의 기시에게 남겨진 가장 중요한 문제는 자신의 생명을 유지할 수 있는지 여부였다. 즉, 사형에 처해지느냐 석방되어 살아남느냐라는 예측불가능한 운명이었다. 이러한 불안한 미래 앞에 선 기시는 심리적인 불안함을 감추지 않고 있다. 이에 대하여 하라 요시히사는 "'극형'인가 '석방'인가라는 틈새에서 초

11 岸信介·矢次 一夫·伊藤隆, 岸信介の回想

12 原彬久, 岸信介 権勢の政治家, pp.111-143

스가모 형무소(Sugamo Prison)

자료 : starnewsonline.com

조해하는 동시에 분개하는 한 인간의 모습을 엿볼 수 있다"[13]고 언급하고 있다.

먼저 기소 여부에 관한 불안이 있다. 1946년 3월 1일의 일기에서 자신에 대한 심문이 전혀 없는 상황에 불안해하는 기시의 모습이 있고, 3월 6일의 일기에서도 다른 A급 전범용의자들과는 달리 자신에게는 심문이 없는 점이 오히려 불안하다고 피력하고 있으며, 3월 7일의 일기에서는 "혼자만 남겨진 듯하여 불안정한 심경"이라고 언급하고 있다. 그러나 이후 3월 14일, 20일, 27일, 28일 계속해서 심문을 받게 된다. 기소 여부와 관련해서는 3월 15일의 일기에서 "이론상 이것기소에서 누락될 리는 없겠지만"이라고 하여 누락을 바라는 실낱같은 희망을 간접적으로 고백하고 있다.

결국 기소와 사형을 한 번은 각오한 기시가 4월 29일의 기소에서 제외되긴 했지만, 이후 실제로 1948년 12월 24일 무죄 석방되기까지 무려 2년 8개월간이나 비관론과 낙관론이 교차하는 정보에 시달렸다고 하라 요시히사는 말하

📍13 原彬久, 上揭書, pp.116-117

고 있다.

한편 기시는 태평양전쟁에 대해서는 어쩔 수 없었던 전쟁이라며 정당성을 강하게 역설하면서 이를 심판하는 동경재판을 강하게 비판하고 있다. 동시에 태평양전쟁에 대한 자신의 책임은 미국 등 연합국에 대해서가 아닌 일본 국민과 천황에 대해서 있다고 고백하고 있다.

> "우리가 전쟁에 졌다는 점에 대해서 일본 국민과 천황폐하에게 책임은 있지만 미국에 대한 책임은 없다. 그러나 승자가 패자를 벌하는 것이어서, 어떤 법률로 우리를 벌하는가. 패했기 때문에 방법은 없다. (중략) 일부 침략전쟁이라고 말하는 자들도 있겠지만, 우리로서는 내밀려 어쩔 수 없이 싸울 수밖에 없었다는 생각을 후세에 확실하게 남겨둘 필요가 있다는 입장을 갖고 동경재판에 임할 입장이었다."[14]

다시 일기로 돌아가면 1946년 11월 13일의 일기에서 '패전'이 "가장 원통한 일"이라고 언급하고 있으며, 5월 16일의 일기에서는 5월 3일에 시작된 동경재판에 대하여 검사단의 발언이 "법률론의 영역에서 대부분 일탈"했다고 말하

스가모 형무소

자료 : m.blog.naver.com

고 있다. 1947년 1월 28일의 일기에서는 '공동모의'라는 검사단의 주장은 "매우 우스꽝스럽다"고 밝히고 있다. 1946년 12월 6일의 일기에서는 '침략전쟁의 준비'라는 검사단의 입장은 "근본적으로 오류"라며 이를 비판하고 있다.

기시 노부스케는 스가모 형무소에서의 미군의 처우에 대해서도 불만을 토

📍14   岸信介·矢次 一夫·伊藤隆, 岸信介の回想, p.108

로하고 있다. 1946년 11월 22일의 일기를 보면 미군장교가 수명의 간수를 거느리고 "벌거벗긴 후에" 지정물 이외 모든 물건을 밖으로 반출한 일이 있다. 기시는 이에 대해 "특히 서적류의 제한, 문방구의 제한은 완전한 언어도단"이라고 비판하고 있다. 또한 "왜 급하게 이렇게 억압적으로 나오는지 이해하기 힘들다. 표면적으로는 민주주의라는 미명하에 이러한 인권유린을 자행하고 있지만 전혀 항의할 방법이 없다"고 고백하고 있다. 즉, 감옥에서 경험한 미군은 "억압과 인권유린과 포학暴虐을 자연스레 행"하는 비인도적인 대상이었다.

즉, 태평양전쟁을 옹호하고, 동경재판을 비판하며, 동경재판의 논리에 불만을 갖고, 스가모 형무소에서의 대우에 대해 비판적인 기시 노부스케의 모습은, 패전국이 된 일본의 비운이라는 감정을 능가하는 강력한 반미감정의 표출이라고 말할 수 있다.

동경재판

자료 : nocutnews.co.kr

그러나 기시 노부스케의 반미감정은 여기까지라고 말할 수 있다. 1940년대 후반 냉전의 기운이 서서히 강해지자 기시 노부스케의 불안과 기대는 후자 쪽으로, 즉 간접적이지만 미국과의 동거를 희망하고, 의지하고, 기대하는 방향으로 변해갔다.

표면적으로는 미국의 부당함과 처우에 불만을 토로하고 있음에도 불구하고 스가모 형무소를 나와 세상의 빛을 볼 수 있을지도 모른다는 희망의 징조들은 기시 노부스케의 '불안'과 비례하여 점차 증가해갔다. 그것은 '냉전'이라는 미소 양진영의 대립이 서서히 현실화되어가고 있는 사실과 연동하는 것이었다.

기시는 1946년 8월 10일의 일기에서 미소 간의 격렬한 대립이 표면화된 파리평화회의에 관심을 표명하고 있다. 파리평화회의는 이탈리아, 루마니아, 헝가리, 불가리아, 핀란드와의 강화조약을 논하기 위하여 1946년 7월 말부터 21개국이 참가하여 개최되었다. 그런데 의사진행방법 및 조약초안의 내용에 관해 미소 간에 심각한 대립이 있었다. 기시의 옥중일기는 동 평화회의를 준비해온 미영불소 4대국 외상회의를 언급하며, 동 외상회의 이래 소련이 평화회의를 질질 끌면서 발칸반도와 지중해 방면의 공산화를 기정사실화하려 하고 있으며, 소련은 미영과 명백한 대립을 표명하고 있다는 점을 언급하며 소련의 행동에 의문을 제기했다.

국제적으로 이러한 상황이 전개되고 있음에도 불구하고, 1946년 8월 10일의 일기에서는 "(일본인은) 경박한 민주주의, 자유주의를 들먹이며 어느 하나도 스스로 사고하고, 스스로 창조하며, 스스로 서고, 스스로 행하려는 기백과 긍지가 없다"며 일본의 상황을 개탄하고 있다. 그러나 동시에 기시는 일본과 기시 자신의 희망을 발견하고 있다. 기시는 8월 11일 산보 중에 같은 전범들 사이에서 "(미소대립을) 일본 재흥의 호기로 보는 희망적 관측에 의견일치"를 보았다고 말하면서 "오랜만에 의기헌앙意気軒昂"의 기분이 되었다고 밝히고 있다. 즉, 석방의 가능성에 대한 지속적인 불안에도 불구하고 희망의 단서 또한 이미 1946년 여름부터 싹트고 있었으며 기시는 이미 이를 포착하고 있었던 것이다.

1947년 3월 12일 트루먼독트린, 6월 5일 마샬플랜이 제시되고, 10월 5일 소련에서 코민포름 설치가 발표되는 등, 미소냉전은 한층 가속화되어간다. 이러한 상황에서 9월 10일 기시의 일기는 "cold war라는 새로운 말이 만들어져 있는데, 바로 양국관계가 그러하다. 과연 hot war가 될지 그 시기는 불확실하다. 세계의 대변국大変局이라고 생각됨과 동시에 일본이 어떤 대책을 세워야 할지를

1946년 3월 26일 일본 스가모 형무소에서 찍은 수형 사진 속의 인물은 당시 미점령군에게 체포되어 형무소에 수감된 일제전범 기시 노부스케다. 미점령군은 다른 전범들은 교수형에 처했으면서도 기시는 전격 석방하였다. 이 기이한 석방 조치는 기시를 일본 총리로 만들어주었으며, 정치적으로 재기한 기시는 전후 일본의 군사적 재무장을 촉진시켰고, 일본의 핵야욕을 되살려놓았다.

자료 : shinmoongo.net

생각한다"고 쓰여 있다. 즉, 기시는 냉전이라는 상황에서 일본이 수행해야 할 사명과 역할을 고민하고 있었다. 1947년 9월 20일의 일기에서도 "점점 심각화하고 있는 미소냉전"을 언급하고 있다. 이는 일본과 기시 자신에게는 "바로 눈앞에서 전개되고 있는" 천재일우의 기회로서 매우 긍정적인 상황이었다.

1948년 3월 16일의 일기에서는 "(미국이 대 일본 정책을) 명확한 목표하에 다시 수립할 필요에 직면하고 있다"고 하여 기대와 희망을 언급하고 있다. 동시에 4월 17일의 일기에서는 기존의 미국의 대 일본 정책이 "(그 의의를) 대부분 상실해가고 있다"고도 언급하고 있다. 동년 10월 7일의 일기에서는 "방공장벽으로서의 일본과 독일을 타도하고 해체하는 영미 민주주의가 과연 어떠한 방책을 가지고 있을까?"라고 하여 '방공장벽'으로서 일본의 역할을 미국이 자각해야 한다고 피력하고 있다.

여기서 '방공', 즉 '反공산주의'는 기시의 초기 사상 자체에서 이미 형성되어 있었고, 역설적으로 스가모 형무소라는 '자유의 박탈' 경험을 통하여 한층 강화되었다. 기시는 대학생 시절 자신이 "가장 싫어했던 것이 신인회(新人会)의

미국의 유력한 시사주간지
타임은 1960년 1월 25
일부 표지인물로 일본의
극우정치권을 대표하는 기시
노부스케를 선정하였다.
원폭투하로 불타는 피폭도시의
폐허에서 회생한 불사조 한
마리가 일제침략의 상징인
욱일승천기를 향해 두 날개를
활짝 펼치고 날아오르려는
기이한 상상도가 배경에
그려졌다. 미국은 1급 전범
출신인 그를 처형하지
않고 석방해주었고, 결국
국제정치무대에 불사조의
모습으로 화려하게 등장시켜
아시아의 반공돌격대장으로
이용하였다.

자료 : shinmoongo.net

학생운동"[15]이었으며, 당시 자신의 사상은 '국수주의자'로서 "자연스럽게 반공
적인 무드 속에서 성장했으며", "코뮤니즘에 대한 자신의 기분은 감정적으로
일종의 증오를 포함하고 있다"[16]고 술회하고 있다. 이러한 공산주의, 사회주의
에 대한 반발을 더욱 결정적인 것으로 만든 것은 그의 감옥생활과 석방에의 기
대감과 연동된 것이었다. 기시는 말한다.[17] "이데올로기란 그 나라가 자주적인
입장에서 결정해야 하는 것"임에도 불구하고 공산주의는 "세계의 공산화를 목
적으로 해왔기 때문에 (중략) 공산주의라는 것에는 절대 반대"다. "나처럼 감
옥생활을 해본 사람이 아니면 참된 자유가 얼마나 고마운지 알 수 없다. 일본

📍15   原彬久 篇(2003), 岸信介証言録, 毎日新聞社, p.242

📍16   原彬久 篇, 上掲書, p.356

📍17   原彬久 篇, 上掲書, pp.332-333

스가모 형무소

자료 : pinterest.jp

인은 자유의 고마움을 모른다. 너무나 자유롭기 때문에"라고.

요컨대 대학생 시절부터 "반공적인 무드" 속에 있었던 기시 노부스케는 스가모 형무소 내에서 접하는 냉전의 격화와 자유의 박탈이라는 경험을 통해 '반공'의 강도를 석방에의 기대감과 함께 강화하고 있었다. 이러한 경향은 1948년 11월 3일 장개석이 만주 방기를 발표하고, 9월 24일 공산당이 이미 제남을 장악하고, 10월 19일 창춘을 점령하며, 9월 9일 한반도 북부에 김일성에 의한 공산당 정권이 들어서자 "동아 전체의 적화"에 대한 현실적인 위협으로 점증되어 갔다.

3
헌법개정운동의 독점

이와미 다카오岩見隆夫는 만주의 기시 노부스케에 대해 "정치인간이 되려는 기시에게 만주는 아주 좋은 무대였다"고 한다. 이와미는 무토 도미오武藤富男를 인용하며 기시가 만주에 체재했던 1936년에서 1939년 사이 이미 만주는 전시체제여서 "능률과 합리성이 가장 우선시되었기 때문에, 능력이 있는 인간이라면 능력에 맞게 등용되어 실력을 발휘할 수 있었다. (중략) 기시는 만주라는 절호의 정치학교에 입학한 셈이며, 본인이 의도했건 하지 않았건, 충분히 정치훈련을 받을 수 있었다"고 말하고 있다.[18]

이와미 다카오는 이렇게 훈련된 결과 형성된 기시의 정치적 스타일에 대해 "싸움을 건 후 이를 디딤돌로 비약을 노리는 것이 기시의 상투수단인데, 이러한

---

18   岩見隆夫, 岸信介 昭和の妖怪, 人物文庫, pp.99-100

스타일은 만주생활을 통해 더욱 잘 연마되었다"[19]고 요약하고 있다. 이를 풀이하면 논쟁적인 상황을 만들어내고, 이를 확대시켜, 그 상황에서의 자신의 위상을 명확히 한 후, 이를 대내외적으로 천명·확대시키는 수법이라고 말할 수 있다.

이러한 기시의 '상투수단'이 전형적으로 발휘되는 것이 스가모 형무소에서 석방된 이후 기시가 주목한 일본국 헌법의 개정 문제라고 할 수 있다. 또한 이 문제는 2018년 10월 현재의 내각총리대신인 아베 신조와 접점을 이루는 민감한 사안이기도 하다.[20]

물론 이와미는 이러한 기시의 스타일의 예로서 만주에서 귀국하기 직전 일본에 체제했던 시기의 기시가 일본의 관료는 모두 "비평가" 일색이며, "회의를 한다고 해도 결정을 하지 못하는 회의를 할 뿐이다"라고 비판한 점을 들고 있다. 간접적으로는 1929년 10월 관리 월급의 10% 감봉에 반대하는 운동을 주도했다는 점을 염두에 둔 것일지도 모르지만, 시간적으로는 전후 대상으로서는 일본국 헌법의 개정 문제 및 (구)안보조약의 개정 문제에서 가장 전형적으로 표출되었다고 말할 수 있다. 본서에서는 특히 전자에 대해 검토해보고자 한다.

기시 노부스케는 1952년 4월 일본재건연맹日本再建連盟을 결성하여 서서히 정치 복귀를 준비한다. 1952년은 기시가 공직추방에서 해제된 해이다. 7월 일본재건연맹 회장에 취임하여 동년 10월 총선거에 나갔지만 참패한다. 1953년 3월 자유당自由党에 입당하여 동년 4월 중의원의원에 당선된다.

1953년 12월 기시는 요시다 시게루吉田茂의 요청으로 자유당헌법조사회自由

📍19 岩見隆夫, 上揭書, p.101

📍20 이와 관련하여 1953년 아이젠하워 대통령 당시 국무장관이었던 존 덜레스(John F. Dulles)는 공산주의 봉쇄정책에서 반격정책으로 정책을 변경했다. 이러한 덜레스의 입장에서 본다면 헌법을 들먹이며 군비증강을 하려 하지 않는 요시다 시게루(吉田茂)는 낙제, 개헌을 통해 군비증강을 시도하려는 하토야마 이치로(鳩山一郎)는 일부 긍정적이지만 중공 및 소련과 국교를 회복하려 하는 등 미국에서 벗어나려 했다. 바로 그때 미국은 개헌·군비증강·친미·반공의 입장을 취하는, 요컨대 요시다와 하토야마의 좋은 점을 겸비하고 있는 기시 노부스케를 발견했다. 마찬가지로 기시도 자주헌법·자주방위·아시아에의 경제진출이라는 독자적인 노선을 반공·친미라는 틀로 연결하여 전개하려고 했다. 양자의 이익이 부합한 결과 일본과 미국의 관계는 종속적인 동맹관계로 변질되었다 (宮崎学, 安倍晋三の敬愛する祖父 岸信介, p.143).

党憲法調査会[21] 회장에 취임한다. 발회식은 1954년 3월 12일이었다. 헌법조사회 회장의 요청을 수락하면서 기시는 요시다에게 "저도 실은 현재의 헌법을 개정 해야 한다는 생각을 갖고 있습니다. 이 헌법은 애초부터 제정 경위가 잘못되어 있습니다. 헌법조사회 회장으로서 그러한 생각을 갖고 진행하고 싶습니다"[22]라 고 의욕을 표명하고 있다.

자유당헌법조사회에서 1954년 11월 5일 마련한 일본국 헌법개정요강日本国 憲法改正要綱은 전문 3개 조문, 천황 5개 조문, 국가의 안전과 방위 3개 조항, 국민 의 권리 및 의무 6개 조문, 국회 11개 조문, 내각 9개 조문, 사법 7개 조문, 재정 7개 조문, 지방자치 3개 조문, 개정, 최고법규로 이루어져 있다.

전체적으로 자유당헌법개정요강은 (1) 일본의 역사와 전통 강조, (2) 천황의 권한 강화, (3) 군대의 보유, (4) 국민 기본권의 광범위한 제한, (5) 헌법개정절차 의 간소화를 특징으로 하고 있다. 이러한 특징은 2012년 4월 27일 마련된 자 민당의 일본국 헌법개정초안日本国憲法改正草案과 대체로 유사하다고 말할 수 있 을 정도다.[23] 즉, 현행 일본국 헌법을 기준으로 본다면 개악改悪이라고 할 수 있 을 만큼 전전적·보수적·후진적인 내용이라고 할 수 있다. 이 점은 "전후레짐으 로부터의 탈각"을 주장하는 아베 신조가 헌법개정에 관해서는 명확히 기시 노 부스케를 계승하고 있다는 점을 방증한다.

1954년 11월 자유당에서 제명된 기시는 일본민주당日本民主党 간사장에 취임 한다. 그러나 1955년 11월 15일 자유당과 일본민주당이 합당하여 자유민주당

📍21　한편 1956년 6월 11일에는 일본국 헌법의 검토 외에, 관계된 문제를 심의할 목적으로 '내각에' 헌법조 사회를 설치할 것을 규정한 법률이 공포·시행되었다. 1965년 6월 3일 이 법의 폐지에 따라 헌법조사회도 폐지 되었다. 국회 양원의 헌법조사회는 국회법의 일부개정에 따라 2000년 1월 20일 중의원과 참의원에 별도로 설치 되었다. 각각 '중의원 헌법조사회', '참의원헌법조사회'다. 국회법의 일부개정에 따라 2007년 8월 7일에 양 의원 에 후계조직인 '헌법심사회'가 설치됨에 따라 폐지되었다.

📍22　原彬久 篇, 岸信介証言録 p.75

📍23　이에 대해서는 (사)한국의정연구회(2016.12) 〈일본의 헌법개정의 현실화와 한국 국회의 대응방안 〉(2016년도 국회사무처 연구용역보고서)을 참조

1955년의 자유민주당
창당대회

자료 : ko.wikipedia.org

일명 자민당을 구성하자 기시는 동당의 간사장에 취임한다.

기시 등의 영향으로 1955년 자민당 '정강政綱'으로 자주헌법론이 채택되었다. 정강의 제6은 "독립체제의 정비-평화주의, 민주주의 및 기본적 인권의 존중의 원칙을 견지하면서, 현행헌법의 자주적 개정을 꾀한다. 또한 점령제법제를 재검토하여, 국정에 따라서 이의 개폐를 행한다. 세계의 평화와 국가의 독립 및 국민의 자유를 보호하기 위해 집단안전보장제도하에서, 국력과 국정에 상응한 자위군비를 정비하여, 주류하는 외국군대의 철퇴에 대비한다"고 하여 '자주헌법'과 '자위군'을 명확히 규정하고 있다. '당의 사명'에서도 "현행헌법의 자주적 개정을 비롯한 독립체제의 정비"를 언급하고 있다.

상기의 헌법개정에 관한 여러 논의가 주로 자유당 혹은 자민당 내 일부의 동향에 관한 것이라면, 정당을 초월한 국회의원 모임이 자주헌법기성의원동맹自主憲法期成議員同盟이며, 헌법개정을 위한 대국민 실천단체가 자주헌법제정국민회自主憲法制定国民会議 로서, 양 단체에서 기시의 위상은 압도적이다.

먼저 1955년 7월 11일 자유당·민주당·개진당改進党, 녹풍회緑風会 등 개헌지향의 의원이 합류하여 300명 정도가 자주헌법기성의원동맹自主憲法期成議員同盟

자주헌법기성의원동맹·
자주헌법제정국민회(題字는
기시 노부스케)

자료 : kiyohara-junpei.jp

을 결성했다.[24] 초대회장은 녹풍회의 히로세 히사타다广瀬久忠, 2대 회장은 무라
카미 기이치村上義一, 기시 노부스케는 1969년부터 사망하는 1987년까지 회장
직을 역임했다. 현재의 자민당은 이 단체 설립 4개월 후에 탄생하여 자주헌법제
정이 정강에 들어가게 되었다. 자민당 정부는 즉시 내각에 헌법조사회를 설치
하고, 자주헌법의 제정을 추진하였다. 하지만 1956년 7월의 참의원 선거에서 자
민당은 헌법 '개정' 발의에 필요한 3분의 2 의석을 얻지 못 했다. 국민들 사이에
서는 헌법개정에 반대하는 운동이 지속되었다. 자주헌법기성의원동맹은 2007
년 3월 27일 신헌법제정의원동맹新憲法制定議員同盟으로 개칭하여 보수계 제 정당
의원들을 포함하였고, 전 수상인 나카소네 야스히로中曽根康弘가 회장으로서 동
동맹을 대표하고 있다.

한편 자주헌법기성의원동맹을 지원·연대하기 위한 목적으로 1969년에 설립

24　이하 두 단체에 대해서는 http://poligion.wpblog.jp/archives/4965(2018.07.25 검색) 참고

된 단체가 자주헌법제정국민 회의自主憲法制定国民会議[25]의 새 로운 헌법을 만드는 국민회의 新しい憲法をつくる国民会議이다.[26] 이 단체의 초대회장은 기시 노 부스케이다. 1979년 이후 국 회의 의원회관 등에서 매월 한

나카소네 야스히로

자료 : ko.wikipedia.org

번씩 '자주헌법연구회새로운 헌법을 만드는 연구회'를 민간·학자·의원 합동으로 개최 한다. 그리고 1969년 이후 매년 5월 3일 자주헌법제정국민대회새로운 헌법을 만드 는 국민대회를 개최하고 있다. 2018년 5월 3일에는 제49회의 국민대회를 개최하 였다. 1969년 설립 이래 매년 1회 개최하는 셈이다.

기시 노부스케가 1987년 사망한 후에는, 기무라 무쓰오木村睦男가 1987년부 터 2001년까지, 사쿠라우치 요시오櫻内義雄가 2001년부터 2002년까지, 2011년 부터는 기요하라 준페이清原淳平가 회장에 취임하고 있다.

이처럼 전후의 헌법개정운동에는 기시 노부스케의 그림자가 강하게 드리워 져 있다. 하지만 일본의 헌법개정을 요구하고 있는 것은 후술하는 것처럼 미국 의 대일본 정책의 일환으로서 기시 노부스케의 간접적인 요청이라는 점 또한 무시할 수 없다. '강제押し付け'를 전면에 내세우면서 이를 추진력으로 하여 헌법 개정운동을 확산시키려는 기시 노부스케에게서 발화된 불씨는 운동 자체 및 주역으로서 기시 자신의 위상과 존재감을 과시하려는 개인적·정치적 이익과 연 동하고 있다. 이 점은 아베 신조도 예외는 아니다.

📍25　기시 노부스케는 1969년부터 1982년까지 자주헌법제정국민회의 회장을 역임했다.

📍26　양 명칭은 병렬적으로 사용되고 있다. 최초에는 자주헌법제정국민회의, 이후 새로운 헌법을 만드는 국 민회의를 추가한 것 같다. 그러나 언제부터 그랬는지 정확한 연대를 확인할 수 없었다는 점을 밝힌다. 동 단체 에 대한 내용은 새로운 헌법을 만드는 국민회의의 홈페이지 http://atarashii-kenpou.jp/index.html(2018.07.25 검색)에 의함을 밝혀둔다.

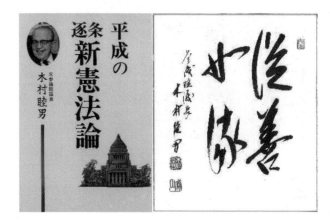

기무라 무쓰오의 저서와 글씨

자료 : 119.245.209.164

즉, 기시 노부스케는 전략적 이익을 위해 일본의 헌법개정을 촉구하는 미국의 뒷받침을 전제로, 개정에 대한 일본 국내의 거센 반대운동을 의식하면서도, 아니 어떤 측면에서는 이러한 반대로 인한 개헌의 곤란성을 적극적으로 이용했다. 그러면서 좀처럼 해결되지 않고 지속될 수밖에 없는 '헌법개정 운동'의 주역은 '자신'이라는 자리매김을 명확히 하고 있는 것이다.

박정희와
기시 노부스케

국가건설의 **철학**

자조론

1
개 요

자조론自助論은 보통 심리학에 기반을 둔 개인 성장 운동personal- development movements을 일컫는 말이다. 흔히, 처세술 혹은 처세학, 자기계발이나 잠재력 계발이라고도 하며, 일반적으로 목표 설정goal setting, 시간 관리time management, 리더십leadership, 지도력, 동기부여motivation 등을 포함한다.

자조는 새마을운동의 정신 중에 두 번째에 해당하는 것으로, '스스로 돕는다'라는 의미이다. '하늘은 스스로 돕는자를 돕는다'는 의미보다는 자신 스스로가 삶을 개척해나가는 개척자의 정신을 내포하고 있다.

의미

· 자기 자신을 아는 것으로부터 시작한다. 자신의 처지와 상황을 먼저 아는 것이 문제 파악의 첫 번째 단계이다. 이것은 소크라테스의 '네 자신을 알라'를 함축적으로 표현하고 있다. 자신에 대한 정확한 분석이 문제 해결의

하늘은 스스로 돕는자를
돕는다.

자료 : post.naver.com

중요한 열쇠인 것이다.

· 자기 위치를 지키는 것이다. 국가 안보의 기본은 스스로 자신을 지키는 정
  신에서 비롯된다. 자주국방의 기초로써 자조정신은 안보의 밑거름이 된다.

· 자기가 해야 할 일을 하는 것이다. 자조는 의지와 관련이 있다. 내가 해야
  할 일은 남에게 미루지 않고 스스로 해야 하는 당연함의 근거를 제시한다.
  즉, 독자적인 힘으로 일을 헤쳐나가는 의지의 발현이다.

2
새뮤얼 스마일즈의 《자조론》

:

개요

새뮤얼 스마일즈Samuel Smiles, 1812.12.23~1904.04.16는 스코틀랜드 작가이다. 해딩턴에서 11명 중 장남으로 태어났다. 14살 때 학교를 중퇴하고, 의사 밑에서 보조일을 하다가, 에딩버러대학에서 의학 공부를 했다.

그의 대표적인 작품으로《자조론》Self-help이 성공학의 고전으로 꼽힌다. 흔히 그의 네 가지 작품을 스마일즈의 4대 복음이라 부르기도 하는데 다음과 같다.

- Self-Help자조론, London, 1859
- Character인격론, London, 1871
- Thrift검약론, London, 1875
- Duty의무론, London, 1880

새뮤얼 스마일즈

자료 : bonlivre.tistory.com

자조론

영국 등 전 유럽은 물론, 패전 후 희망을 잃어버린 일본까지 경제 강국으로 이끌었던 《자조론》이 '1881년 개정증보판완역본'으로 출간됐다. 《자조론》은 "하늘은 스스로 돕는 자를 돕는다"라는 경구로 유명한 새뮤얼 스마일즈의 대표작으로 고대 그리스·로마시대부터 근대에 이르기까지 100명이 넘는 위인의 생애와 업적을 증거로 이 격언이 진리라는 것을 입증하고 있다. 개인의 행복과 안위는 제도나 출신 배경에 좌우되는 것이 아니라, 자기 자신을 스스로 도우려는 정신, 즉 자조정신에 달려 있다. 특히 빛나는 업적과 흥미로운 사건을 중심으로 각 나라의 흥망성쇠와 개개인의 생애를 간략하게 설명하며, 자조정신을 발현한 인물들의 끊임없는 소개를 통해 현재 열악한 환경에 있는 이들에게 힘과 용기를 준다.

세기를 뛰어넘는 주옥같은 명언을 남긴 새뮤얼 스마일즈의 대표작인 이 책은 여러 계층을 아우르는 수많은 평범한 사람들이 각자 자신이 처한 삶의 현장에서 근면과 성실, 용기와 불굴의 노력으로 자신의 운명을 개척한 이야기를 담고 있다.

다시 일어서야 하는 용기를 필요로 할 때, 무기력함 때문에 의욕을 상실하고 방황하고 있을 때, 문제 해결을 위한 예리한 지혜를 구할 때, 지친 심신을 재

충전하는 여유 시간을 갖
고 싶을 때 잠시 새뮤얼 스
마일즈가 인도하는 자조정
신을 찾아 떠나는 여행길에
나서보자. 어느새 당차게 세
상살이의 거친 파고를 헤쳐
갈 수 있는 용기와 지혜 그
리고 교훈을 듬뿍 얻을 수
있을 것이다.

새뮤얼 스마일즈의 《자조론》

자료 : globalgreyebooks.com

 2002년 출간된 영국 옥스퍼드 비평판의 완역본으로 풍부한 평주와 인물
해설을 포함시켜 독자들이 고전의 향기를 그대로 느낄 수 있도록 국내에서도
2005년에 소개되었다.[1]

 《자조론》의 개요를 소개하면 다음과 같다.

 1859년, 첫 출간돼 영국 등 전 유럽은 물론, 1945년 패전 후 모든 희망을 잃
어버린 일본까지 경제강국으로 이끌었던 《자조론》이 《인격론》에 이어 완역개정
증보판 출간됐다. "우리는 제도를 너무 믿는 반면, 사람에게는 관심을 거의 기울
이지 않는 경향이 있다"고 했다. 스마일즈가 첫 장chapter에서 인용하고 있는 말
로 나와 조직을 이끌어가는 것은 바로 '나' 자신인 것이다. 내가 바로 서야 나
라가 바로 선다. 내가 바로 서야 성공할 수 있다. 내가 바로 서야 세상이 제대
로 굴러간다. 저자 새뮤얼 스마일즈는 이 책을 통해 사람의 힘의 정수를 보여
주고 있다. 그 힘의 원천에 바로 '자조정신'이 있다. 자조, 즉 스스로 돕는다는
것은 근면, 인내심, 끈기, 성실, 정직 등으로 자신을 키우고, 전념, 검소, 검약, 시
간 엄수의 습관을 들이며, 건전한 몸과 마음을 유지하는 것을 뜻한다. 이렇게

─────────

1 　새뮤얼 스마일즈(2005), 공병호 역, 《새뮤얼 스마일즈의 자조론》, 비즈니스북스

스스로를 도울 때만이 성공적인 삶을 살아갈 수 있다. 이렇게 자조하는 국민들이 가득할 때라야 비로소 국가가 제대로 발전한다.

《자조론》 일본어판

자료 : bidbuy.co.kr

"하늘은 스스로 돕는 자를 돕는다." 멋진 경구로 시작되는 이 책은 이 경구가 진리라는 사실을 입증하기 위해 원고지 2천 매가 넘는 글을 동원하고 있다. 100명이 넘는 인물을 넘나들면서 자조정신이야말로 개인과 국가의 미래를 보장할 수 있다는 메시지를 던진다. 자조정신을 구성하는 요소로 인내, 끈기, 근면, 성실, 정직, 전념 등을 소개하고 있는데, 그중에서도 특히 인내와 끈기의 미덕이 책 곳곳에 담겨 있다. 아무리 뛰어난 재능을 가졌더라도 그것을 성숙하게 만들어 자신만의 능력으로 승화시키기 위해서는 고된 훈련을 이겨낼 수 있는 인내와 끈기가 필요하다. 비즈니스 자질을 소개하는 9장은 18세기의 시각임에도 불구하고 구구절절 고개를 끄덕이게 한다. 특히 사업가의 자질을 예술가의 그것과 비교하는 부분은 신선함마저 준다. 정직의 중요성을 밝히고 있는 부분은 최근의 국내 상황과 오버랩overlap되어 더 큰 공감을 불러일으킨다.

이 책은 처음부터 끝까지 사람 이야기다. 자조정신을 발현한 인물들의 끊임없는 소개를 통해 스마일즈는 현재 열악한 환경에 있는 이들에게 힘과 용기를 준다. 초판 서문에서 보다시피 스마일즈는 야학에서 공부하고자 하는 학생들에게 힘을 주기 위해 이 이야기를 강연했고, 그것이 결국 지금의 《자조론》을 있게 했다. 결국 그는 자신의 의도와 목적을 관철시켰다. 수많은 이들이 이 책을 통해 힘과 용기를 얻었기 때문이다. 600쪽에 가까운 분량과 고전이라는 장식이 주는 두려움 역시 기우일 뿐이다. 또한 목차대로 읽어야 한다는 고정관념도 이 책과는 관계없다. 어디를 펴서 읽더라도 내용을 이해할 수 있을 뿐만 아니

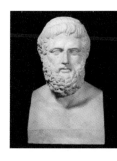

신은 행동하지 않는 자에게는
절대로 손을 내밀지 않는다.
-소포클레스

하늘은 스스로 돕는 자를
돕는다.

자료 : blog.daum.net

라, 일부분만 읽어도 자조정신을 맛보는 데 전혀 지장이 없다. 아마 그것이 이 책의 가장 큰 미덕이 아닐까.

사실 《자조론》은 이렇게 구구절절 설명할 필요가 없는 자기계발과 성공의 '경전經典'이다. 200년 가까운 세월이 흘렀음에도 세계적인 사랑을 받고 있다. 특히 마거릿 대처 등 영국의 수상들은 항상 이 책을 국민 도서로 소개해왔다. 그뿐만 아니라 성공과 자기계발의 원리를 가르쳐온 나폴레온 힐, 데일 카네기 등 걸출한 성공학 강사들 모두 이 책의 정신적 자녀다. 1906년 잡지 《조양보》 朝陽報[2]를 통해 국내 처음 번역 소개된 이래 다양한 형태로 변주돼왔던 이 책이 또 출간된 이유는 무엇일까? 지금까지는 원본의 무시 못할 분량과 번역의 어려움 때문에 대개 편역의 형태로 출간돼왔다. 이제야 고전을 완역으로 제대로 읽을 수 있게 된 것이다.

《자조론》의 서평은 다음과 같다.

성공과 자기계발, 기업 경영의 세계적 명저! 명실상부한 자기계발서의 원전!

이 책은 "하늘은 스스로 돕는 자를 돕는다Heaven helps those who help themselves"라는 익숙한 금언을 첫 문장으로 기업가, 노동자, 기술자, 과학자, 발명가,

⚲2   1906년 장지연이 국민에게 지식을 보급하고 국내외 정세를 보도하기 위하여 창간한 잡지

군인, 정치가, 예술가 등 가난
과 역경을 이겨내고 개인적인
성공과 함께 인류 문명의 발전
을 성취한 사람들의 삶을 다
루어 '위대한 평민들의 위인
전', '만인을 위한 만인의 자기
계발서' 등으로 불리면서 200

나폴레온 힐이 배운 인생
최고의 교훈

자료: yesmydream.net

여 년 동안 수천만 명의 사람들의 인생을 바꾸면서 사랑을 받아온 책이다. 대중
적인 자기계발서의 효시이자 이 분야 최초의 베스트셀러인 동시에 영국 빅토리
아시대 중간 계급의 급진적인 민주주의 가치관과 도덕을 전파한 책이기도 하다.
이 책은 같은 시기에 나온 기념비적인 책들인 존 스튜어트 밀의 《자유론》, 찰스
다윈의 《종의 기원》, 찰스 디킨스의 《두 도시 이야기》와 어깨를 나란히 하면서
무명의 철도 회사 직원이자 의사인 스마일즈를 일약 명사로 만들면서 세계 각
국의 언어로 번역 소개되었다.

　데일 카네기, 맥스웰 몰츠, 나폴레온 힐, 노먼 빈센트 필, 스티븐 코비, 켄 블
렌차드 등 저명한 자기계발서 저자들은 모두 이 책의 정신적 자녀이며 그들은
한목소리로 그것을 자랑스럽게 인정한다. 마거릿 대처 등 영국 역대 수상들이
매번 '국민 도서'로 손꼽았으며 고이즈미 일본 수상은 집권 후 시정 연설에서
이 책을 '21세기 일본 국민의 필독서'로 강력하게 추천했다. 외국인 저자의 번
역서임에도 불구하고 일본에서도 100만 부가 판매되어 '오늘의 부강한 일본을
만든 책'으로 평가되는 이유는 무엇일까?

부와 행복은 제도나 국가가 아니라 오로지 개인의 노동과 근면으로부터 나온다!

　저자는 자신이 고향 소도시의 작은 야학에서 행한 강연 원고를 바탕으로 당
대의 생생한 실례를 일일이 제시하면서 근면과 인내의 덕목으로 분투하면 누
구나 부와 성공을 얻을 수 있다는 메시지를 전달하고 있다. 그 때문에 이 책은

각각 최소의 번영기와 본격적
인 부국강병의 시대를 열어나
가던 영국과 일본의 중산층
에게 복음서와 맞먹는 것이었
다. 또한 차티즘을 적극적으
로 지지한 사회 개혁가이자 지

오늘의 부강한 일본을 만든 책
《어린이 자조론》

자료 : bidbuy.co.kr

역 언론인이었던 저자의 영향력은 노동자 계급까지 파급되어 결과적으로 전 사
회적인 경제 활동 인력의 분발과 노력을 촉발함으로써 이 책을 '서구 제국의 국
부國富를 만들어낸 텍스트'가 되게 하였다.

　이 책이 대중의 환영을 받은 것은 신분의 제약이나 타고난 재산의 유무에 관
계없이 누구나 의지와 노력을 통해 부와 성공을 얻을 수 있다는 기본 메시지
때문이다. 스마일즈는 기존의 영웅의 자리에 열심히 땀 흘려 일하는 개인을, 타
고난 부와 재능의 자리에 자기 분야에 대한 몰입과 열정을 대치시켰다. 그는 모
든 사람을 백지 상태에 놓고 그가 근면과 열정, 몰입을 통해 거기에 무엇을 그
려넣었느냐를 따진다. 따라서 자신의 안락한 처지에 만족하지 않고 노동을 통
해 공공의 이익에 기여한 귀족과 부자, 기업가와 공장주도 존경과 찬양의 대상
이 된다. 세습적인 부, 귀족 작위와 같은 기득권이나 천부적인 재능, 뛰어난 영
웅의 지도력에 의해서가 아니라 평범한 개인, 그것도 대부분 가난과 역경 속에
서 끊임없이 노력하고 일하는 사람들에게 사회의 발전이 달려 있다는 메시지
와 더불어 책에 등장하는 수많은 당대 인물들의 구체적인 예증은 이 책에 큰
힘을 실어주었다. 영웅이 아닌 범인, 천재가 아닌 노력가, 재능보다는 열정, 자본
보다는 검약이 사회 발전의 원동력이라는 생각이 이 책 전체를 관통하고 있다.

인격과 도덕에 대한 금과옥조의 경구!

　'자조'를 통한 성공과 번영과 함께 이 책을 떠받치고 있는 또 하나의 축은 인
격과 도덕의 가치이다. 스마일즈는 시대와 계급을 초월한 개인의 덕목을 나열

자조론 - 가만히 있으면
아무것도 얻지 못한다.

자료 : m.blog.naver.com

하면서 당대의 사회적 악덕에 대한 비판도 빼놓지 않았다. 산업화와 자본주의의 길을 걸은 사회는 어디든 비슷한 사회 문제를 드러내게 마련일 터이다. 따라서 이 책이 담고 있는 돈과 신용에 대한 이해, 특히 부자와 권력자, 리더가 갖추어야 할 인격과 도덕의 문제, 사회 정의와 관련된 내용들은 오늘날의 한국 사회와 관련해볼 때 전혀 새삼스럽지 않게 읽힌다. 부패와 도덕적 해이, 기업 윤리와 신용 불량, 교육 문제 등에 대한 이 책의 매우 상세한 논의가 전혀 낡거나 녹슬지 않았다는 사실을 확인하는 것도 이 책을 읽는 큰 보람과 흥미라 할 수 있을 것이다.

이 책으로 인생이 바뀐 사람의 이야기는 수없이 많다. 특히 영화에서도 묘사되어 큰 감동을 주었던 타이타닉호 사건 당시의 희생정신도 이 책에서 비롯되었다. 영국 해군 수송선인 버큰헤드호 침몰에 관한 이야기가 그것이다. 당시 승선했던 병사 전원은 부녀자와 아이들을 먼저 구명보트에 태운 후 갑판에 도열한 채 배와 운명을 함께했다. 그 이전의 재난과 사고에서는 희생자의 대부분이 여성과 어린아이였다. '여자와 어린이부터'라는 원칙은 이 사건이 이 책에 의해 전 세계에 널리 알려진 이후부터였다.[3]

⚲3   1852년 2월 남아프리카공화국 케이프타운 근처 바다에서 영국 해군 수송선 버큰헤드호가 암초에 부딪

《자조론》이라는 책을 통해서 버큰헤드호의 이야기가 세상에 알려지게 되었다. 급박한 상황에서도 여자와 어린이처럼 약자를 우선시하는 '버큰헤드 정신'은 이후 많은 배 사고에서도 발휘되었다.

자료 : m.blog.naver.com

이 책을 읽은 사람과 읽지 않은 사람, 이 책을 아는 기업과 모르는 기업은 다르다!

이 책의 평주와 해제를 담당한 편집자 및 최근의 연구자들은 귀족 정치에 반대하는 의회 개혁 운동과 노동자 교육에 몸담았던 스마일즈의 급진적 정치 성향을 중시한다. 즉, 이 책은 대영제국으로 표상되는 빅토리아시대 중기의 낙관주의의 표현이 아니라 차티즘과 같은 급진적인 개혁 운동이 실패한 이후 중산층 이하의 정치적 열망을 표출하는 텍스트이며, 단순한 입신출세를 부추기는 것이 아니라 '열심히 일해 가난을 벗어나자'라는 슬로건을 뛰어넘어 '절제와 극기, 자기 해방을 지향하는 인간 정신의 진보'를 담은 책으로 평가받고 있다.

허 가라앉기 시작했다. 승객은 영국 73보병연대 소속 군인 472명과 가족 162명. 구명보트는 3대뿐으로 180명만 탈 수 있었다. 탑승자들이 서로 먼저 보트를 타겠다고 몰려들자 누군가 북을 울렸다. 버큰헤드 승조원인 해군과 승객인 육군 병사들이 갑판에 모였다. 함장 세튼 대령이 외쳤다. "그동안 우리를 위해 희생해온 가족들을 우리가 지킬 때다. 어린이와 여자부터 탈출시켜라." 아이와 여성이 군인의 도움을 받아 구명보트로 옮겨탔다. 마지막 세 번째 보트에서 누군가 소리쳤다. "아직 자리가 남아 있으니 군인들도 타세요." 한 장교가 나섰다. "우리가 저 보트로 몰려가면 큰 혼란이 일어나고 배가 뒤집힐 수도 있다." 함장을 비롯한 군인 470여 명은 구명보트를 향해 거수경례를 하며 배와 함께 가라앉았다.

1859년 작가 새뮤얼 스마일즈가 책을 써 이 사연을 세상에 알렸다. 이때부터 영국 사람들은 큰 재난을 당하면 누가 먼저랄 것 없이 '버큰헤드를 기억합시다'라고 말하기 시작했다. 위기 때 약자(弱者)를 먼저 배려하는 '버큰헤드 정신'이 영국 국민의 전통으로 자리 잡았다. 1952년 군 수송선 엠파이어 윈드러시호 침몰 사고에서도 버큰헤드 정신은 어김없이 지켜졌다. 알제리 인근 바다에서 이 배 보일러실이 폭발했다. 군인과 가족 1,515명이 타고 있었다. 구명정은 턱없이 모자랐다.

이 책은 참된 인생을 살아가기 위한 '명심보감'이면서 부와 명예의 정도正道, 현실 경제생활에 대한 합리적이고 실용적인 해결책까지 담겨 있어 오늘을 사는 우리에게 커다란 지침이 되어줄 것이다.

나카무라 마사나오의 《서국입지편》

나카무라 마사나오中村 正直, 1832~1891는 메이지 초기의 계몽사상가이자 교육자이다. 호는 게이우敬宇이다. 에도 막부의 하급관리인 나카무라 부헤이中村武兵衛의 장남으로 태어났으며 아명은 센타로釧太郎이다. 카츠라우마 모에몬葛馬茂右衛門에서 유학을, 이시카와 후사토모石川總朋에게서 서예를 배웠다. 1846년 쓰키지 이베 카야마井部香山의 사숙에서 한학을 배웠고 다음 해 카츠라가와 호슈桂川甫周에게서 난학을 배웠다.

1848년 쇼헤이자카 학문소의 기숙사에 들어갔다. 사토 잇사이佐藤一斎에게 유학을, 미츠쿠리 케이고箕作奎吾에게 영어를 배웠다. 1855년에 교수가, 56년에 고후 기텐칸徽典館의 학두가 되었다. 1862년에는 막부에 고용된 유학자가 되었다.

1866년에 카와지 칸도川路寛堂의 보좌역으로 막부에서 파견한 영국 유학생

《서국입지편》 표지

자료 : toyota-global.com

들토야마 마사카즈 등 12인의 감독으로 영국에 갔다. 메이지 유신 뒤에 귀국하여 시즈오카 학문소 교수를 지냈다. 당시 함께 교수생활을 했던 선교사 에드워드 클라크에게 감화되어 평생 친구가 되었다.

교수를 맡고 있던 1870년에, 새뮤얼 스마일즈의 《Self Help》를 《서국입지편》이라는 이름으로 출간해 100만 부 이상 팔려서 후쿠자와 유키치의 《학문을 권함》과 함께 메이지 양대 베스트셀러가 되었다. 《서국입지편》 서문에 유명한 '하늘은 스스로 돕는 자를 돕는다'라는 문장이 나온다. 이 책은 나중에 《자조론》이라는 이름으로 다시 번역된다.

존 스튜어트 밀의 《On Liberty》를 《자유지리》라는 이름으로 번역했고 제러미 벤담의 공리주의사상과 개인의 인격, 존엄성, 자유 등의 중요함을 강조했다. 《자유지리》에는 친구 클라크의 서문도 붙어 있다.

1872년 6월 일본 대장성 번역국장을 거쳐 제국학사회원, 도쿄대학 교수가 된다. 1873년 3월 대장성 관료 퇴임 후 사저에 동인사라는 사숙을 개설해 영어학, 영국학을 가르쳤다. 게이오 의숙이나 공옥사攻玉社 등과 함께 3대 의숙義塾이라는 평을 받았다.

또 1873년 학회의 효시라 할 수 있는 〈메이로쿠샤〉에 참여하여 후쿠자와 유키치, 모리 아리노리, 니시 아마네, 가토 히로유키 등과 함께 계몽사상의 보급에 노력했고 《메이로쿠》 잡지를 발간했다.

1874년 요코하마의 유니온교회에서 선교사인 조지 코크란의 설교를 듣고 그를 동인사의 선생으로 초빙했다. 이후 코크란에게 세례를 받은 뒤 캐나다 감리교인이 되었다. 1890년 귀족원일본에 칙선勅選되어 사망할 때까지 위원이었다. 1891년 58세로 사망했다.

최남선의 《자조론》 번역과 그 의미

최남선은 신문명을 성취하지도 못하고, 우량優良한 전통, 과거의 시간이 버려지는 정신적 공황상태에 있는 조선을 위태롭게 진단하며, 새로운 정신적 지표를 마련하기 위해서 이 책을 번역, 출판하였다.

육당 최남선이 1918년에 우리말로 번역한 《자조론》

자료 : seoul.co.kr

최남선은 조선의 풍부한 역사적 시간과 전통을 '조선의 자원'으로 자부한 바 있다. 그 겹겹의 누적은 현재의 '자기'를 구성하는 성원이며 현재의 자원으로 연결되면서 조선의 진보를 추동하는 하나의 축이 될 수 있는 것이었다. 그는 문명을 창출하는 주체로 재능과 인내심을 가진 '개인'을 상정하고, 이로부터 '자기'를 발동하는 자조의 논리를 구사했다. 개인의 자조와 성공은 국가라는 전체로 연결되는 것이고, 개인은 전체를 전제한 것이었다. 그리고 세계질서 안에서 하나의 성원인 '조선'에 관한 것이었다. 《자조론》을 읽고 번역한 전후의 이 과정은 최남선이 조선 민족 자신-'자기'를 담론화하고, '조선'을 본격적으로 '학문화'하는 계기적 시간이었다. 그가 본문의 번역에서 그치지 않고, 그에 상당하는 비중으로 변언弁言을 썼던 것은, 이 번역이 원인으로서든 결과로서든 원본의 메시지가 갖는 도덕적 교훈, 경제적 가치를 전달하는 것이 목적의 전부가 아니었음을 보여준다. '자조'의 논리는 최남선이 주장했던 바 조선이 풍부하게 갖고 있는 유무형의 전통과, 그가 새로이 발견한 문명의 주체인 '개인'을 통합하며, 조선이 그 문화적 우월함을 복권받고, 동서양을 아우르는 세계무대에 배치되도록 하는 민족주의적 지평으로 길을 열어갔다. 최남선은 1900년대 초반부터 고서 수집, 번역, 출판과 같은 문화 활동을 통해 조선학적인 문제의식을 유지해왔다. 그리고 《자조론》의 변언은 최남선이 그간 얻은 경험과 지식을 토대로, 민족주의적 지평에서 '조선-자기'를 담론화하며 '조선'을 구체적 영역에서 체계화하는 변곡점의 의미와 한계를 분명하게 보여주고 있다.

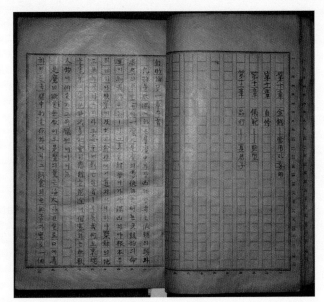

최남선의 《자조론》 원고

자료 : hanauction.com

박정희 정신과
개발철학

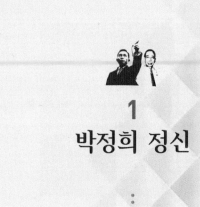

1
박정희 정신

한 인물의 탐구에 '정신'이란 단어가 붙는다면, 그는 정말 행복한 인간이다. 오랜만에 한 인물의 이름 앞에 '정신'이란 단어가 명기된 책이 출간됐다. 책 제목이 《박정희, 그리고 사람》이다.[4]

이 책의 저자는 작가 복거일, 한국원자력연구원장을 역임한 장인순, 조선일보 도쿄특파원 이하원, 박정희 대통령의 치과주치의를 맡았던 유양석, 명지대 명예교수이자 바른사회시민회의 공동대표인 조동근 등 학계·시민사회·언론계 인사 등 34명이다. 나름 각 분야에서 전문가라고 평가받는 이들이다.

34명이나 되는 전문가들이 각자 자신의 박정희 체험담, 박정희시대의 의미,

📍4 펜앤드마이크(2019.02.07), 윤희성, "신간 '박정희, 그리고 사람' 출간… 지금 필요한 건 박정희 정신"

특별좌담회 참석자들이 2018
년 11월 6일 오전 서울 중구
한국프레스센터에서 열린
박정희 대통령 탄생 101돌
기념 특별좌담회에서 인사말을
하고 있다.

자료 : newdail.co.kr

박정희의 인간적 면모, 박정희의 업적을 모자이크하듯 써낸 것이 '박정희 정신'
이라는 큰 그림을 이루어낸 이 책이다.

그렇다면 이들이 보고 듣고 느낀 박정희 정신이란 무엇일까? 박정희는 대한
민국에서 산업혁명을 역사상 최단기간에 성공적으로 이뤄냈다. 이를 통해 가
난의 굴레이자 상징이었던 '보릿고개'를 극복하고 "우리도 할 수 있다"는 대한
민국의 새로운 정신을 창조해냈다. 한마디로 이것이 바로 '박정희 정신'이다.

박정희가 이루어낸 정신을 바탕으로 한국은 오늘날 세계 10대 경제 강국이
라는 평을 듣는다. 또 급격한 경제력을 바탕으로 국방을 튼튼히 했고, 반공을
국시로 하여 공산주의 침탈을 효과적으로 방어하여 대한민국의 존립과 안전을
지켜냈다.

박정희가 집권하기 전까지 이 나라는 가난은 나의 탓이 아니라 하늘 탓이요,
남의 탓이라고 믿었다. 비가 오지 않아 농사를 망치면 하늘을 탓하며 가난을
숙명으로 받아들였다. 그런데 어떤 일이 있었기에 박정희 대통령은 가난을 하
늘 탓, 남 탓으로 돌리던 국민을 스스로 돕고 자조하는, 즉 '내 탓'을 하는 국민
으로 바꿔놓았을까? 쓰레기더미에서 장미가 피어나기를 기대할 수 없다던 대
한민국에서 어떻게 경제 기적을 가능케 했을까? 한강의 기적의 원동력인 "하
면 된다"는 자조정신은 어떻게 창출되었을까?

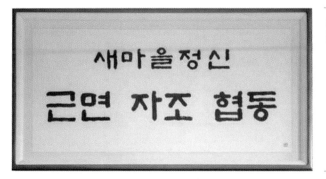

새마을운동 정신 근면, 자조, 협동

자료 : futurekorea.co.kr

이런 의문에 대한 답은 이 책의 저자 중 한 사람인 좌승희 박사박정희대통령기념재단 이사장가 내놓는다. 그의 분석에 의하면 박정희는 늘 "하늘은 스스로 돕는 자를 돕는다"는 성경에 뿌리를 둔 서양의 오래된 생활철학과, 신상필벌信賞必罰이라는 동양의 법가사상을 굳게 믿고, 기회가 날 때마다 국민에게 강조했다. 이런 사상과 정신을 국가 정책으로 구현했다.

즉, 열심히 땀 흘려 남보다 더 많이 노력해 더 많은 성과를 내는 국민에게 더 많은 혜택이 돌아가도록 시스템화한 것이다. 노력은 하지 않고 불평이나 늘어놓는 사람들은 정부 지원으로부터 철저히 배제시켰다. 심지어 농어촌 전기가설사업도 새마을운동을 열심히 잘하는 마을에 우선적으로 전기가 들어가도록 했다.

누구나 열심히 노력하면 국가가 인정해주고, 대접을 받는 사회, 그래서 모두가 "하면 된다"고 신바람 나는 분위기를 만드는 데 성공한 것이다. 이것이 바로 최근 세계 경제학계에서 각광을 받는 행동경제학의 인센티브 제도다. 잘하는 사람에게 더 많은 혜택을 주고, 게으르고 일을 하지 않는 자에게는 벌을 내리는 제도 말이다.

바로 이것이 박정희 정신의 본질이었다. 박정희 사후死後 40여 년, 한국은 박정희 방식 반대로만 하면 행복한 선진국이 된다면서 박정희 정신을 청산하는 데 온 사회가 매달려왔다. 이 나라를 이끄는 세력들은 박정희시대를 청산하고

서울대 재학생들이 2019
년 9월 관악구 본교 교정에서
조국 법무부 장관의 사퇴를
촉구하는 집회를 열고 있다.

자료 : hankookilbo.com

나세르(왼쪽에서 네 번째)
이집트 대통령이 팔레스타인
무장독립 지도자 아라파트
(오른쪽에서 세 번째)와
회동하고 있다.

자료 : hankookilbo.com

선진국으로 간다고 애를 썼지만 성장은 2%대로 주저앉았고 소득분배는 더 악화 일로를 걷고 있다. 활기차고 역동적이었던 국민의 모습은 온데간데없고, 요즘 국민은 입만 열면 나의 가난, 나의 문제는 내 탓이 아니라 사회와 국가 탓이라고 손가락질하며 국가에 손을 벌린다.

정치권이나 일부 지식인들은 입만 열면 "대기업은 박정희시대 유물"이라고 질타하며 중소기업, 자영업자, 실업자 등 서민을 돕는다고 생색을 낸다. 하지만 중소기업과 자영업자들은 더 어려워지고 실업률은 날이 갈수록 치솟는다. 박정희 반대로만 움직이면 선진국이 될 것이라고 믿었던 소위 '전문가'들의 주장이 무색하게 박정희를 지워낸 한국은 정치적 혼란, 사회 분열, 무소불위의 전투적 귀족노조의 횡포, '헬조선'을 부추기는 높은 청년 실업, 노인 세대의 빈곤층화, 저성장과 분배 악화, 기업의 몰락 현상에 직면해 있다.

그래서 34명의 전문가들이 펜을 들고 나섰다. 박정희 정신을 이 시대에 되살리는 길이야말로 대한민국이 처한 모든 문제를 치유·해결할 수 있는 길이라고 그들은 이 책을 통해 주장한다. 그리고 박정희시대를 적폐라고 몰아 우리 역사에서 지워내려는 사람들이 귀담아들어야 할 내용이 있다.

워싱턴포스트지의 보도에 의하면 1950년대 이후 2016년까지 전 세계에서 총 475회의 쿠데타가 시도되어 그중 236회가 성공했다. 쿠데타를 연구한 학자들은 지구상에서 일어난 쿠데타 중에서 케말 파샤의 쿠데타터키, 1926, 나세르 쿠데타이집트, 1952, 박정희 쿠데타한국, 1961를 성공한 3대 쿠데타로 꼽는다.

송복 연세대 명예교수의 평가에 의하면 케말 파샤와 나세르는 왕정을 전복하고 공화정을 건설하는 데는 성공했지만 산업화에는 성공하지 못했다. 반면, 박정희의 5·16쿠데타는 국가개조와 산업화에 성공했다는 차원에서 세계 역사상 가장 성공한 쿠데타라는 평가가 가능하다. 한 시절 좌파 논리로 대한민국 현대사를 도배질했던 브루스 커밍스는 "한국의 경제발전은 위대한 성공이고, 한국의 독립 선언이었다"고 축복했다.

저서 《박정희, 그리고 사람》

자료 : yes24.com

저서 《박정희, 그리고 사람》은 박정희 대통령의 어느 한 면에 대한 깊은 연구서라기보다는 다양한 측면에서 일별하는 짧은 글들을 모은 것이다. 박정희 대통령의 전체를 그릴 수는 없다 하더라도 짧은 글, 단 한 줄에서라도 그의 진심을 읽어내고, 갈 길을 잃고 방황하는 대한민국이 나아갈 길을 찾을 수 있게 되기를 바라는 마음이 담겨 있다.

2
박정희의 개발정책 및 개발철학

⋮

경제개발계획이 후발국의 개발정책 수단으로 널리 이용되기 시작한 것은 제 2차 세계대전 이후이다. 한국에서도 정부수립 이후부터 경제계획을 수립해왔으나 대내외 정치·경제적 여건 등으로 인해 거의 실행되지 못하였다. 경제개발계획은 박정희 대통령 재임 시 본격적으로 시행되었으며, 재임기간 동안 5년 단위의 경제개발계획이 1차에서 4차까지 진행되었다. 개발정책 추진과정에서 도시와 농촌 간, 지역 간, 산업부문 간의 불균형 현상이 심화됨에 따라 국토자원의 합리적 이용 측면에서 추진한 지역개발정책이 국토종합개발계획이라 할 수 있다. 그리고 도시보다 상대적으로 낙후된 농촌의 근대화를 촉진하기 위한 정책이 새마을운동이다.[5]

📍5 이정락·정창룡·최외출·유호웅, 박정희 대통령의 개발철학과 담론 분석: 1964-1979년 박정희 대통령 신년연설문 텍스트네트워크 분석을 중심으로, 한국비교정부학보, Vol. 24, No. 2, June 2020, 243-262쪽

우리나라는 DAC 가입국
중 국제 원조를 받다가 주는
나라로 성공적인 변신을 한
유일한 사례다.

자료 : korea.kr

　박정희의 가장 자랑스러운 업적으로 대다수의 국민들이 새마을운동과 경제
개발 5개년계획을 꼽고 있다. 1998년 동아일보와 리서치&리서치가 조사한 '정
부 수립 50년 간 역대 정부가 가장 잘 대처한 사건'으로 ① 새마을운동 ② 경
제개발 5개년계획이 선정되었다. 그리고 2010년 영남대학교 박정희리더십연구
원이 설문조사한 정부 수립 이후 국가발전에 큰 영향을 미친 정책으로 역시 ①
새마을운동 ② 경제개발 5개년계획이 선정되었다. 새마을운동과 경제개발 5개
년계획은 1960년대 이후 한국의 급속한 경제성장을 견인한 중요한 국가 정책
이자 큰 업적으로 한국 국민들에게 평가받고 있으며, 박정희 대통령의 개발정
책을 뒷받침하는 중요한 정책이라 할 수 있다. 이러한 정책은 도시와 농촌, 공
업과 농업에 대한 박정희 대통령의 단계적·포괄적 성장정책의 수립과 추진과정
을 설명하는 중요한 논거가 되기도 한다.

　한국은 한국전쟁 이후 개발정책과 해외원조가 잘 융합되어 자립 가능한 성
장을 이루어냈고, 경제·사회발전 및 국가개발을 성공적으로 추진하면서 세계에
서 유일하게 원조를 받던 나라에서 원조를 주는 나라로 전환하였다.

2009년에는 선진공여국의 모임인 개발원조위원회[6]에 가입함으로써 한국의 발전 경험, 특히 지역사회의 포괄적 발전을 이끈 새마을운동이 한국형 개발원조의 모델로서 국제사회의 주목을 받고 있다.

박정희 대통령의 개발정책의 사상적 이념에는 엄연한 한국적 이야기narrative가 기저하고 있다고 할 수 있다. 이것은 빈곤의 유산, 일제의 압제, 공산주의자와의 생존 대결을 거치면서 축적된 한민족의 고난에 대한 사상의 압축, 또는 빈곤의 고뇌 속에서 자라난 자립에의 의지로 표현되고 있다. 이러한 사상은 민족중흥이라는 이념으로 형상화되어 정책의 전반에 투영되었으며, 경제개발계획과 새마을운동을 통해 실천되어 조국 근대화를 이룩하는 배경이 되었다고 할 수 있다. 또한 1972년부터 실시된 국토종합개발계획은 국토자원의 효율적인 이용의 측면에서 성장과 균형을 동시에 추구하는 전국적인 개발청사진으로 기능하였다.

제1차 국토종합개발계획은 더 나아가 농촌개발의 측면에서 새마을운동과 정책적으로 연계되었고, 거점개발과 소단위 지역개발이 균형을 이루어 획기적인 농어촌 생활환경의 개선이 가능하게 되었다. 따라서 새마을운동과 제1차 국토종합개발계획은 농촌지역의 근대화와 국토의 균형발전 개념이 연계되어 사업의 긴밀성을 높이며 시작된 개발정책 사례로 볼 수 있으며, 이는 시·군 단위에서도 한해, 수해방지 대책 및 새마을계획 수립의 지침이 되었다고 할 수 있다. 조국 근대화를 위한 박정희 대통령의 개발철학을 뒷받침하는 중요한 정책으로 경제개발계획, 새마을운동, 국토종합개발계획을 들 수 있으며, 자주국방과 자립경제는 개발철학의 중요한 가치로 구조화되어 있다.

📍6 　개발원조위원회(開發援助委員會, Development Assistance Committee; DAC)는 개발도상국에 대한 공적 개발 원조에 대하여 논의하는 기구로, 경제협력개발기구(OECD)의 산하 기구 중 하나이다. 1960년에 설립된 개발원조그룹을 OECD 설립과 함께 개편하여 산하기관으로 한 것으로 개발원조의 효과적 추진을 위한 정보의 교환, 개발의 조정 등을 목적으로 한다. 개발원조위원회 가입국의 공적 개발 원조 액수를 모두 합치면 전 세계 공적 개발 원조의 90% 이상을 차지한다. 개발원조위원회의 회원국은 개발도상국의 지원, 즉 선진국으로의 의무를 적극적으로 이행하려는 국가로서, 선진국으로 볼 수 있다.

국토종합계획은 헌법과 국토기본법에 근거한 최상위 국가공간계획

국토종합계획은 국토 전역을 대상으로 장기적인 발전방향을 제시하는 계획(국토기본법 제6조)

제1차	제2차	제3차	제4차	제5차
1972~1981	1982~1991	1992~2001	2000~2020	2020~2040
국토종합 개발계획	국토종합 개발계획	국토종합 개발계획	국토종합 계획	국토종합 계획
	수정계획 1987~1991		수정계획 2006~2020 2011~2020	

자료 : m.joongdo.co.kr

    합리적 정책과정의 행위자로서 박정희 대통령의 개발정책과 개발철학이 어떻게 정의되어야 하는가는 당시 개발정책의 성과를 통해 나타난 산업화의 성공을 어떻게 설명하여야 하는가의 문제이기도 하다. 박정희 대통령 취임 초기 개발 관련 정책은 시장경제체제에 의존하기보다는 국가가 주도하는 계획경제체제를 중심으로 한 권위주의 개발의 유형으로 분류되기도 한다.

    박정희 대통령은 경제발전을 통한 조국 근대화라는 분명한 목표를 가지고 정부조직과 사회 각 부문을 다양한 방법으로 위로부터 동원했다. 당시 시대적으로 근대화이론에서 저발전의 원인을 사회 내부의 전근대적 봉건사상과 계층이동의 경직성, 비생산적 비용을 발생시키는 생활양식에서 찾았듯이, 성공적인 성장을 위해서는 사회문화적 차원에서 근대성을 높이는 방향전환이 필수적인 것으로 인식됐다. 이런 측면에서, 박정희 대통령은 1965년 연두교서에서 한국 경제발전을 위해 지난날의 것을 말끔히 씻어버리는 식의 급격한 사상적 변화의 필요성을 제기했다.

    박정희 대통령의 개발철학은 일제강점기의 굴욕, 해방 이후의 가난과 사회침체, 한국전쟁의 경험을 통해서 형성된 국가발전에 대한 강력한 의지가 자주국방과 자립경제에 대한 절실한 신념으로 승화되고, 이것이 통치이념으로 나타

'조국 근대화의 이행'은 박정희
대통령의 개발철학

자료 : m.hankookilbo.com

나면서 제도와 정책을 통해 구현되었다고 할 수 있다. 즉, 1960년대 한국의 개발정책은 한국전쟁과 국토분단을 겪으면서 단일 국가 경제체제가 붕괴되고 남한의 농업 중심구조와 북한의 공업 중심구조로 분리된 것에 따른 남북 간의 경제적 격차를 해소하기 위해 시작되었다고 할 수 있다. 박정희 대통령은 남북 간 경제발전 경쟁에서의 승패가 체제경쟁의 모든 면에 있어서 결정적 영향을 미친다고 생각하였다. 이러한 역사적 경험과 사실은 1964~1979년에 이르는 연두교서 및 연두기자회견에서 잘 나타나고 있으며 '조국 근대화의 이행'은 박정희 대통령의 개발철학을 대변하는 가장 핵심적인 단어이자 통치이념이라 할 수 있다.

박정희 대통령은 굴욕과 가난의 역사를 극복하고, 국가발전을 추진하기 위한 기본 토대로서 국민의식을 의타依他에서 자립自立으로 전환시키기 위해 노력하였다. 이를 위해서 박정희 대통령은 1965년 연두교서와 1975년 연두기자회견문에서 국민의식의 내부변화야말로 아무리 강조해도 지나침이 없을 만큼 중요한 의미를 갖는다며 의식개혁의 필요성을 역설하였다. 즉, 국민들에게 근대화의 이행을 자각하게 하고 주체적으로 기여할 수 있도록 독려하며 의식을 개혁하고자 하였다.

장 칼뱅

자료 : ko.wikipedia.org

장 칼뱅[7]의 프로테스탄티즘 윤리가 자본주의 발전에 기여하였듯이, 박정희 대통령의 일련의 의식개혁운동과 관련 정책은 농촌 및 도시의 발전에 크게 기여하였으며, 국민들은 특히 새마을운동을 통해 근면, 자조, 협동의 가치가 체화됨으로써 자본주의적 자유경제의 건전한 경제활동 주체로 변화할 수 있었다고 평가되고 있다. 그리고 당시 일제강점기와 한국전쟁을 경험한 한국적 상황으로 인해 자립경제와 자주국방을 특히 강조하였다. 이와 같이 박정희 대통령의 개발철학에는 경제성장과 안보유지를 동시에 추구하기 위한 조국 근대화의 실천원리가 내재되어 있다.

박정희 대통령의 개발철학은 당시 국내외 발전주의의 부상을 반영해 경제발전을 통한 근대화를 국가적 가치판단의 최우선 목표로 설정하였다고 할 수 있다. 즉, 박정희 대통령은 민족의 과거와 현실에 대한 철저한 성찰적 인식을 바탕으로 조국 근대화 사업을 민족적 사명으로 강조하며 개발이 지향하는 가치를 분명하게 제시하였다.

그동안 박정희 대통령에 대한 학문적 논쟁들은 개발철학에 기반한 논의보다는 정치적·사회적 의도에서 비롯된 것이 주를 이루고 있다. 박정희 대통령과 관련한 개발정책의 추진과 성과에 대한 과정적 탐색에는 상대적으로 소홀했던 반면, 연구자의 이데올로기에 기반을 둔 주관적 논리를 정당화시키려는 연구

7   장 칼뱅(Jean Calvin, 1509.07.10~ 1564.05.27)은 종교 개혁을 이끈 프랑스 출신의 개혁주의 신학자이자 종교개혁가이다. 하나님의 절대주권을 강조하는 것과 구원은 전적으로 하나님에 의해 주어지는 것이라는 독력주의를 강조하였고, 개혁주의라고도 불리는 기독교 사상 중 하나인 칼뱅주의를 개창함으로써 마르틴 루터·울리히 츠빙글리가 시작한 종교 개혁을 완성시켰다는 평가를 받는다. 현재 장 칼뱅의 신학을 따르는 교회로는 회중교회, 개혁교회, 장로교회가 대표적이다. 또한 칼뱅은 상공업자들의 불리한 신분사회에서 직업소명설로 평등을 보장하였다. 윌리엄 커닝햄은 그를 사도 바울로 다음으로 인류에게 좋은 영향을 끼친 인물로 꼽았다.

강력한 역사 인식, 국가재건의
의지

자료 : economytalk.kr

들이 주를 이뤘던 측면이 있다. 박정희 대통령과 관련한 철학과 담론 연구로는 1970년대 문학지에 나타난 박정희 대통령의 담론에서 도덕주의가 이데올로기를 작동하는 양상을 탐색했던 연구[8], 그리고 선진국 담론의 부상과 발전주의적 국가정체성의 형성을 반영하여 박정희 대통령의 담론 초점이 문명에서 발전으로 급격히 옮겨감을 지적한 연구[9] 등이 있다.

한국은 일제의 식민지배와 한국전쟁에도 불구하고 산업화를 통한 급속한 경제성장과 정치민주화를 함께 달성한 국가이며, 이러한 경제·사회 발전 경험을 추동한 각 분야의 개발정책은 많은 개발도상국에 정책적 시사점을 제공하

8　Park, Soo-Hyun(2016), "Moralism in the Literature and Society of 1970s-Focusing on Creation and Criticism, Literature and Intelligence and the Discourses of President Park, Chung-Hee", The Studies of Korean Language and Literature, 55, pp.163-206.

9　Kim, Jong-Tae(2013), "The Rise of the Seonjinguk Discourse and the Formation of Developmental National Identity during the Park Chung-Hee Era: Analyzing Presidential Addresses and the Chosun Ilbo", Korean Journal of Sociology, 47(1), pp.71-10.

박정희 대통령의 생애와 업적,
박정희대통령기념관

자료 : blog.daum.net

고 있다. 특히 1970년대 새마을운동 기록물은 2012년 유네스코 세계기록유산에 등재되면서 한국의 발전 경험을 국제적으로 공유하는 중요한 콘텐츠로 기능하고 있다.

경제개발계획과 새마을운동은 세계 최빈국 중 하나였던 한국을 오늘날 국제경제의 주요 주체 중 하나로 성장하게 만들어준 토대가 되었으며, 이러한 맥락에서 당시 국가 지도자로서의 박정희 대통령의 개발철학에 대한 분석은 중요한 연구적 의의를 가진다 하겠다.

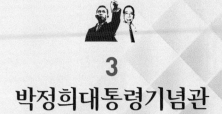

3
박정희대통령기념관

︙

박정희 대통령은 1960~1970년대를 우리 국민과 늘 함께하면서, 평생의 한이 된 이 땅의 가난을 떨쳐내는 일에 온몸을 다 바친 분이다. 그 과정에서 끊임없이 국민을 일깨우고 '하면 된다'는 용기와 자신감을 불어넣어줌으로써 세계가 놀라는 '한강의 기적'이라는 신화를 국민과 함께 만들어낸 위대한 지도자라고 할 수 있다.

제2차 세계대전 이후 수많은 신생독립국들 중에서 유독 대한민국만이 세계사에 우뚝 솟는 발돋움을 한 놀라운 성과에 대해 아직도 국제사회가 주목하고 있으며, 많은 개발도상국가는 그 노하우를 배우고자 하고 있다.

산업화를 통해서 대한민국을 비로소 근대사회에 진입하게 하고 자유민주주의의 토대가 될 중산층을 형성시켰으며, 사회복지제도를 한반도 역사에 처음 도입하는 등 대한민국이 국제적으로 빛을 내고 도약하는 기반을 마련했다.

우리는 한반도 5천 년 역사에 있어 금자탑이라 할 수 있는 우리 스스로의 힘

박정희대통령기념관

자료 : blog.daum.net

으로 이루어놓은 이러한 자랑스러운 '자조'의 유산을 결코 잊어서는 안 될 것이며, 그것이 가능하게끔 한 선대들의 정신을 오늘의 시점에서 더욱 승화, 발전시켜나가야만 할 것이다.

이러한 취지와 목적하에 (재)박정희대통령기념재단은 박정희 대통령과 그 시대 우리 국민의 정신과 철학을 재발견하고, 국민에게 널리 알리는 데 치중해나가도록 하기 위해서 마포구 상암동에 박정희대통령기념관을 설립하여 운영하고 있다.

박정희대통령기념재단은 박정희대통령기념관·도서관, 어깨동무스토리움 등 부속시설을 운영함으로써 박정희 대통령의 생애와 업적을 기념하고 박정희 대통령의 국가 경영철학을 국내외에 널리 알리기 위한 각종 사업의 수행을 목적으로 한다.

박정희와
기시 노부스케

에필로그

⋮

　　　　　박정희 정권의 대일 정책에서 가장 이해할 수 없는 것은 일본의 일부 정치세력과의 '검은' 유착이다. 마치 폭력조직 간의 거래처럼 의리를 내세우며 오랫동안 은밀하게 유지된 이 관계는 수시로 공식적인 외교채널을 압도하며 한일 관계 전체를 왜곡시켰다. 그야말로 '흑막黑幕[1] 정치'였던 만큼 이에 대해서는 소문만 무성할 뿐 그 실체는 아직도 거의 규명되지 않았다. 다만 비밀 해제된 한일 양국의 외교사료나 관련자들의 회고록 등을 참고하면 복잡하게 얽힌 흑막 속에서 기시 노부스케岸信介 전 일본 총리를 중심으로 한 이른바 일본 내 만주인맥과의 유

'일본 군국주의의 아버지', 야마가타 아리토모. 그는 내각총리대신에서 퇴임한 뒤에도 원로로서 메이지시대 말기~다이쇼시대 전기의 후임 총리대신들에게 강력한 영향력을 발휘했다.

자료 : ko.wikipedia.org

📍1　　흑막(黑幕, grey eminence)은 정치에 있어 국가를 좌지우지하는 강력한 인물로, 표면상 드러나는 최고 지도자를 뒤에서 움직이거나, 최고 권력자의 자리에서 물러난 뒤에도 정치적 영향력을 행사하는 사람을 일컫는다. 일본 연극인 가부키에서 유래한 말로, 무대의 검은 막 뒤에서 연극의 진행을 조종하는 데서 기인, 배후에서 영향력을 발휘하는 강력한 인물을 여기 빗대어 '흑막'이라고 부르게 되었다. 서양의 회색 추기경(grey cardinal)이라는 표현이 이와 유사하다.

대 관계가 유별났다는 점을 금세 확인할 수 있다. 박정희 정부는 이들 일본 측 인사들에게 수교훈장 가운데 최고등급인 광화장 등을 수여함으로써 '검은' 유착 관계를 한일 관계사에 또렷하게 각인시켰다.

기시 노부스케와 박정희 정권의 인연

　　　　　　　　　　기시 노부스케는 진주만 공격을 결정한 도조 히데키東條英機 내각에서 상공대신을 역임했고 대륙 침략의 보루였던 만주 개척의 책임자이기도 했다. 그는 일본 패전 후 A급 전범으로 체포되어 3년 반 감옥에 갇혀 있었지만 미국의 대일 점령정책 전환 와중에 석방돼 정계에 복귀한 뒤 권력의 정점인 총리까지 됐다. 기시는 대미 자주노선과 '평화헌법' 개정을 주장해 자민당 내에서도 비주류에 속했지만, 제도권 및 비제도권을 넘나드는 복잡한 인맥을 통한 정치적 영향력으로 '쇼와昭和의 요괴'[2]로 불렸다. 아베 총리가 '전후 체제로부터의 탈각脫却'을 표방하며 헌법 개정을 추진한 것도 외조부인 기시의 국가관을 사실상 그대로 계승한 것이다.

　이런 기시가 전후 한일 관계에 남긴 최초의 족적은 아무래도 재한 일본인 재산에 대한 청구권의 포기일 것이다. 이승만 정권 이래의 한일회담은 일본이 남한 지역에 남긴 일본인의 재산에 대해 이른바 '역청구권' 주장을 제기하면서 옴짝달싹할 수 없는 상황에 처했다. 이때 총리로서 일본 국내의 반발을 억제하면서 역청구권 주장을 철회, 한일회담의 물꼬를 다시 튼 인물이 바로 기시였다. 이러한 인

2　기시의 활약으로 만들어진 자민당 역시 안정적인 정치 질서를 구축하는 밑바탕 구실을 하며 일본의 전후 재건과 고도성장을 이끌었다. 그는 1960년 미일안보조약의 국회 비준을 강행하면서 대규모 군중시위를 불러일으키며 비난을 받은 채 총리직을 물러났다. 미일안보조약은 일본의 독자적인 외교권을 되찾는 동시에 미국, 한국 등과 더불어 동북아시아 냉전에 일부 가담하는 내용을 담고 있었다. 하지만 정치 일선에서 물러난 뒤에도 막후에서 일본 정가에 막강한 영향력을 행사하며 '쇼와의 요괴'로 불렸다. 쇼와시대는 쇼와 일왕(日王)이 통치한 1926년 12월 25일부터 1989년 1월 7일까지를 가리킨다.

박정희 국가재건최고회의 의장이 1961년 11월 서울에서 스기 미치스케(杉道助) 제6차 한일회담 일본 측 수석대표를 맞이하고 있다. 스기는 정한론(征韓論)의 원조로 통하는 요시다 쇼인(吉田松陰)의 조카 아들로 일본 관서 지역 재계의 거물이었다.

자료 : m.hankookilbo.com

연으로 박정희 정권은 집권하자마자 제6차 한일회담의 일본 측 수석대표로 기시가 나서주도록 대일 공작을 벌이는 등 어떻게든 '기시 라인'에 줄을 대고자 했다.

기시를 중심으로 한 일본 내 만주인맥은 괴뢰국 '만주국'에서 하급 군인으로 복무한 박정희 군사정권의 출현을 환영했다. "다행히 한국은 군사정권이기 때문에 박정희 등 소수 지도자들 뜻대로 된다. 따라서 어느 정도의 액수로 박 의장을 만족시키기만 하면 저쪽에는 국회도 없는 것이고, 만일 신문이 이것을 반대한다 하더라도 박 의장이 그들을 봉쇄해버릴 수 있다." 기시는 1961년 11월 일본을 방문한 박정희 당시 국가재건최고회의 의장을 위해 환영 만찬을 준비했고, 박정희는 이런 기시에게 '메이지 유신의 지사의 마음'으로 최선을 다하겠다고 화답했다.

아들의 화려한 무대를 보고 싶다

1963년 3월 16일 박정희 의장이 당초 약속했던 민정 이양을 파기하고 군정 연장을 선언했는데 기시를 중심으로 한

박정희 전 대통령(왼쪽)이 1961년 5·16을 일으킨 뒤 최고회의 의장직에 있을 때인 62년 12월 대규모 방한단을 이끌고 찾아온 오노 반보쿠 자민당 부총재(오른쪽)를 맞이하고 있다. 가운데는 육사 8기생으로 박 전 대통령과 정보국에서 함께 일하다 중앙정보부 창설 멤버가 된 최영택 주일대표부 참사관이다.

자료 : joongang.co.kr

일본의 우익 세력은 이를 적극 지지했다. "지난달 도쿄에서 김종필 씨는 '3월 중순 한국의 정치 정세가 서너 번 바뀔 것이며 그 결과는 일본에 유리할 것'이라고 말했다. 군정이 연장되면 일본에 유리하리라는 것은 한일회담의 조기 타결을 가능케 할 것이기 때문이다. 청구권 문제가 해결되면 어업 및 독도 문제 등 여러 난관이 손쉽게 제거될 것이라고 김 씨가 말했고 나도 그렇게 생각한다." 기시의 측근으로 "정치는 의리와 인정人情"이라는 소신을 갖고 있던 오노 반보쿠大野伴睦 당시 자민당 부총재는 이렇게 말했다. 일본 자민당 정권의 극우 실세들이 군정에 호의적인 태도를 취한 것은 이후의 유신체제, 전두환 신군부에 대한 지지 및 지원으로 이어진다.

그러나 '기시 라인'의 일본 측 인사들이 생각하는 '의리와 인정'은 결코 대등한 관계가 아니었다. 1963년 12월 17일 박정희 대통령 취임식에 참석하기에 앞서 오노 반보쿠[3]는 "박 대통령과는 서로 '부모와 자식'이라고 서로 인정할 정도로 친한 사이"라면서 "아들의 화려한 무대를 볼 수 있게 되어 너무 기쁘다"고 말했다. 한국의 야당과 언론이 이 발언을 문제 삼아 오노의 입국 금지를 주장

9 3　오노 반보쿠(大野伴睦, 1890.09.20~1964.05.29)는 일본의 정치인이다. 메이지대학 정치경제학부를 중퇴했으며, 입헌정우회(立憲政友会)에서 정치 활동을 시작하였다. 중의원 의원(1930~1942, 1946~1964), 중의원 의장(1952~1953), 홋카이도 개발청 장관(1954), 일본 자유당 간사장(1946~1948), 자유민주당 부총재(1957~1959, 1961~1964)를 지냈다. 1962년에는 대규모 방한단을 이끌고, 당시 국가재건최고회의 의장을 맡고 있던 박정희를 만난 바 있다. 오노는 1964년 도쿄도에서 심근경색으로 73세의 나이로 사망하였다.

김종필 중앙정보부장이 1962년 12월 한국을 방문한 오노 반보쿠 일본 자민당 부총재(오른쪽)를 반갑게 맞이하고 있다. 오노는 박정희 대통령과는 '부자지간'이라고 주장했다.

자료 : m.hankookilbo.com

했으나 오노는 방한을 강행했고 "부모와 자식이라는 말은 최대의 애정 표현"이라면서 자신의 생각을 굽히지 않았다. 이에 대해 박 전 대통령은 침묵을 지켰다. 이에 앞서 오노는 독도를 한국과 일본이 공유하자고 주장해 파란을 일으키기도 했다.

그럼에도 불구하고 박정희 정권과 일본 측 우익인사들과의 '의리와 인정'의 관계는 과거 일제시대의 요정料亭 문화와 함께 점점 무르익어갔다. "그날 1962.12.12 밤 용산의 안가에서 박정희, 김종필, 오노, 나 이렇게 네 명이 밤새 퍼마셨다. 오노 씨는 혈압도 높고 이런 자리에서 마시고 쓰러지면 곤란하다면서 먼저 침실에서 쉬었다. 박정희와 김종필이 다음 날 아침까지 여기에 있겠다고 해서 둘을 상대로 마셔야 했다. 이 두 사람이 술이 강해 과하게 마셨고 결국 정신을 잃었다. 아침이 되었는데도 거기서 자고 있었다. 재미있었다." 여기서 '나'는 이세키 유지로伊關祐二郎 당시 일본 외무성 아시아국장이다. 일국의 국가수반이 처음 만난 일본 외무 관료와 밤을 새워 술을 마셨다는 믿기지 않는 일에 대한 평가는 차치하더라도 박 전 대통령이 기시 측근들에게 얼마나 정성을 쏟았는지는 짐작할 수 있다.

암흑조직의 거간꾼에게 수교훈장을

박정희 정권이 상대한 '기시 라인' 인사 가운데 가장 기괴한 인물은 고다마 요시오児玉譽士夫이다. 그는 한일 국교정상화에 공식적으로 관여한 기시와 그의 친동생인 사토 에이사쿠佐藤榮作 총리, 시나 에츠사부로椎名悅三郎 외상, 그리고 수교 때 일본 측 수석대표를 맡은 다카스기 신이치高杉晉一 등과 함께 1970년 8월 상훈법에 따라 '국권의 신장 및 우방과의 친선에 공헌이 뚜렷한 사람에게 수여한다'는 수교훈장을 한국 정부로부터 받았다.

고다마는 1937년 중일전쟁 이후 일본 해군에 텅스텐, 코발트 등 전략물자를 독점적으로 공급하는 '고다마 기관'이라는 회사를 차려 막대한 부를 축적한 인물이다. 그는 뉴턴의 만유인력 법칙이 영국에만 적용되는 것이 아니라면서 다음과 같이 황도皇道 사상을 찬양했다. "황도란 일본 민족의 혼과 피와 역사 속에 구현돼온 인간생활의 올바른 원리이며 세계 최고의 절대 진리이다. 이는 오로지 일본 민족, 일본 국내의 진리일 뿐만 아니라 조만간 세계로 확대해 인류 공존의 원리로서 전 세계가 이에 귀일歸—토록 해야 한다." 이런 고다마에게 일

고다마 요시오

자료: ko.wikipedia.org

본의 전쟁은 "미국과 영국 등
진드기 같은 착취 세력을 일
소하는 것"이며 황도사상으로
세계를 통일하는 것이었다.

일본 패전 후 기시 등과 더
불어 A급 전범 혐의로 구속
됐다가 운 좋게 풀려난 고다

금권정치의 흑막

자료 : sjyoo.tistory.com

마는 그러나 갑자기 과거 '진드기'라고 매도한 미국 정보기관의 주구로 표변했
다. 전시에는 황도에 대립하는 일체의 자유를 타파해야 한다고 역설했던 그가
전후에는 "한국, 대만, 일본 등의 자유 아시아 제국이 연대 세계를 만들어야 한
다"고 주장했다. 고다마는 '자유'를 앞세워 폭력조직을 동원해 노동운동을 탄
압했고, '전범 동료'이기도 했던 기시 등과 연계해 일본 정계의 우익계열을 막후
에서 주물렀다. 한일회담에도 막후의 조정자로 활발하게 관여했으며, 특히 국
교정상화 후에는 청구권 자금 5억 달러를 둘러싼 각종 이권에 개입해 박정희
정권과의 뒷거래를 주선했다.

고다마는 일본 정치사에서 최대 스캔들로 꼽히는 1976년 록히드 사건의 주
역으로도 악명을 떨쳤다. 미국 군수업체 록히드의 일본 대리인이었던 그는 다
나카 가쿠에이田中角榮 전 총리 등에게 항공기 판매를 위한 공작자금을 제공한
것으로 확인돼 금권金權정치의 흑막으로 불렸다. 일본 내에서도 그에 대한 반감
이 높아, 만년에 자택에서 포르노 영화에 출연하던 배우가 조종하는 소형 비행
기에 의한 '특공대 공격'까지 받았을 정도다. 박정희 정부는 이처럼 괴이한 검
은 인물에게까지 수교훈장을 수여하며 '사례'한 것이다.

더욱 심각한 문제는 박정희 정권과 기시로 대변되는 일본의 일부 정치세력
과의 결탁이 '의리와 인정'의 관계만으로 그치지 않았다는 것이다. 한국과 일본
의 이른바 만주인맥이 연출한 인적 네트워크가 이후 제도권으로 진입해 전후
한일 관계를 좌지우지하며 왜곡시킨 경위에 밝혀졌다. 오늘날 한일 관계가 이

처럼 꼬인 것은 비정상을 정상화한 과거에 대해 눈감아온 우리에게도 책임이 있다.

박정희 의장, 해방 후 첫 한일 정상회담서 과거사 안 따져

"한일 양국은 과거에 명예롭지 못한 역사를 가지고 있습니다. 그러나 그러한 명예롭지 못한 과거를 들춰내는 것은 현명한 일이 아닙니다. 차라리 새로운 역사적 시점에서 공동의 이념과 목표를 위해 친선관계를 가져야 할 것입니다." 1961년 11월 11일 오후 일본을 방문한 박정희 전 대통령당시 국가재건최고회의 의장은 이케다 하야토池田勇人 당시 일본 총리가 마련한 환영 만찬에서 이렇게 과거사를 접겠다고 공언했다. 이어 이튿날인 12일 오전 10시 해방 후 처음으로 열린 한일 정상회담에서 박 전 대통령과 이케다 전 총리는 서로에게 '명예롭지 못한' 식민·피식민의 과거사는 일절 따지지 않은 채 그야말로 '미래지향적인' 한일 관계에 대해서만 논의했다. 한국과 일본의 외교문서 등을 토대로 당시 회담의 핵심 부분과 박 전 대통령의 일본 내 행적을 재구성한다.

청구권 말고 뭔가 다른 이름도 좋다

이케다 전 총리와의 단독회담에서 박 전 대통령은 우선 청구권 문제에 대한 대략의 테두리를 정해달라고 했다. 이에 대해 이케다 전 총리는 청구권 문제에는 남한 지역에 있던 일본인 재산을 몰수토록 한 미군정령 제33호를 어떻게 해석해야 할지, 또 큰 틀에서 해결 방안을 제시한 샌프란시스코 강화조약 제4조에 대한 미국 정부의 해석을 어떻게 봐야 할지

5·16 후인 1961년 11월 박정희 국가재건최고회의 의장이 정일영 씨의 통역으로 이케다 하야토 일본 총리와 회담하고 있다.

자료 : premium.chosun.com

등 복잡하게 고려할 것들이 많다고 지적했다. 이케다 전 총리는 대장성 관료 출신의 경제전문가로, 요시다 시게루吉田茂 전 총리의 바통을 이어받은 일본 보수 본류의 대표적인 정치인이다. 일본 측 외교문서는 이 같은 이케다 전 총리의 장황한 설명에 대해 박 전 대통령은 잘 이해하지 못하는 인상이었다고 적었다.

이때 박 전 대통령이 협상카드를 흔들었다. "요컨대 법률상 근거가 있는 것을 인정해달라는 것이다." 이승만 정권이 비록 정치적 레토릭의 성격이 강했지만 공개적으로는 절대 포기하지 않았던 일본에 대한 전쟁배상 요구를 전면 부인한 것이다. 앞서 과거사를 접기로 했으니 일제 식민지배에 대한 피해보상 청구도 포기한 셈이어서 이제 남은 것은 일본이 치른 전쟁에 따른 한국인의 피해에 대한 청구권, 그것도 법률상 근거가 있는 것으로 제한된 것이다. 이는 한국은 일본과의 전쟁 당사국이 아니므로 배상을 요구할 수 없고, 다만 영토의 분리로 인한 민사상 청구권을 명확한 근거를 갖춰 청구해야 한다는 일본 측 주장을 액면 그대로 수용한 발언이기도 했다.

당연히 회담에 탄력이 붙었다. 이케다 전 총리는 "개인 청구권에 대해서는 일본인 수준으로 취급한다는 원칙을 갖고 지불할 용의가 있다"면서 "은급恩級, 귀환자 위로금, 우편저금, 간이보험금 등을 생각하고 있고, 또 소각한 일본은행권에 대해서도 고려하고 있다"고 말했다. 이에 대해 박 전 대통령은 "군인·군속의 유가족에 대해서도 생각해달라"고 말했다. 이케다 전 총리는 "고려하겠다"

박정희 전 대통령은 한일 수교 후 일본으로부터 받은 대일청구권 자금을 포항제철, 경부고속도로건설 등의 프로젝트에 투입하여 국가경제 개발의 기틀을 구축했다. 사진은 1974년 6월 박정희 전 대통령과 육영수 여사가 포항제철을 방문한 장면. 박정희 전 대통령 뒤로 스커트 차림의 박근혜 전 대통령이 보인다.

자료 : futurekorea.co.kr

고 화답했다. 박 전 대통령이 "한반도에서 반출된 지금은地金銀에 대해서도 청구권이 있다"고 말하자 이케다 전 총리는 "그것은 조선은행이 업무상 통상적인 매매를 한 것이기 때문에 근거가 없다"고 설명했다. 박 전 대통령이 "일본 측은 청구권으로 5천 만 달러를 운운하고 있다"고 불만을 토로하자 이케다 전 총리는 "고사카 젠타로小坂善太郎 외상이 그렇게 말한 모양인데 나의 의도는 아니다"라고 안심시켰다. 이케다 전 총리가 "청구권이라고 말하면 아무래도 상쇄相殺 사상[일본의 한국에 대한 청구권역청구권과 한국의 대일 청구권을 상계한다는 의미]이 나온다"고 지적하자 박 전 대통령은 "청구권이라고 말하지 말고 뭔가 적당한 이름이라도 괜찮다"고 답했다.

국교를 맺어 일본의 지도를 받고 싶다

예상 이상으로 분위기가 화기애애해지자 이케다 전 총리는 "청구권 문제의 해결은 어업 문제와 동시에 해결했으면 한다"면서 골칫거리였던 '이승만 라인평화선' 문제를 제기했다. 이에 대해 박 전 대통령은 "일본이 청구권 문제에서 납득할 만한 성의를 보인다면 우리도 신축

성 있게 평화선 문제를 다룰 용의가 있다"고 제안했다. 이승만 정권의 최대 업적으로 평가받으며 사실상 유일한 대일 압박 카드로서 기능했던 평화선이 청구권 금액과 연동된 정치적 홍정거리로 전락하는 순간이었다. 이튿날 일본 신문들은 일제히 "한국, 사실상 이승만 라인 포기"라고 대서특필했다.

이케다 전 총리는 경제관료 출신답게 한국 경제에 대한 조언을 쏟아냈다. 박전 대통령이 "미국 원조 40억 달러가 전혀 효과를 내지 못했다"고 고민을 털어놓자 이케다 전 총리는 전후 미국의 대일 원조자금을 경제발전에 활용했던 자신의 성공담을 자세하게 설명해줬다. 농업 문제와 관련해 이케다 전 총리는 농지개혁의 필요성, 미개간지의 목초 조성 등을 언급한 후 "한국의 인구는 재산"이라고 말했다. 이에 대해 박 의장은 "빨리 국교를 정상화해 농업에 대해서도 일본의 지도를 받고 싶다"고 답했다. 이케다 전 총리는 "20만kw 정도의 전력으로는 아무것도 안 된다, 전력을 확장하면 한국만으로도 훌륭한 공업국가가 될 것"이라고 격려했다.

이케다 전 총리는 "일본이 청구권으로 지불하는 것만으로는 아무래도 한국의 경제회복에 충분하지 않을 것"이라면서 "다만 일본으로서는 무상원조는 바

다케시마 팸플릿: 이승만 라인

자료 : kr.emb-japan.go.jp

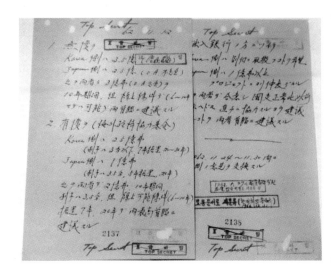

1964년 한일협정 당시 대일 청구권 문제를 타결 지은 김종필 중앙정보부장과 오히라 일본 외상의 메모 복제본

자료 : futurekorea.co.kr

람직하지 않기 때문에 장기저리의 경제원조를 고려하고자 한다"고 말했다. 이에 대해 박 전 대통령은 "한국도 자존심이 있으므로 무상원조는 바라지 않는다. 경제협력 등의 명목으로 장기저리 차관이 좋을 것"이라고 동의한 후 "소비재가 아니라 자본재를 희망한다"고 부언했다. 이케다 전 총리는 "자본재가 좋을 것이다, 소비재는 한국 국내에서 생산하면 된다"고 화답했다. 이렇게 경제협력을 빙자한 일본 자본의 한국진출과 청구권 문제의 봉인이라는 한일 관계의 새 틀이 무르익고 있었다.

물론 이 같은 왜곡된 한일 관계는 한국 국민 감정상 용인될 수 없는 것이었다. 박 전 대통령은 같은 해 12월 7일 기자회견에서 대일 청구권을 차관도입으로 대체하려는 것 아니냐는 질문이 나오자 "나는 경제협력은 청구권 문제를 해결하고 국교가 정상화된 후에나 생각할 수 있다고 이케다 전 총리에게 말했다"고 선을 그었다. 하지만 한일 양국이 공개한 박 전 대통령 이케다 전 총리 회담록을 참조하자면, 박 전 대통령은 대일 청구권에서 크게 양보하면서까지 일본 자본의 도입에 적극적이었다. 이 같은 박 전 대통령의 태도는 이케다 전 총리가 "양측이 99% 합의했다"고 발표하자고 제안할 정도로 일본 측을 만족시켰다. 이케다 전 총리는 "앞으로 한일회담과 관련해 국내적으로 문제가 생겨 마음에 걸리는 점이 있으면 비밀리에 연락을 달라"며 정치적으로도 적극 협력할 뜻을 밝혔다. 회담 직후 이케다 전 총리는 측근들에게 박 전 대통령을 "참 좋은 사람" "말이 통하는 사람"이라고 말했다고 일본 외교문서는 전한다.

메이지 유신의 지사와 같은 마음이다

과거를 따지지 말고 미래만을 생각하겠다던 박 전 대통령은 그러나 정상회담이 끝나기가 무섭게 어느덧 자신만의 '과거사'로 회귀하고 있었다. 12일 낮 기시 노부스케岸信介 전 총리 및 이시이 미쓰지로石井光次郎 전 부총리가 주최한 환영회에서 박 전 대통령은 "일본에서 젊은 우리가 하고 있는 것을 보면 미숙한 부분도 있을 것이다. 그러나 젊은 육군 군인들이 군사혁명을 일으킨 것은 구국의 염念에 불탔기 때문으로, 메이지 유신 때 지사志士의 마음으로 해볼 것이다"라고 유창한 일본어로 말했다. 이어 박 전 대통령은 기시의 고향 출신으로 메이지 유신의 정신적 지주로서 정한론征韓論의 원조로 통하는 요시다 쇼인吉田松陰을 존경한다면서, 국가건설과 한일 관계 정상화를 위해 도와달라고 호소했다. 이에 대해 스스로 '만주국의 설계자'를 자임해온 기시는 "국민의 박수를 받는 조약을 만들려 하면 진정한 국교정상화가 이뤄지지 않는다. 100년 후에 되돌아봤을 때 좋았다고 평가받는, 미래를 내다보는 마음으로 나서야 한다. 현재의 국민감정에 영합하려 해선 안 된다"고 조언했다고 회고했다. 이를 지켜본 아카기 무네노리赤城宗德 자민당 총무회장은 박 전 대통령에 대해 "겸손하고 성실하다, 꾸준히 순조롭게 할 것 같다"고 평가했고 사토 에이사쿠佐藤榮作 통산상은 "용맹하다기보다는 온후하고 교활함을 모르는 것 같다"고 각각 높게 평가했다.

박 전 대통령은 이날 저녁 본인이 주최한 만찬에 만주국 육군군관학교 시절

혁명을 했을 때 일본 명치유신의 지사들을 떠올렸습니다
저는 명치유신의 지사들을 존경하고 있습니다

자료 : amn.kr

의 교장이었던 나구모 신이치로南雲親一郎 일제 예비역 중장과 동기생들을 특별히 초대해 회포를 풀었다. "선생님의 지도와 추천 덕분에 (일본) 육군사관학교를 나와 여기까지 올 수 있었습니다. 한국 대표로서 뵙게 된 것에 감사드립니다." 박 전 대통령이 과거의 은사에게 깍듯하게 보은의 술잔을 올리자 동석한 이케다 전 총리를 비롯한 참석자 전원이 박수를 보냈다. 이케다 전 총리는 "동양의 예의 사상으로서 은사를 섬기고 선배를 존중하는 훌륭한 모범을 보여주었다"고 극찬했다.

"정치라든가 외교는 이것이 전부 인간이 행하는 일이라면 인간 대 인간이 무릎을 맞대고 서로 이야기할 필요가 있다는 것을 나는 이번에 절실히 느꼈습니다." 30시간 동안의 일본 방문을 마친 박 전 대통령은 이처럼 강렬한 소회를 남긴 후 존 F. 케네디 대통령과의 회담을 위해 미국으로 떠났다.

박근혜 전 대통령
"한일, 미래 50년 동반자로 새역사 써나가야"

박근혜 전 대통령은 3·1절 제96주년인 2015년 3월 1일 "일본이 용기 있고 진솔하게 역사적 진실을 인정하고 한국과 손잡고 미래 50년의 동반자로서 새

나구모 선생님께서
저를 이렇게 키워주셔서 감사합니다

자료 : kookminnews.com

로운 역사를 함께 써나가기를 바란다"고 말했다.

　박근혜 전 대통령은 또 "북한은 더 이상 남북대화를 외면해서는 안 될 것"이라며 "이산가족 생사 확인과 상봉 정례화, 서신교환 등 이산의 아픔을 치유하기 위한 협의를 조속히 갖기 바란다"고 촉구했다.

　이날 세종문화회관에서 열린 3·1절 기념식에서 "과거 독일과 프랑스가 갈등과 반목을 극복하고 새로운 유럽 건설의 주역이 될 수 있었던 것과 같이, 이제는 보다 성숙한 미래 50년의 동반자가 돼 새 역사를 함께 써나가야 할 때"라고 말했다. 박근혜 전 대통령의 이러한 언급은 일본 정치지도자들의 역사 인식 개선을 촉구하면서 광복 70주년과 한일국교 정상화 50주년을 맞아 한일 관계에서 새로운 전환점을 마련해야 한다는 뜻으로 풀이된다.

　이어서 "정부는 올바른 역사 인식에 기초한 21세기 한일 신협력시대를 열어가고자 노력해왔다"며 "그러나 지리적 이웃 국가임에도 불구하고 과거사를 둘러싼 갈등 때문에 안타깝게도 마음의 거리를 좁히지 못하고 있다"고 지적했다.

　그러면서 박근혜 전 대통령은 일본군 위안부 피해 할머니들의 인권 문제를 "반드시 풀고 가야 할 역사적 과제"라고 강조하면서 "이제 할머니들의 평균 연령이 90세에 가까워서 그분들의 명예를 회복시켜드릴 수 있는 시간도 얼마 남지 않았다"고 말했다.

　또한 일본 아베 신조安倍晋三 전 총리의 과거사 왜곡 시도에 반대하는 집단성명을 주도했던 미국 코네티컷 대 알렉시스 더든 교수의 발언을 인용하면서 "일본 정부의 교과서 왜곡 시도가 계속되는 것도 이웃 관계에 상처를 주는 일"이라고 지적했다.

박근혜 전 대통령이 2015년 3월 1일 오전 서울 종로구 세종문화회관에서 열린 제96주년 3·1절 기념식에서 기념사를 하고 있다. 박 전 대통령은 이날 기념사를 통해 "일본이 용기 있고 진솔하게 역사적 진실을 인정하고 한국과 손잡고 미래 50년의 동반자로서 새로운 역사를 함께 써나가기를 바란다"고 말했다.

자료 : hankookilbo.com

더든 교수는 "역사란 편한 대로 취사선택해 필요한 것만 기억하는 게 아니며, 역사에 대한 인정은 진보를 향한 유일한 길"이라고 했고, 박근혜 전 대통령은 이날 이 발언을 그대로 인용하면서 "한 역사학자의 지적을 깊이 유념할 필요가 있다"고 말했다.

이어 박 전 대통령은 남북관계와 관련, "북한은 더 이상 남북대화를 외면해서는 안 될 것"이라며 "올해 광복 70주년을 경축하면서 이를 계기로 민족화합과 동질성 회복의 전기를 마련하는 데 나서주기 바란다"고 밝혔다.

그러면서 "무엇보다 남북 이산가족의 절절한 염원을 풀어드리는 것이 시급한 일"이라며 "이산가족 생사 확인 및 상봉 정례화, 서신교환 등 이산의 아픔을 치유하기 위한 협의를 조속히 갖기 바란다"고 촉구했다.

이어 "금년 중 남북한 간 의미 있는 스포츠, 문화, 예술 분야 교류와 민생차원의 협력 확대", "민족문화 보전사업의 확대와 역사 공동연구 착수" 등을 제안하면서 "민족 동질성 회복에 기여하는 순수민간교류를 적극 장려할 것"이라고 말했다.

또한 "남북한 철도운행 재개를 위한 철도복원사업 등 이행 가능한 남북공동 프로젝트를 협의해 추진하는 것도 남북 모두에 큰 도움이 될 것"이라며 "사전 준비의 일환으로 우선 남북철도 남측 구간을 하나씩 복구하고 연결하는 사업부터 시작할 것"이라고 강조했다.

이와 함께 박근혜 전 대통령은 공무원연금개혁과 4개 구조개혁 등 국내 현

박근혜 전 대통령과 아베 신조(安倍晋三) 전 일본 총리가 2014년 3월 25일 오후(현지 시간) 네덜란드 헤이그 미국 대사관저에서 한·미·일 정상회담을 하기 전 악수를 하고 있다. 가운데는 버락 오바마 미국 대통령

자료 : vop.co.kr

안을 언급하면서 "혁신과 구조개혁 과정은 3·1운동 당시 그랬던 것처럼 국민 모두의 일치된 마음과 단합된 힘이 수반돼야 하는 어렵고 힘든 과정"이라며 "30년 후 후손들이 경제대국, 통일한국 국민으로 광복 100주년을 맞이할 수 있도록 모든 노력을 다하겠다"고 말했다.

또한 올해 첫 해외출장인 중동 4개국 순방과 관련, "제2 중동 붐으로 제2의 경제부흥을 위한 토대를 마련할 수 있도록 총력을 다해 비즈니스 외교를 펼칠 것"이라고 말했다.

박정희가 일제 패망 전 경력을 부끄러워한 흔적은 어디에도 없다

강상중과 현무암은 《기시 노부스케와 박정희》에서 "기시도 박정희도 만주국 건국을 포함해서 전전戰前의", 이건 일제 가 패망하기 전을 말하는데, "역사에 대해 조금도 후회하지 않는 듯 보인다"고 지적했다.

기시 노부스케의 이런 태도를 분명하게 보여주는 일화가 있다. 기시 노부스케는 최고 학교로 꼽히던 도쿄 제1고교 출신인데, 고교 시절 은사가 전범으로 체포된 기시 노부스케에게 "천고에 남을 이름"이 애석하다면 '자결'이라는 단가短歌를 보내자 기시 노부스케는 "이름 대신 성전의 정당성을 만대에 전하리라"는 답가를 보냈다. 유명한 일화인데, 여기서 성전은 아시아·태평양 침략 전쟁을 가리킨다. 영광의 역사라고 군국주의자들이 얘기하는 것에 대한 소름이 돋을 정도의 집념, 아베 신조에게서도 볼 수 있는 것과 같은 집념을 이런 식으로 표출한 것을 볼 수 있다.

박정희에 대해 두 사람은 저서에 이렇게 썼다. "박정희도 전전의 경력에 강한 향수를 품을지언정, 그것을 부끄러워한 흔적 따위는 어디서도 찾아볼 수 없다. (중략) 제국 군인이었던 사실은 내심 자긍심으로까지 느꼈다."

그러면서 강상중과 현무암은 기시 노부스케와 박정희 둘 다 "강한 반소, 반공 의식하에 군국주의적 국가 개조와 계획적 통제 경제를 단행"한다는 생각을 가졌다고 볼 수 있고, 그러면서 "기회주의적 '전향'이라고도 말할 수 있는 변모를 거듭하면서", 이건 최영 교수도 많이 지적하던데, "그때그때 권력의 원천의 차이에 부응하며 자신의 태도를 바꿔가게 된다"고 분석했다. 그런 점에서도 같다는 것이다. 박정희 개인은 미국 문화에 잘 적응하지 못했지만 그럼에도 미국의 요구에 그렇게 잘 부응할 수 있었던 것도 이런 특징과 관련 있다고 볼 수 있다. 그러면서도 《국가와 혁명과 나》[4]에서는 이집트 군사혁명을 찬양하는, 다시 말해 앞뒤가 안 맞는 모습을 보여준다. 강상중과 현무암은 기시 노부스케와 박정희, 이 두 사람이 "재빠른 변신, 그리고 권력의 원천이 어디에 있는지를 가려내는 본능적 후각의 예민함"이라는 자질을 갖고 있었다고 평가했다.

---

4 《국가와 혁명과 나》(國家와 革命과 나)는 대한민국의 대통령 박정희가 1963년에 출간한 저서이다.

유신체제는 일본 극우가 꿈꿨던
쇼와 유신의 한국형 변종

만주 시절 박정희의 경험은 박정희 집권기와 어떤 식으로 이어져 있다고 볼 수 있나. 박한용 박사는 박정희의 만주국 경험이 5·16쿠데타 이후 집권기, 그중에서도 특히 10·17쿠데타 이후 얼마나 큰 영향을 끼쳤는가를 구체적인 예를 제시하며 설명했다. 5·16쿠데타 직후의 국가 재건 운동, 1970년대의 새마을운동 등 국민 개조 운동, 국민교육헌장, 이건 황국신민서사 부분을 가리키는 것으로 보이는데, 그리고 국기에 대한 맹세, 애국 조회, 국기 하강식 같은 국가주의 맹세의 의례, 교련과 체육의 (모의) 수류탄 던지기 군사 교육, 충효 교육, 라디오 체조와 내 집 앞 쓸기 운동 및 국민가요 부르기, 퇴폐 풍조 일소와 미풍양속 고취, 반상회, 고도 국방 체제를 목표로 한 총력 안보 체제와 국가 통제형 경제개발 5개년계획 등 유신체제 운동은 일제가 식민지 조선과 만주국에서 실행했던 국가주의를 본떠 되살린 것이고 특히 유신체제는 일본 극우가 꿈꿨던 쇼와 유신의 한국형 변종이라고 이야기했다. 이런 주장이 시사하는 바가 있다.

이처럼 박정희는 죽을 때까지 만주인맥과 끈끈한 관계를 맺었고, 일본 육사 기간까지 포함한 만주 시절에 대한 향수라고 할 수 있는 것을 갖고 있었다. 그러면 왜 박정희는 만주로 갔느냐. 전술한 바와 같이 청와대 공보 비서관을 지낸 김종신이 만주군관학교에 간 이유를 묻자 박정희는 "긴 칼 차고 싶어서 갔지"라고 대답했다. 만주에 가기 위해 문경보통학교 교사직을 떠나던 날 제자들이 울음보를 터트리자 박정희는 "갔다가 큰 칼 차고 대장 되어 돌아오면 군수보다 너희들 선생님이 더 높다"고 얘기했다. 이런 여러 가지를 놓고 볼 때 '일제 치하에서 출세하고 상향된 지위로 올라가는 데에는 군보다 빠른 길은 없다. 기회의 땅 만주로 가서 군관학교에 들어가는 길밖에 없다'는 생각을 갖고 만주로 간 것으로 최영 교수를 비롯한 여러 사람이 쓰고 있다.

그러나 박정희는 만주군관학교에 바로 입학하지 못했다. 기혼자였고 연령이 초과돼서 입학 자격이 문제가 됐던 것이다. 그래서 다시 응모했는데, 이때 정황이 일본어 신문인 〈만주신문〉에 무려 3단 기사로 사진과 함께 '혈서

박정희 저서
《국가와 혁명과 나》

자료 : kyobobook.co.kr

군관 지원, 반도의 젊은 훈도로부터'라는 제목으로 났다는 건 〈만주신문〉에서 박정희의 '혈서 군관 지원'을 얼마나 중요하게 평가했는가를 보여준다. '이건 널리 선전할 필요가 있다'고 보고 이렇게 지면을 내주지 않았겠나. "일사봉공—死奉公 박정희", 그러니까 한 번 죽음으로써 충성하고 한목숨 바쳐 나라를 위하겠다고 반지半紙에 피로 쓴 편지를 동봉해 보냈는데, 이 혈서 지원 편지가 관계자들을 깊이 감격하게 만들었다고 한다. 그 편지에는 "일본인으로서 수치스럽지 않을 만큼의 정신과 기백으로서 일사봉공의 군건한 결심입니다. 확실히 하겠습니다. 목숨을 다해 충성을 다할 각오입니다. 한 명의 만주국 군으로서 만주국을 위해, 나아가 조국을 위해 어떠한 일신의 영달을 바라지 않겠습니다. 멸사봉공, 견마의 충성을 다할 결심입니다"라고 적혀 있었다.

'혈서 군관 지원'은 몇 년 전에야 발견된 것인데, 〈만주신문〉 보도 후 박정희가 바로 만주군관학교에 입학할 수 있었던 건 아니다. 만주군관학교에 박정희가 들어갈 수 있었던 데에는 신경 교외 제3독립수비대 대장으로 근무하던 관동군 대좌 아리카와 게이이치의 추천이 큰 역할을 했다고 한다. 대구사범학교 시절 박정희를 특별히 총애했다고 하는 아리카와 게이이치 교련 주임은 1945년 6월 오키나와에서 전사한다. 어쨌건 박정희는 그렇게 해서 만주군관학교에 들어갔다.

대구사범학교 시절과 너무나 대조적인
만주군관학교 시절

만주군관학교 시절 박정희는 어떤 학생이었나. 1961년 11월 일본을 찾은 박정희가 만주군관학교 교장이던 나구모 신이치로를 특별히 초청해서 나오게 했다고 앞에서 언급한 바 있다. 나구모 신이치로는 만주군관학교 시절 박정희에 대해 "천황 폐하께 바치는 충성심이라는 면에서 그는 일본인보다도 훨씬 일본인답게" 행동했다고 말한 것으로 강상중과 현무암의 책에 나온다.

창씨개명의 변화에도 생각해볼 대목이 있다. 만주에 간 초기인 1941년 이때는 창씨개명 이름이 다카키 마사오高木正雄였다. 다카키 마사오는 박정희 이름과 연관성이 있다. 다카키의 키木는 박朴과 연관이 있고 마사오正雄도 정희와 닿는 면이 있다. 박정희라는 자기 이름의 흔적을 남긴 상태에서 창씨개명을 한 것이라고 볼 수 있다. 그런데 1942년에 가면 오카모토 미노루岡本實로 이름까지 완전히 일본식으로 바꾼다. 강상중과 현무암의 책에는 민족색까지 지울 양으로 오카모토 미노루로 바꿨다고 적혀 있다.

박정희는 1942년 만주군관학교에서 우등생으로 선정돼 다른 몇 명과 함께 만주국 황제 부의푸이로부터 금장 시계, 그러니까 금으로 도금한 시계를 은사상으로 받았다. 이때 졸업식 답사를 박정희, 그러니까 오카모토 미노루가 했다고 하는데 "대동아공영권을 확립하는 성전에서 나는 사쿠라와 같이 훌륭하게 죽겠습니다"라는 선서가 포함된 답사를 했다고 한다.

그러고는 다른 성적 우수자와 함께 일본 육사 본과 3학년에 편입해 1944년에는 여기서도 우수한 성적으로 졸업했다. 일본 육사를 나온 후 박정희는 한때 견습 사관으로 소만蘇滿 국경 지대의 치치하얼에 주둔한 관동군에 배속돼 2개월여 동안 근무했다고 한다. 그러고 나서 만주군만주국 군대 소속으로 옮기는데 보병 제8사단에 배속된다. 이때는 주로 열하 지방에서 많이 활동한 것으로 이

야기하는데, 팔로군을 공격할 때 소대장으로 작전에 참여했다. 1945년 7월 만주군 중위로 진급하지만, 한 달 후인 8월에 일제가 패망하는 것을 맛보게 된다.

이러한 박정희가 만주군관학교 시절에 얼마나 의의를 느꼈다고 할까, 충만한 생활을 보냈는가 하는 건 대구사범학교 시절과 비교하면 잘 알 수 있다.

대구사범학교에 다닐 때 박정희는 어떤 모습을 보였나. 조갑제 글이나 다른 글들을 보면 박정희는 대구사범학교 시절 성적이 참 나빴다. 1학년 말에 97명 중 60등, 2학년 때에는 83명 중 47등이었다. 3학년 때에는 더 떨어져서 74명 중 67등으로 꼴찌에 가까웠는데 4학년 때에는 73명 중 73등, 진짜 꼴찌를 했다. 5학년 때에는 70명 중 69등을 했다. 이렇게 성적이 나빠서 기숙사비 혜택도 받지 못하게 됐고, 그 때문에 돈을 구하러 상희 형을 자주 찾아갔다고 한다. 그리고 문경은 경북에서 외진 곳 아닌가. 문경보통학교에 배치된 것도 성적 불량 때문이라고 보고 있다.

대구사범학교에서 왜 이렇게 성적이 나빴는가에 대해 한 연구자는 시골 출신 우등생이 명문 학교에 가서 좌절을 겪은 것이라고 설명했다. 또 어떤 사람

수석 졸업하는 박정희 생도
신경군관학교 2기생 예과
졸업식에서 박정희는 우등상을
받고 부상으로 부의 황제
명의의 금시계를 하사받았다.
대열 앞에서 생도 대표로
인사하는 사람이
박정희다(만주일보,
1942.03.24).

자료 : ohmynews.com

은 2학년 때부터 방황한 건 성적 불량에서 비롯됐는데, 그만큼 자존심이 손상되고 열등감이 작용해 그렇게 된 것 아니겠느냐고 이야기했다. 그런데 그런 것 못지않게 박정희는 공부 체질이라기보다는 군인 체질 아니었느냐고 볼 수 있는 대목도 있다. 성적이 좋지 않던 때에도 교련 과목에는 아주 관심이 많아 시범 조교로 뽑힐 정도였고, 총검술도 잘했다고 나온다.

성적이 불량했을 뿐만 아니라 출석 상황도 좋지 않았다. 결석을 한 날이 많았다. 2학년 때는 10일 결석했고 3학년 때는 41일, 4학년 때는 48일, 5학년 때는 41일이나 됐다. 이렇게 결석률이 높았는데, 학적부를 보면 2학년 때는 '아주 음울하다', 3학년 때는 '다소 진실성이 부족하다', 4학년 때는 '불평이 있고 진실성이 부족하다'는 식으로 나와 있다.

그런데 이와 달리 만주군관학교에서는 성적이 아주 좋았다. 만주국 황제로부터 금장 시계도 하사받고 졸업식에서 답사도 읽을 정도였다. 그건 그만큼 만주군관학교의 생이 박정희로서는 얼마만큼 의의를 느낄 수 있는 생이었는가를 이야기해준다고 볼 수 있다.

2·26쿠데타를 일으킨 청년 장교들과 기타 잇키, 그리고 박정희

대구사범학교 시절 꼴찌도 하며 밑바닥에 있던 박정희는 만주군관학교, 일본 육사에서는 최우등으로 변신했다. 자녀 교육에 관심이 많은 요즘 학부모들이 그 비법을 궁금해하지 않을까 하는 생각이 들 정도의 큰 변화인데, 박정희의 동기와 선택 과정을 보면 '본받을 만하다'는 얘기를 꺼낼 수 없게 만드는 쓸쓸한 시대상을 느낄 수밖에 없다. 다른 사안

만주군관학교를 우등 졸업한 박정희는 일본 육사에 편입해 57기로 졸업했다. 앞줄 오른쪽 끝(붉은 원)이 박정희 생도

자료 : instiz.net

을 짚어보면, 박정희는 5·15사건[5]과 2·26사건[6]을 일으킨 일본의 군국주의 장교들에게 심취한 모습을 보였다. 그중에서도 특히 2·26쿠데타의 영향을 많이 받은 것으로 이야기되는데, 박정희는 언제부터 군국주의의 영향을 강하게 받게 된 것일까?

5·16쿠데타 직전 박정희는 "2·26사건 때 일본의 젊은 우국 군인들이 나라를 바로잡기 위해 궐기했던 것처럼 우리도 일어나 확 뒤집어엎어야 할 것이 아닌가"라고 기염을 토했다고 한다. '부패하고 타락한 민간인 정치의 문제를 쿠데타로 일거에 해결하고 국가를 개조하겠다.' 2·26쿠데타 주동자들은 이런 생각을 했다. 그러한 2·26쿠데타의 영향을 박정희는 어느 때 받은 것일까?

예컨대 대구사범학교에 다닐 때 받았을까? 대구사범학교 시절 박정희가 아리카와 게이이치 교련 주임의 영향을 받은 건 사실이고, 거기에는 2·26쿠데타와 관련된 사항이 있었을 것이라고 볼 수는 있다. 그러나 2·26쿠데타를 일으킨 장교들이 품었던 것과 같은 생각을 대구사범학교 시절에 박정희가 직접 품게

---

5 5·15사건(五·一五事件)은 1932년 5월 15일에 일어난 일본 제국 해군 내 극우 청년 장교를 중심으로 한 반란 사건이다. 무장한 일본 해군의 청년 장교들이 수상 관저에 난입해, 당시 호헌 운동의 중심이라고 할 수 있는 이누카이 쓰요시(犬養毅) 수상을 암살하였다.

6 2·26사건(二·二六事件)은 1936년 2월 26일 일본 육군의 황도파 청년장교들이 1,483명의 병력을 이끌고 일으킨 반란사건이다.

됐다고 보는 건 좀 무리인 것 같다. 그러면 문경보통학교 교사 시절엔 어땠을까. 이걸 생각해볼 수 있는데 대구사범학교에 다닐 때나 교사 시절에 그 영향을 많이 받았던 것으로 보이지는 않는다. 2·26사건 같은 것에 대해 관심은 가졌겠지만 그것을 박정희 자신의 행동 이념, 정치 이념으로까지 삼았겠나 싶다. 이런 점은 생각해볼 수 있을 것이다. 이준식 박사 글에 따르면, 박정희가 교사 시절에 일본 제국 군대의 승전을 고취하는 놀이를 직접 연출할 정도였다고 한다. 그만큼 일본 제국주의의 침략 전쟁에 좀 빠져 있었던 것 아니냐고 볼 수 있는 구체적인 사례로 이것을 들고 있다.

그렇지만 박정희가 2·26사건의 영향, 군국주의의 영향을 강하게 받은 건 역시 만주에 갔을 때부터라고 보고 있다.

그렇다면 그렇게 판단하는 근거는 무엇인가. 이준식 박사는 "관동군이야말로 박정희가 꿈꾼 군대의 전형이었다. 만주국은 박정희가 바란 국가의 모범이었다"라고 이렇게 썼다. 박정희는 만주군 장교로서 자신의 활동에 대해 상당한 긍지를 가졌던 것으로 보인다. 그러면서 만주군관학교, 일본 육사, 만주군 시기에 2·26사건을 일으킨 자들이 가졌던 사고로부터 상당한 영향을 받았던

1930년대
대구사범학교(사범대학전신)

자료 : www.knu.ac.kr

2·26사건 당시

자료 : ajunews.com

것으로 보인다. 만주군관학교 교관 중에는 2·26사건 관련자이지만 초급 장교라는 이유로 처형을 면하고 만주로 추방된 간노 히로시管野弘 같은 황도파 출신 장교가 포함돼 있었다고 이준식 박사 글에 나오는데, 이 점이 주목된다. 간노 히로시는 만주군관학교 제2연을 지휘하고 있었다고 하는데, 증언에 의하면 박정희는 간노 히로시로부터 영향을 받았다고 한다. 또한 일본 육사 동기의 증언에 따르면, 일본 육사 재학 시절 박정희는 2·26사건과 같은 청년 장교들의 국가 개조 운동에 깊은 관심을 보였다고 한다. 이처럼 여러 글과 책에서 박정희가 2·26쿠데타, 일본에서는 이것을 2·26사건이라고 많이 이야기하는데, 이 쿠데타를 일으켰던 청년 장교들로부터 많은 영향을 받았다는 이야기를 하고 있다.

여기서 2·26사건을 개략적으로 살펴보자. 1936년 2월 26일 새벽 청년 장교들이 도쿄의 근위 보병 제3연대, 보병 제1연대와 제3연대 등의 병력 1,400여 명을 이끌고 쿠데타를 일으켰다. 이들은 수상 관저, 경시청 등을 습격해 내대신[7] 사이토 마코토, 대장상 다카하시 고레키요, 교육총감 와타나베 조타로를 살해하고 스즈키 간타로 시종장에게 중상을 입혔다. 내대신, 시종장 등은 높은 직위였는

📍7　내대신(內大臣)은 일본 율령제도하의 영외관(令外官)의 대신 중 하나이다. 좌대신(左大臣)과 우대신(右大臣) 두 사람이 사정이 있어 출사하지 못하는 경우, 대리로 정무를 보았다.

데 이때 살해된 내대신 사이토 마코토는 3·1운동 직후 한 번, 그리고 1929년에 다시 한 번 이렇게 두 번이나 조선 총독을 지낸 바로 그 사이토 마코토다. 쿠데타 세력은 수상을 죽이려고 수상 관저를 습격했는데, 수상을 죽이지는 못하고 수상의 처남으로 비서관을 맡고 있던 사람을 수상으로 오인해 살해했다.

무엇을 요구하며 이런 일을 벌였는지를 살펴보면, 이들은 제국 의사당, 수상 관저, 육군 대신 관저, 경시청 일대를 점거하고 가와시마 요시유키 육군 대신을 면담해 국가 개조를 요구했다. 국가 개조를 요구했다는 것, 바로 이걸 빼놓고는 구체적인 내용이 없다. 이 사람들이 무엇을 위해 이런 일을 벌였는지를 분명하게 알 수 있게 할 만한 구체적인 내용이 없다. 다만 대개 청년 장교들이 쓴 여러 글을 가지고 설명하고 있다.

하여튼 내각 기능이 마비된 상태에서 육군 대신이 고시告示를 발포한다. 사건을 일으킨 장교들에게 많은 영향을 끼친 황도파 지도자 아라키 사다오 대장전육군 대신의 영향으로, 이 고시는 쿠데타에 동정적인 태도를 보여줬다. 그런데 27일 새벽 계엄령이 발동되고 '반란군을 진압하라'는 히로히토 천황의 지시가 내려오면서, 쿠데타군은 29일 오전 8시부터 오후 2시까지 대부분 원대 복귀했다. 이게 2·26사건이다. 이 쿠데타로 관련자 1,483명 중 132명이 기소되고 장교·민간인 19명이 사형 선고를 받았다.

박정희와 2·26사건의 관계를 서술하고 있는 일부 논객들은 2·26쿠데타를 일으킨 청년 장교들이 농촌의 참상 때문에 궐기했다는 점을 평가하고 있다. 그러면서 박정희도 그런 점에 끌렸던 것 아니냐는 주장을 하고 있다.

이러한 주장을 어떻게 보나. 이런 주장에 대해서는 후지와라 아키라 교수가 《천황제와 군대》라는 책과 여러 글에서 면밀히 분석했다. 그것에 따르면, 쿠데타를 일으킨 청년 장교들은 구체적인 정책을 갖고 있지 않았다. 다만 한 가지 분명한 것은, 도쿄의 근위 보병 같은 쪽에서 쿠데타를 일으킨 데서도 알 수 있듯이 주동자들은 대개 좋은 집안에서 자란 이들로 농어촌의 실상을 잘 알지는 못했다는 것이다. 피폐한 농어촌, 농민 구제를 추상적인 구호로 제시했을 뿐 현

2·26사건. 군이 한때 점령했던 경시청을 빠져나와 부대로 돌아가고 있다. 쿠데타의 주역인 청년 장교들은 천황을 혁명의 수단으로 활용하고자 한 기타 잇키의 사상을 천황중심주의의 국가개조론으로 오해했다.

자료 : ohmynews.com

실적인 구체성은 이 사람들의 국가 개조 운동에서 별로 나타나지 않았다는 것이다. 출신을 살펴봐도 당시 유력한 군인 가정에서 태어났거나 상당히 좋은 집안에서 자란, 그래서 주로 도쿄 같은 도시에 살았던 사람들이다. 이런 점들은 이들이 농어촌 참상 같은 것들 때문에 궐기한 것이라고 볼 수 없는 하나의 이유가 되지 않겠느냐고 후지와라 아키라 교수는 썼다.

그리고 박정희가 영향을 받은 것으로 여러 사람의 글에 나오는 게 누구냐 하면, 2·26사건으로 사형 선고를 받고 처형된 민간인 중 한 명인 유명한 기타 잇키北—輝다. 이 사람이 《일본 개조 법안 대강》에서 주로 설명한 것이 국가 개조이고, 2·26쿠데타를 일으킨 청년 장교들이 이것으로부터 크게 영향을 받았다는 건 많은 사람이 인정하고 있다. 이노우에 키요시 교수가 쓴 《일본의 역사》에서는 2·26쿠데타와 관련해 이런 지적을 하고 있다. 그것에 따르면, 2·26쿠데타 이후 일본은 국민 생활 전반에서 군국주의 일색이 되는데 이건 천황 절대주의 기구의 중핵인 군부가 국가의 독재권을 쥐고 일본 제국주의의 위기를 타개하려는 것이었다. 이것을 천황제 파시즘 또는 군국주의 파시즘이라고 부른다. 기타 잇키는 《일본 개조 법안 대강》 에서 실제로는 국가와 대자본을 융합하려고 했다. 중소 지주는 사회에 필요하다는 주장과 더불어 계급투쟁을 절멸시키자는 주장도 했다. 계급투쟁 절멸 이야기는 일반적으로 극

北 一輝,
日本改造法案大綱
(中公文庫)

자료 : amazon.co.jp

우들이 많이 주장하는 것인데, 기타 잇키도 이런 주장을 했다. 계급투쟁을 절멸하고 행정은 재향 군인단 회의와 군인 또는 천황의 관리가 수행하고 국력을 모아 일본을 세계의 크고 작은 국가 위에 군림하는 최강의 국가로 만들자. 이게 바로 기타 잇키의 대아시아주의였다. 세계 여러 나라 위에 군림하는 최강의 국가로서 일본이 역할을 해야 한다는 것으로, 팔굉일우[8] 구상이라든가 대동아공영권 구상이 기타 잇키에게서 나왔다는 것을 보여준다. 기타 잇키의 영향을 강하게 받은 건 2·26쿠데타를 일으킨 청년 장교들만이 아니었다. 기시 노부스케도 기타 잇키에게 매료된 사람 중 한 명이었다. 기타 잇키의 책을 밤새워 필사했다는 이야기가 있을 정도다.

유신체제로 가는 정신적 바탕의 실체

그렇다면 박정희의 유신 쿠데타와는 어떤 관계를 맺고 있었다고 볼 수 있나. 황도파와 기타 잇키의 영향 아래에 있었

📍8   팔굉일우(八紘一宇)는 일본 제국의 천황제 파시즘의 핵심 사상으로, 태평양전쟁 시기에 접어든 일본 제국이 세계 정복을 위한 제국주의 침략 전쟁을 합리화하기 위해 내세운 구호로, "전 세계가 하나의 집"이라는 뜻을 갖고 있다. 즉, "세계 만방이 모두 천황의 지배하에 있다"는 이념이다. 이것은 황국사관의 근본사상이다.

2·26사건에 참가한 반란군들

자료 : en.wikipedia.org

던 청년 장교들은 자본가와 민간인 정치인에 대한 강한 불신, 국가의 유일 영도
자인 천황의 권위에 의존해 국가를 개조하자는 사고, 사회 또는 국가가 안고 있
는 문제나 모순을 쿠데타라는 수단으로 일거에 해결하려는 생각, 자신들의 행
동만이 위란에 처한 국가를 구할 수 있다는 신념을 갖고 있었다. 바로 그런 것
들이 군국주의 파시즘 또는 천황제 파시즘의 골간을 이룬다.

　이것은 이념성이 강한 조선인 청년이나 군인에게도 영향을 끼쳤던 것으로 보
인다. 아울러 박정희는 2·26쿠데타를 일으킨 청년 장교들이야말로 위기에 처
한 국가를 구하고 개조하려는 사명감이 투철한, 올바른 군인 정신의 소유자들
이었다고 본 것 아니겠는가. 그래서 2·26사건에 대한 강한 공감을 5·16쿠데타
를 전후해서도 피력한 게 아닐까 하는 생각이 든다.

　민간인 정치에 대한 강한 불신, 그것을 중요 내용으로 하는 사회적 문제점을
쿠데타로 해결하고 올바른 군인 정신으로. 박정희 글에 '올바른'이라는 말이 많
이 나와서 내가 이 말을 거듭 쓴 것인데, 고도의 능률을 발휘하는 체제가 필요
하다는 사고가 박정희에게 있었다고 볼 수 있다. 그러한 사고가 식민지 노예근
성을 탈각하지 못한, 이것을 최고회의 의장 시기 언술로 표현한다면 자율 정신

5·16 군사정변 직후, 5월 16일
오전 8~9시경 중앙청 앞에서
박정희 소장과 이낙선 소령,
박종규 소령, 차지철

자료 : ko.wikipedia.org

5·16 군사정변 주체들

자료 : blog.daum.net

과 자각과 책임감을 결여한 한국인이라는 것인데 그러한 한국인에게 강력한 지도자가 필요하다는 사고와 결합해 유신체제로 가는 정신적 바탕이자 정치 이념이 된 것이 아닌가, 그렇게 생각해볼 수 있다.

박정희와
기시 노부스케

저자 소개

노형진 | e-mail: hjno@kyonggi.ac.kr

- 서울대학교 공과대학 졸업(공학사)
- 고려대학교 대학원 수료(경영학박사)
- 일본 쓰쿠바대학 대학원 수료(경영공학 박사과정)
- 국방과학연구소 연구원
- 일본 문부성 통계수리연구소 객원연구원
- 일본 동경대학 사회과학연구소 객원교수
- 러시아 극동대학교 한국학대학 교환교수
- 중국 중국해양대학 관리학원 객좌교수
- 현재) 경기대학교 경상대학 경영학과 명예교수
  한국제안활동협회 회장

| 주요 저서 |
- 『Amos로 배우는 구조방정식모형』(학현사)
- 『SPSS를 활용한 주성분분석과 요인분석』(한올출판사)
- 『Excel 및 SPSS를 활용한 다변량분석 원리와 실천』(한올출판사)
- 『SPSS를 활용한 연구조사방법』(지필미디어)
- 『SPSS를 활용한 고급통계분석』(지필미디어)
- 『제4차 산업혁명을 이끌어가는 스마트컴퍼니』(한올출판사)
- 『제4차 산업혁명의 핵심동력 – 장수기업의 소프트파워–』(한올출판사)
- 『제4차 산업혁명의 기린아 기술자의 왕국 혼다』(한올출판사)
- 『제4차 산업혁명의 총아 제너럴 일렉트릭』(한올출판사)
- 『망령의 포로 문재인과 아베신조』(한올출판사)
- 『프로파간다의 달인』(한올출판사)
- 『3년의 폭정으로 100년이 무너지다』(한올출판사)
- 『중국몽은 일장춘몽』(한올출판사)

국가건설의 두 주역
박정희와 기시 노부스케

초판 1쇄 발행   2022년 10월 5일

저   자   노 형 진
펴 낸 이   임 순 재
펴 낸 곳   (주)한올출판사
등   록   제11-403호
주   소   서울시 마포구 모래내로 83(성산동 한올빌딩 3층)
전   화   (02) 376-4298(대표)
팩   스   (02) 302-8073
홈페이지   www.hanol.co.kr
e-메일   hanol@hanol.co.kr
ISBN   979-11-6647-278-7

- 이 책의 내용은 저작권법의 보호를 받고 있습니다.
- 잘못 만들어진 책은 본사나 구입하신 서점에서 바꾸어 드립니다.
- 저자와의 협의 하에 인지가 생략되었습니다.
- 책 값은 뒤표지에 있습니다.

박정희와
기시 노부스케